Non, je ne suis pas du tout
un excentrique

DU MÊME AUTEUR

Le dernier puritain.
   Écrits (tome I) réunis, présentés et traduits de l'anglais
   par Bruno Monsaingeon, Fayard, 1983.

Contrepoint à la ligne.
   Écrits (tome II) réunis, présentés et traduits de l'anglais
   par Bruno Monsaingeon, Fayard, 1985.

SUR L'AUTEUR

Glenn Gould, un homme du futur, par Geoffrey Payzant.
   Ouvrage traduit de l'anglais par Laurence Minard
   et Th. Shipiatchev, Fayard, 1984.

Glenn Gould

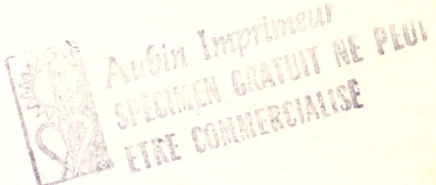

NON, JE NE SUIS PAS DU TOUT UN EXCENTRIQUE

Un montage
de Bruno Monsaingeon

Fayard

© *Week-end Magazine,* 1956, pour le chapitre « Je ne crois pas du tout être un excentrique ».

© *Star of Toronto,* 1959, pour « Glenn Gould au quotidien ».

© CBC, 1959, pour « At home with Glenn Gould ».
1965, pour « Duo ».

© *American Horizon,* 1962 pour « Aux abords de la retraite ».

© Dodd, Mead and Co, 1980, pour « Un homme dans la nuit ».

© *Les Cahiers canadiens de musique,* 1971, pour « Où la radio devient musique ».

© *Music Magazine,* 1981 pour Ulla Colgrass ; Little Brown, 1984 pour Jonathan Cott ; *Piano Quarterly,* 1981 pour Tim Page ; *Performance Magazine,* 1981 par Dale Harris in « Vidéoconférence ».

© Librairie Arthème Fayard, 1986.

Avant-propos

C'était à Moscou, l'été 1965 — j'avais à l'époque une mémoire irrépressible des dates — le 26 juillet, un lundi. Je dévalisais les magasins de disques ; un rouble pièce, cela incite à la curiosité et l'erreur est permise même pour le budget de l'étudiant que j'étais alors. Dans cet amas de disques — mal pressés, tous revêtus de la même pochette interchangeable et anonyme, dépourvue de photographie et de commentaire — échangés presque par hasard contre ce modeste rouble, il s'en trouvait un que j'avais choisi pour la seule raison de mon intérêt à l'égard de l'œuvre qu'il contenait ; le nom de son interprète, très vaguement connu de moi, n'évoquait rien de plus que ce qu'auraient peut-être pu suggérer ceux de Guiomar Novaes ou de Felicja Blumenthal, et n'avait même pas retenu mon attention. Puis, quelques heures seulement après son acquisition, l'écoute de ce disque, et cette voix qui me soufflait, douce mais impérieuse : viens et suis-moi.

C'était la première fois qu'un enregistrement me donnait avec tant de force ce sentiment vertigineux que son auteur me parlait à moi directement, et non pas seulement à un auditoire multiple dont, éventuellement, il aurait pu se trouver que je fasse partie. La voie était ouverte pour que j'entre dans la connaissance d'une œuvre protéiforme dont je ne soupçonnais encore ni l'existence ni bien entendu les dimensions.

Depuis, au long de ces années au cours desquelles j'allais le connaître et travailler avec Glenn Gould, mais sans doute encore davantage après l'anéantissement de son existence physique, alors que chaque jour était une occasion de découvrir une nouvelle facette du génie de l'homme, de l'écrivain et du musicien, je me suis demandé quelle était la nature très singulière de l'attraction que le public éprouve à son égard et qui va bien au-delà de la fascination qu'un interprète, un pianiste, aussi grand fût-il, exerce sur un auditoire de mélomanes.

D'une part, la « mélomanie », la musique si l'on veut, ne définit pas, n'enclot pas la vaste collection d'individus dont l'existence a été affectée au plus profond par Gould, pas plus que celui-ci ne saurait être défini par son incomparable génie de pianiste. D'autre part, Gould ayant eu le courage de sacrifier les tâtonnements éphémères et rhétoriques du concert en délaissant la scène à jamais pour se livrer solitairement à une entreprise inspirée de solidification artistique et morale, le public n'a plus eu accès à lui que par l'intermédiaire de son œuvre enregistrée, sans connaître de manière certaine, mais en la pressentant malgré tout de façon divinatoire, l'existence d'une œuvre parallèle.

Qu'y a-t-il donc de plus ou de différent dans la réaction de cet individu qui a perçu Gould, dans l'émotion de cet anachorète occasionnel qui le lit, ou qui écoute ses disques dans une splendide clandestinité ? La différence réside, me semble-t-il, dans le fait que cet auditeur n'est pas seulement l'admirateur servile d'un interprète charismatique, mais plutôt, à l'écoute de sa musique ou à la lecture de son œuvre écrite, le récepteur d'une révélation qui l'amène à participer à un système de pensée. La différence réside précisément dans le fait que cet auditeur-là, ou ce lecteur, est un gouldien, elle réside dans le phénomène d'une adjectivation possible. Et pourtant, en suggérant que l'on pourrait bien être gouldien comme on est proustien, wagnérien ou nietzschéen, j'utilise des termes de référence qui s'avèrent inexacts, car l'œuvre littéraire, compositionnelle et philosophique de Glenn Gould est en soi de toute évidence bien moins considérable que celles de Proust, Wagner ou Nietzsche. Non, l'expérience gouldienne, pour peu que l'on soit réceptif à sa réalité transcendante, relève d'un autre ordre d'expérience, d'un phénomène de nature proprement religieuse, et l'on serait gouldien comme, peut-être, d'autres sont chrétiens (les deux termes, bien sûr, ne s'excluant pas forcément l'un l'autre) car l'œuvre de Gould ne constitue pas un système clos, elle n'est pas véritablement discutable, ou réfutable, mais provoque un sentiment d'adhésion à une vision cohérente et totalisante de l'existence, contre laquelle on peut pécher ou dont on peut à l'inverse s'efforcer de s'approcher. Nul doute que ceux qui n'adhèrent pas ou qui ne sont tout simplement pas sensibles à ce système de pensée, qui placent Gould dans un cadre comparatif en soutenant qu'il n'est pas davantage qu'un grand pianiste parmi d'autres (ou éventuellement plus grand que d'autres) nul doute que ceux-là ne considèrent qu'il y ait dans cette façon de cerner le phénomène une exagération délirante, tandis que ceux qui auront éprouvé le sentiment que j'essaie de décrire sauront que cette tentative relève de la simple constatation. C'est aux uns comme aux autres que je dédie le travail d' « évangélisation » en quoi aura consisté l'élaboration de ce recueil comme celle des deux volumes qui l'ont précédé.

Le présent livre aurait pu en un sens constituer une introduction à la pensée gouldienne ; il est indubitablement plus accessible au lecteur profane que ses deux aînés, mais il n'aurait cependant pas pu être composé avant que ceux-ci ne soient achevés et il fournira, espérons-le, mainte occasion de renvoyer à une thématique plus profondément développée par ailleurs. Il est structuré en deux parties principales suivies d'une annexe.

Dans la première partie, je me suis contenté de recueillir des interviews qui recouvrent l'ensemble de la carrière de Gould puisqu'elles nous mènent de 1956 à 1980, de les traduire, et de les adapter lorsque le besoin s'en faisait sentir aux nécessités de l'écrit. On y percevra l'évolution saisissante d'un personnage et de ses goûts, autour d'un axe de pensée cependant toujours identique. On y verra aussi à quel point Gould fut au début la proie — d'abord manifestement consentante, puis de plus en plus réservée — des méthodes journalistiques les plus spectaculaires et les plus quotidiennes, avant d'y renoncer progressivement. Ces entretiens tracent un portrait me semble-t-il extraordinairement pittoresque du personnage Gould tel que l'ont constamment sollicité les journaux avant son retrait de la scène. Puis survint le grand silence, entrecoupé seulement de la sortie d'une multitude de disques, d'essais littéraires, de programmes de radio et de télévision — autant dire de l'essentiel. Une exception toutefois : la très riche interview obtenue au début des années soixante-dix par Jonathan

Cott et qui fera malheureusement défaut au présent volume car elle fut publiée sous d'autres auspices, quelques mois après la mort de Gould, dans l'excellente traduction de Jacques Drillon à laquelle nous renvoyons [1]. Enfin, autour de l'année 1980, répondant aux pressions de son éditeur phonographique, Gould accepta pour la dernière fois de donner un bouquet d'interviews, toutes parues à peu près simultanément dans diverses revues anglaises et américaines. Des extraits de celle recueillie au téléphone par Elyse Mach fournissent le dernier épisode de notre première partie.

C'est là qu'il me paraît indispensable d'apporter quelques éclaircissements quant au contenu et à la composition de la deuxième partie de ce livre, que j'ai intitulée *Vidéoconférence*. Il me semblait inconcevable de mener à son terme ma tâche de propagation de la pensée et de la littérature gouldiennes sans essayer d'imaginer une concoction très spéciale, à l'esprit de laquelle Gould n'aurait, à mon avis (peut-être présomptueux ?), pas manqué d'acquiescer, sans m'adonner, autrement dit, aux délices d'un plantureux montage. C'est ainsi que je décidai de mettre en scène Gould, sur le papier, dans le cadre d'une conférence de presse imaginaire se déroulant par vidéophone (cette dernière « merveille de la technologie protectrice », selon les termes que je m'autorise à mettre dans sa bouche), face à dix journalistes. Certains d'entre eux — Dale Harris, Tim Page, Ulla Colgrass, Jonathan Cott — ainsi que les journaux qu'ils représentent, sont bien réels ; je me suis appuyé, pour les faire intervenir, sur des extraits d'interviews qu'ils avaient réalisées de Gould à la fin de cette fameuse année 1980, et qu'il était hors de question de publier dans leur intégralité du fait de la similitude des thèmes abordés ; elles me procuraient néanmoins un matériau déjà assez substantiel, destiné à être réparti thématiquement à l'intérieur d'une structure que j'envisageais d'articuler en un prologue et quatre actes et que je savais pouvoir doter, à condition d'y injecter toute une série d'autres éléments disparates que j'organiserais, d'une ampleur beaucoup plus considérable. Pour y parvenir, il me fallait simplement puiser dans mes dernières et ultimes sources (que je serais bien incapable de citer toutes : souvenirs, bribes de conversations personnelles, fragments de mes propres films avec Glenn, etc.), et faire appel à

---

1. *Entretiens avec Jonathan Cott*, Éditions Jean-Claude Lattès, 1983.

d'autres intervenants, plus ou moins imaginaires mais tous profondément gouldiens (selon la définition que j'ai essayé de donner plus haut de cet adjectif) auxquels j'allais donner une distribution géographique dépassant largement celle du monde anglo-saxon. Ils se reconnaîtront certainement, et qu'ils soient ici remerciés d'avoir bien voulu accepter de prêter leur identité au jeu de ce montage.

En annexe, pour finir, j'ai regroupé trois morceaux étonnants qui parlent d'eux-mêmes. Le troisième, que j'ai intitulé *On ne badine pas avec la mémoire ou Souvenirs d'un orchestre* mérite néanmoins un commentaire. Entièrement rédigé par Gould, il aurait, si j'avais à l'époque connu son existence, eu vocation à figurer non pas ici, mais dans l'un ou l'autre volume des *Écrits* de Gould. Au nom du lecteur, je ne peux qu'exprimer ma reconnaissance à Stephen Posen et au *Glenn Gould Estate* pour m'avoir autorisé à l'incorporer dans ce livre. C'est grâce aux recherches de Thérèse Salviat (sans la bénédiction, les encouragements et le travail de laquelle rien de tout ceci n'aurait vu le jour) que j'ai pu avoir la révélation de ce joyau. La traduction de ce texte, du fait de la prodigieuse qualité de son écriture, m'a valu davantage de nuits d'insomnie, d'allégresse et d'angoisses que tout autre depuis le *Stokowski* du *Dernier puritain*. Plus que tout autre aussi, il nous donne un aperçu de ce qu'aurait pu être la production littéraire de fiction de Glenn Gould si la mort n'avait interrompu un processus déjà engagé. Qui sait si l'on ne découvrira pas quelque jour, enfouis dans l'immense gisement des archives gouldiennes, d'autres trésors de la même veine ?

Les modes vont et puis viennent, s'attachent indifféremment, mais transitoirement, aux fausses comme aux vraies valeurs. Elles se sont emparées du génie de Gould pour le célébrer aussi bien que pour le dénigrer mais en le parcellisant, en niant sa spécificité multidimensionnelle et son ultime unité. Le danger, pour celui qui ose exprimer ses pensées les plus graves avec humour, c'est de ne pas être cru. Pour avoir confondu humour et contre-vérité, on a accusé Gould de mensonge, et ses quelques proches d'avoir été manipulés pour colporter de lui l'image qu'il souhaitait et qui n'aurait pas correspondu à sa véritable personnalité. Un romancier célèbre a exploité son nom dans l'un de ses ouvrages pour faire de lui le personnage principal d'une réalité totalement dévoyée. Sauf à rétablir quelques faits que, contre toute évidence, ceux qui veulent le banaliser récusent — son indifférence à l'opinion, sa vie solitaire, son éloignement du piano —, rien de tout cela ne saurait être réfuté à l'aide d'autres preuves que celle de la plus brûlante conviction. Quelques signes cependant : lorsque Gould a quitté la scène publique, rares sont ceux qui l'ont cru, rares sont ceux qui ont compris, malgré les claires professions de foi que l'on trouvera aussi dans ce livre, qu'il s'agissait d'un acte de renoncement reposant sur une vision d'ensemble des choses. Au lieu de cela, on y a vu un coup de maître destiné à asseoir la publicité d'un retour ultérieur. Est-il revenu ?

Quelques mois après sa mort, des journaux en mal de sensations (transférées sur la personne de Gould) sont allés jusqu'à insinuer qu'il était bel et bien en vie, qu'il avait lui-même organisé l'annonce de sa propre mort fictive, qu'il s'agissait du plus fabuleux canular publicitaire né de son imagination, et qu'il s'était soustrait encore un peu plus aux yeux du monde en se cachant quelque part. Est-il reparu ?

Ma tâche ici s'achève après m'avoir confirmé ce que j'avais ressenti à l'écoute d'un disque, à Moscou. Qu'on m'autorise à apporter, en poursuivant la métaphore évangélique, la preuve de ma brûlante conviction : celui qui a vu ces choses porte son témoignage et il sait que son témoignage est vrai.

Bruno Monsaingeon
Juin 1986.

Reportage photographique
de Jock Carroll

Week-end Magazine — Vol. 6, n° 27 (1956)

LE PIANISTE IVRE DU BAR MALAMUTE

Après avoir assisté à mon dernier concert à Winnipeg, une dame a écrit aux journaux pour suggérer au Ballet Royal de Winnipeg, en cas de reprise de son spectacle fameux *l'Exécution de Dan Mac Grew*, de m'engager dans le rôle du pianiste ivre du bar Malamute.

Comme mon ancien professeur au conservatoire de Toronto, Alberto Guerrero, j'ai élaboré une technique de piano un peu particulière : ma position fait penser à celle d'un bossu. Cette technique a ses avantages et ses inconvénients. Côté avantages, elle permet une grande clarté d'articulation, et il en résulte une sensation beaucoup plus immédiate et beaucoup mieux définie du son. Côté inconvénient, elle rend beaucoup plus difficile l'obtention d'un son vraiment puissant, du type de certains fortissimos de Liszt, par exemple.

J'espère que ce qu'on a appelé mes excentricités personnelles n'empêcheront pas les gens de voir quelle est la nature véritable de mon jeu. Je ne crois pas du tout être un excentrique. Il est vrai que je porte presque constamment une ou deux paires de gants, que je me déchausse parfois pour jouer, et qu'il m'arrive pendant un concert d'être dans un tel état d'exaltation qu'on a l'impression que je joue du piano avec mon nez. Mais il ne s'agit absolument pas d'excentricités personnelles — ce ne sont que les conséquences visibles d'une occupation hautement subjective.

Par exemple, certains soirs où mon émotivité est particulièrement vive, j'ai le sentiment que je peux jouer comme un dieu, et c'est en effet ce qui se passe. D'autres soirs, je me demande si je vais simplement pouvoir parvenir jusqu'au bout du concert. C'est très difficile à expliquer... on investit totalement sa personnalité lorsqu'on joue du piano. Je ne veux pas trop y songer de peur de devenir comme le mille-pattes, à qui on demandait dans quel ordre il bougeait ses pattes, et qui est resté paralysé du seul fait d'y avoir pensé.

J'AIME ÊTRE SEUL

Pour autant que je m'en souvienne, j'ai toujours passé l'essentiel de mon temps seul. Ce n'est pas que je sois asocial, mais il me semble que si un artiste veut utiliser son cerveau pour un travail créateur, ce qu'on appelle l'autodiscipline — et qui n'est rien d'autre qu'une façon de se retrancher de la société — est quelque chose d'absolument indispensable. J'aimerais, avant d'atteindre soixante-dix ans, avoir réalisé un certain nombre de bons enregistrements, avoir composé de la musique de chambre, deux ou trois symphonies et un opéra.

Tout artiste créateur qui entend produire une œuvre digne d'intérêt ne peut faire autrement que d'être un être social relativement médiocre. Il se trouve, hélas, que beaucoup de gens prennent ce désir de solitude pour du snobisme. Je crois que les fermiers qui sont nos voisins au bord du lac Simcoe ont cessé de penser de cette manière après que j'eus pris ma place dans l'orphéon local pour jouer de la harpe avec eux, et que je leur eus confectionné quelques arrangements musicaux. Nous avons enregistré quelques-unes de ces séances. Mon professeur, qui était venu y faire un tour, était même assez choqué de me voir me prêter à tout ce tintamarre.

MORT DANS L'APRÈS-MIDI

J'espère que la photo du corbillard abandonné n'est pas prophétique. Dans ses dernières années, le compositeur Arnold Schoenberg s'était persuadé que nos destinées étaient gouvernées d'après les nombres, et il croyait très fort aux prédictions de l'un de ses amis astrologues. Parvenu à soixante-cinq ans, il lui écrivit pour lui demander s'il s'agissait de la dernière année de son existence, parce que le 65 pouvait être divisé par le nombre fatal 13. L'astrologue lui répondit : « Non, vous ne mourrez pas cette fois-ci. Mais la prochaine fois qu'un nombre vous sera défavorable, votre dernière heure sera venue. »

Schoenberg supposa que cela surviendrait treize ans plus tard, lorsqu'il aurait soixante-dix-huit ans. Deux ans avant d'en arriver là, lorsqu'il en eut soixante-seize, il reçut un mot de son ami lui disant : « Attention, Arnold, les années dangereuses ne sont pas seulement celles où votre âge peut être divisé par 13, mais aussi celles où la somme des chiffres de votre âge donne 13. » C'était précisément le cas de 76. En s'apercevant de cela, Schoenberg fut très impressionné. Il mourut cette même année. C'était en 1951, le 13 juillet.

Je suis moi-même assez convaincu de l'existence de phénomènes surnaturels. A neuf ans, je fis un rêve étrange, dans lequel je me voyais couvert de taches rouges. Lorsque je racontai ce rêve à ma mère le lendemain matin, elle fut stupéfaite ; elle avait fait exactement le même rêve pendant la nuit. Or, il n'y avait à cette époque aucune épidémie de rougeole qui ait pu nous autoriser à ranger ce rêve sous la rubrique « simples suggestions ». Quatre jours plus tard, j'attrapais la rougeole.

LE FLÉAU DU LAC SIMCOE

Depuis ma plus tendre enfance, j'ai une véritable passion pour les bateaux. L'un de mes tout premiers rêves était de commander une flottille de bateaux sur le lac Simcoe. Je m'imaginais parfois capitaine d'un service de taxis nautiques desservant les îles, parfois aussi, propriétaire d'une péniche habitable.

L'un des souvenirs pénibles que je garde de mon enfance est celui du jour où je dus aller à la pêche avec la famille de nos voisins. Ce fut moi qui attrapai le premier poisson, et j'en fus assez fier pendant un instant. On mit le poisson dans une boîte où il continua à frétiller. Tandis qu'il s'affaiblissait, je pris soudainement conscience qu'il était en train de mourir. Je demandai à ce qu'on rejette mon poisson à l'eau. Les autres se mirent à se moquer de moi, et plus ils le faisaient, plus je hurlais. J'ai toujours été violemment opposé à la pêche depuis ce jour-là.

Je possède actuellement un bateau à moteur, appelé *Arnold S.*, du nom de Arnold Schoenberg le compositeur. Je ne sais pas si c'est vrai ou non, mais j'ai toujours entendu dire que le poisson a peur du bruit. Donc, à chaque fois que je suis sur le *Arnold S.* et que j'aperçois des pêcheurs, je m'approche le plus près possible et décris des cercles autour d'eux avec mon bateau en faisant vrombir le moteur. Cela fait partie de ma campagne antipêche. Je ne vous dis pas la fureur des regards qu'ils me lancent. Voilà sans doute pourquoi on m'appelle le fléau du lac Simcoe dans ces milieux.

Mon attitude est exactement la même en ce qui concerne la chasse, ou le fait de tuer n'importe quelle créature. Si j'étais vraiment cohérent, je serais végétarien.

SIR NICKOLSON OF GARELOCHEED AVEC UN COPAIN

A l'âge de quatorze ans, étant enfant unique, j'étais horriblement gâté. Sans doute cela était-il partiellement nécessaire, étant donné la suprême arrogance requise pour être un artiste de concert.

L'autre moitié de ce quatre mains est exécutée par un chien merveilleux, mort depuis, sir Nickolson of Garelocheed, qui, au piano, était tout naturellement « cabot ». D'après son nom, il n'est pas tellement difficile de deviner que ma famille est de souche principalement écossaise, mâtinée d'un peu d'anglais, du côté de mon père. J'ai toujours raffolé des chiens et de toutes sortes d'animaux. J'ai eu des lapins, des tortues, des poissons, des oiseaux, des chiens, et jusqu'à une moufette non désodorisée. Nous venons de perdre Simbad, notre dernier chien, mais nous en aurons certainement un autre bientôt.

On a rapporté toutes sortes de choses inexactes concernant l'époque où j'allais à l'école. On a même dit que j'avais été forcé de la quitter à cause de la manière dont les autres me traitaient. Il est vrai que j'ai très souvent manqué l'école et que mes parents ont engagé des précepteurs pour compenser. Mais cela était dû d'une part à ma mauvaise santé, et d'autre part au fait que je consacrais beaucoup de temps au piano. Comme je refusais de répondre en me battant, les gosses du voisinage s'amusaient beaucoup à me prendre pour cible et à me donner des coups. Mais il est très exagéré de dire que cela arrivait quotidiennement. Tous les deux jours tout au plus.

JE PEUX ÊTRE SEUL N'IMPORTE OÙ

Lorsque des bribes de musique me pénètrent l'esprit, j'ai une curieuse façon de perdre le contact avec moi-même, de m'abstraire d'une conversation et de tout ce qui se passe autour de moi. Imaginez ce que cela peut avoir de sympathique pour mes amis !

Mais, sérieusement, je crois que cette extrême concentration est l'aspect le plus important de la personnalité d'un musicien. Inutile pour cela de pratiquer le yoga. Une bonne faculté de concentration, l'oreille absolue et une excellente mémoire musicale ont été les trois éléments essentiels sur lesquels s'est appuyé mon travail. La mémoire, parce que, quelle que soit la musique que je joue, je ne peux pas supporter d'utiliser la partition. Même en musique de chambre. J'ai récemment dû jouer en concert le *Trio en ré mineur* de Mendelssohn. Il m'a suffi de le lire pour le mémoriser. J'ai la chance d'avoir l'oreille absolue, ce qui me permet d'entendre cérébralement les polyphonies les plus complexes, et donc de travailler une partition, ou de composer, en me promenant et même au milieu d'une foule. Dans ce dernier cas, comme j'ai l'habitude d'utiliser mes bras pour diriger cette musique mentale, cela a tendance à attirer l'attention des passants.

ON M'A FAIT LA RÉPUTATION D'ÊTRE UNE PRIMA DONNA

Au moment où j'enregistrais les *Variations Goldberg* à New York, on m'a fait la réputation d'être une prima donna, parce que j'ai annulé une ou deux séances d'enregistrement. Cela n'avait pourtant rien de caractériel, mais c'est seulement que je refuse de jouer lorsque je ne me sens pas parfaitement bien et que je sais que je ne pourrai pas donner le meilleur de moi-même. Ne me dites tout de même pas que j'ai l'air d'une prima donna sur cette photo. Lors d'un récent voyage aux Bahamas, le night-club désert fut le seul endroit que j'aie pu trouver pour travailler. Le piano était assez effroyable, mais, pour travailler, cela ne me dérange pas. Dès lors que le piano a une bonne mécanique, le son ne m'importe guère. Mais pour enregistrer, je veux quelque chose de parfait. Je viens de dépenser six mille dollars pour faire ajuster mon piano, pour faire élargir les touches noires, pour rendre un peu plus rugueuses les touches blanches de telle sorte que je puisse mieux les caresser et qu'ainsi, elles correspondent mieux à mon toucher, et enfin pour faire complètement revoir la mécanique. J'ai même commencé à emmener mon piano avec moi en tournée, sans être d'ailleurs sûr que cela pourra durer très longtemps.

Pendant que je travaillais dans ce night-club aux Bahamas, des musiciens de jazz entraient de temps à autre et écoutaient. Un soir, alors que je venais de jouer du Bach, à toute vitesse, l'un d'entre eux me dit : « Eh, mon gars, t'en as une de ces mains gauches — aussi bonne que la droite ! » J'ai répondu, en riant : « Heureusement, je suis gaucher. »

IL N'Y A RIEN D'EXCENTRIQUE EN MOI

Certaines personnes me trouvent excentrique parce que je trimbale avec moi ma propre chaise, parce que je porte des gants en été, parce que je plonge mes mains dans l'eau chaude avant de jouer, ou parce que je mets des gants en caoutchouc pour nager.

Prenez la chaise, par exemple. On a écrit beaucoup d'idioties à son sujet, comme si le fait de l'emporter partout avec moi était le comble de la bizarrerie. Il y a même quelqu'un qui a écrit que pour mieux jouer les passages en mains croisées, je m'aidais en la

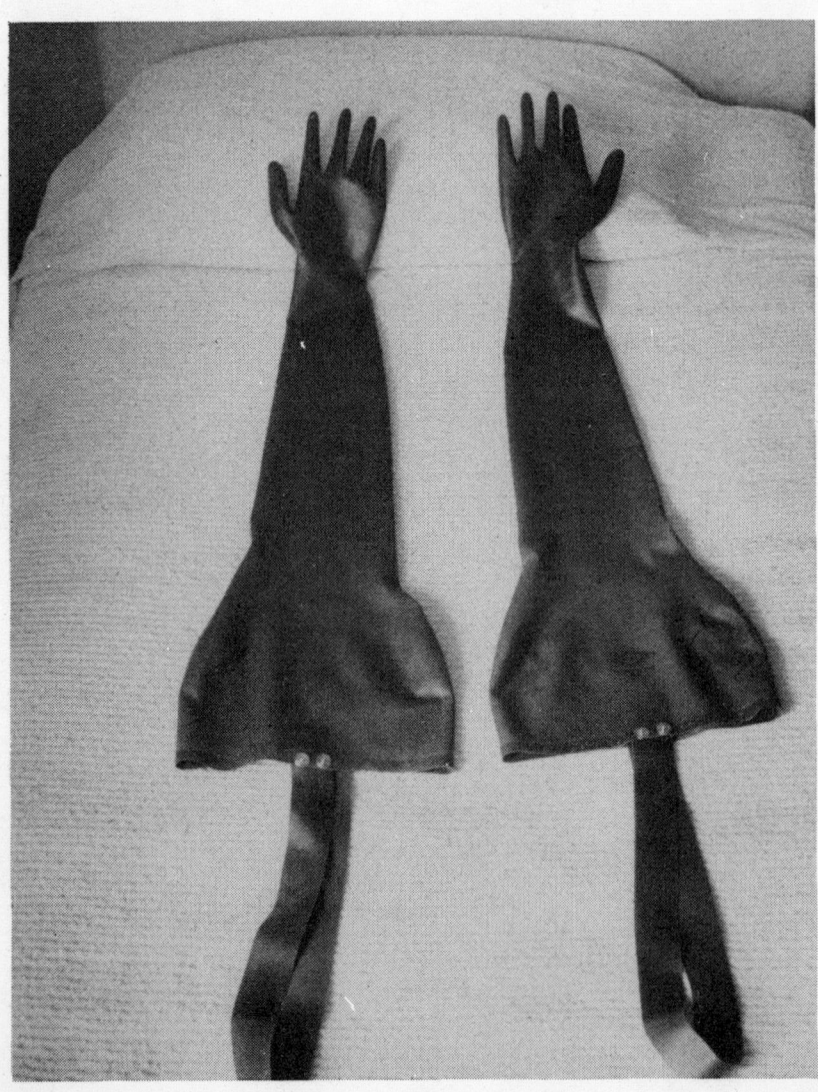

aisant se pencher de côté, comme une sorte de tour de Pise. C'est ridicule ; ma chaise ne penche ni d'un côté ni de l'autre. Si je possède ma propre chaise ajustable, c'est uniquement parce que mon style de jeu implique que je sois assis une bonne vingtaine de centimètres plus bas que la plupart des pianistes.

Quant au fait de prendre soin de mes mains, cela relève du simple bon sens. Je porte des gants la plupart du temps parce que j'ai une circulation déficiente. C'est aussi pour cela que je les trempe dans l'eau chaude avant un concert. J'aimerais bien pouvoir aller nager sans rien, mais mes mains en sont affectées pendant des jours ; je porte donc des gants de caoutchouc qui recouvrent entièrement mes bras. Cela me fait rire d'entendre les gens dire que je suis excentrique. Ils auraient dû me voir il y a seulement six ans, quand j'avais dix-sept ans. A l'époque, oui, j'étais un vrai personnage.

L'HOMME QUI PENSE À MA PLACE

Mon agent est Walter Homburger. Il m'avait entendu jouer au Festival de Kiwanis en 1947 — il y a neuf ans — et avait demandé à mes parents s'il pouvait me représenter. Ceux-ci furent très fermes, se refusant à ce que je sois exploité à titre d'enfant prodige, et insistèrent pour que je ne sois pas poussé avant d'être prêt. Walter acquiesça, sa théorie étant qu'un artiste doit apprendre tout ce qu'il est possible d'apprendre pendant son adolescence. Une fois que le succès est là, le temps manque.

Walter et moi ne sommes en désaccord sur rien, sauf sur l'argent, les pianos, les programmes, les dates d'engagement, les relations avec la presse, et la manière dont je m'habille.

Il passe son temps à me dire qu'on a l'impression que je joue du piano avec mon nez, et il est ravi lorsque les journaux critiquent mes manières. Il se trouve que j'aime les vêtements informels et que je mets rarement une queue de pie pour mes récitals. Il est vrai que j'ôte mes chaussures pendant les répétitions et que ma chemise sort parfois de mes pantalons sans que je m'en aperçoive.

Des dépêches fort exagérées ont dû atteindre New York récemment, car Walter m'a brandi un télégramme en pleine figure l'autre jour. Il provenait de la direction de l'Orchestre philharmonique de New York, avec lequel je dois bientôt jouer sous la direction de Leonard Bernstein. Pour les concerts avec orchestre, je revêts naturellement toujours le frac ; pourtant le télégramme, tel qu'il était rédigé, semblait exprimer une certaine anxiété : « Quel sera le costume de M. Gould ? »

JE NE PEUX PAS SUPPORTER QU'ON CRITIQUE MES ÉCRITS

Je n'envisage pas de continuer à donner des concerts indéfiniment. Il y a des gens qui sont parfaitement adaptés au concert, qui aiment voyager constamment d'un endroit à l'autre, rencontrer des visages nouveaux, et rejouer sans arrêt les mêmes vieux morceaux fatigués. Je préférerais m'adonner à la composition et plus tard à la direction d'orchestre. Quand j'étais à l'école, je m'imaginais davantage en homme à tout faire des arts — critique, essayiste, compositeur. Curieusement, le seul domaine où je ne supporte pas la critique est celui de mes écrits. Rien de ce qu'on peut dire concernant mes interprétations ou mes compositions ne me touche, mais la moindre critique de mes écrits me fait mal. J'ai été ravi que le magazine *High Fidelity* me demande de lui servir de critique pour la musique de jazz au Festival de Stratford cette année. Ce sera quelque chose de voir ma plume empoisonnée décocher ses traits en direction de gens comme Dave Brubeck, Cal Jackson et Willy Smith[1].

---

1. Au cas où Glenn Gould aurait effectivement « couvert » le Festival de Stratford cette année-là, nous n'avons pu retrouver aucune trace de ses « papiers ».

JE NE ME PROMÈNE PAS AVEC UNE VALISE PLEINE DE COMPRIMÉS

L'insomnie n'est que l'une de mes nombreuses névroses. Je lis souvent jusqu'à quatre ou cinq heures du matin, et n'arrive plus à m'endormir. Je dévore littéralement les livres, tout ce que j'arrive à me procurer de Thomas Mann, de Kafka, tous les Russes.

J'essaie beaucoup de somnifères pour mon insomnie, mais ils ne sont pas toujours opérants. Je voyage aussi avec des médicaments pour la circulation sanguine, des pilules contre le rhume, des vitamines, et encore quelques autres comprimés. C'est pour cela que les gens me prennent pour un drogué. Mais ce complexe de la pilule qui est le mien a été fort exagéré. Un journaliste a même été jusqu'à écrire que je voyageais avec une valise pleine de comprimés. En réalité, ils remplissent tout juste une mallette.

PREMIÈRE PARTIE

Entretiens

Glenn Gould au quotidien

Interview recueillie par Dennis Braithwaite pour le quotidien Star of Toronto *du 28 mars 1959.*

Dennis Braithwaite. — Avez-vous le souvenir d'un moment particulier où la musique a commencé à faire partie de votre existence ?

Glenn Gould. — Non, je ne me souviens de rien de particulièrement frappant. Dès qu'on m'a envoyé à l'école, j'ai été assailli par des sentiments très mélangés. L'école elle-même fut pour moi une expérience très malheureuse, car je me suis toujours horriblement mal entendu avec la plupart de mes professeurs et avec tous mes camarades de classe. Je suppose que le fait de me mettre au piano en sortant de l'école, au lieu d'aller jouer au hockey comme tout le monde, m'a donné le sentiment que la musique était une chose à part, pas nécessairement bonne ou mauvaise en soi, mais simplement à part, et que de cette façon elle représentait un moyen de m'isoler, ce qui m'apparaissait terriblement important à l'époque, étant donné que j'avais plutôt mauvais caractère.

D.B. — *Quand avez-vous commencé à prendre des leçons de piano ?*

G.G. — Ma mère fut mon premier professeur. Elle jouait elle-même du piano et me donna des leçons dès l'âge de trois ou quatre ans, et cela jusqu'à mon onzième anniversaire. C'est alors que je songeai à faire de la musique une carrière. J'entrai au Conservatoire royal de Toronto, et menai parallèlement des études d'orgue et bien sûr de composition.

D.B. — *On a dit que vous étiez un génie. En avez-vous vous-même le sentiment, et, si oui, quand vous en êtes-vous rendu compte ?*

G.G. — Voilà bien une question répugnante. Je n'envisage ce mot qu'avec la plus extrême suspicion. Je n'ai jamais pu m'habituer à l'employer, tout d'abord certainement pas à mon propre égard, et très peu souvent à propos de quelqu'un d'autre. Lorsque malgré tout je l'utilise, il s'agit en général de personnes qui sont mortes et enterrées depuis belle lurette, et ce sont presque toujours des compositeurs. Je ne me souviens pas d'avoir jamais appliqué ce terme à un pianiste ; je ne le mérite par conséquent en aucun cas, et très franchement, je ne sais vraiment pas ce que cela veut dire. Je crois qu'il vaut mieux à cet égard s'en tenir à des termes relatifs.

D.B. — *Lorsque vous avez fait vos débuts new-yorkais en 1955, travailliez-vous encore beaucoup le piano ?*

G.G. — Évidemment, mais j'ai cessé de prendre des leçons de piano, au sens strict, en 1952. J'étais donc assez jeune, et si je l'ai fait, ce fut contre l'avis de mes parents qui pensaient qu'il y avait quelque chose d'outrageusement présomptueux de la part d'un garçon de dix-neuf ans de croire qu'il avait reçu une formation académique suffisante. Mais mon sentiment était que, malgré tout le respect que m'inspiraient mes professeurs, il était temps que je m'en remette à moi-même en ce qui concernait toutes les questions essentielles, et que j'apprenne à voler musicalement de mes propres ailes, sans souci des opinions extérieures.

D.B. — Pensez-vous que vos succès américains ont eu une influence sur la manière dont on vous considère au Canada ?

G.G. — J'imagine que oui. Plutôt qu'influencer, j'espère surtout que cela n'a fait que confirmer quelque chose qui existait déjà. En fait, j'ai toujours été très bien traité au Canada ; j'ai eu beaucoup de chance. La radio m'a permis de travailler étant encore étudiant, d'enregistrer aussi bien en tant que récitaliste que comme soliste avec les meilleurs orchestres.

D.B. — Vous faites des tournées internationales. Quelles sont vos impressions en ce qui concerne les divers publics pour lesquels vous jouez ?

G.G. — Je garde le souvenir très précis de beaucoup de concerts, mais celui dont je me souviens avec le plus d'acuité est le premier concert que j'ai donné à Moscou, qui se trouve être également le premier que j'aie donné en Europe. Je ne savais pas à quoi m'attendre ; c'était comme si je m'étais trouvé sur la face cachée de la lune. Ma tournée là-bas fut très intense, épuisante mais aussi très heureuse.

D.B. — Après l'Union soviétique, vous vous êtes rendu à Berlin. Comment avez-vous trouvé le public ?

G.G. — C'est un public à la fois très critique et très érudit. Il y a beaucoup de gens qui viennent au concert avec la partition, et on laisse de la lumière pour leur permettre de la suivre. C'est assez déconcertant, mais le public est merveilleux, surtout si on lui joue quelque chose dont il est particulièrement fier. Il en serait de même si on allait en Russie jouer Tchaïkovsky, ce que je n'oserais faire. Mais j'ai fait mes débuts à Berlin avec du Beethoven, et c'était donc à peu près le même genre de défi.

D.B. — Puisque vous mentionnez Tchaïkovsky, comment se fait-il que vous ne vous empressiez guère de jouer ceux qu'on appelle les compositeurs romantiques, à l'inverse de Bach, Beethoven ou Schoenberg ?

G.G. — En fait, je suis tout ce qu'il y a de plus romantique. Il existe beaucoup de compositeurs du XIXe siècle que je jouerais avec grand plaisir s'ils avaient écrit de façon un tant soit peu substantielle pour le piano. Je pense que Tchaïkovsky était un grand compositeur, même si cela fait bien aujourd'hui de dire qu'on ne l'aime pas pour des tas de raisons, comme par exemple sa sentimentalité. Je crois cependant qu'il fut véritablement l'un des très grands symphonistes, après Beethoven, et j'adore sa musique, sauf sa musique pour piano. Je la trouve la plupart du temps mal écrite. Cela dit, il y a une autre raison pour laquelle je m'abstiens de jouer certaines musiques; c'est que, physiquement parlant, j'adopte une position très basse au piano, position qui présente beaucoup d'avantages pour la plupart des choses, mais qui empêche de jouer vraiment fortissimo. Or, il faut pouvoir jouer fortissimo dans Tchaïkovsky, ce qui est exclu dans cette position.

D.B. — On a un jour demandé à Sibelius quelle mélodie il choisirait s'il devait en retenir une seule pour passer le reste de son existence sur une île déserte. Quelle serait votre réponse ?

G.G. — Il y a une œuvre que je choisirais : c'est le dernier opéra de Strauss, *Capriccio*, qui est à mon avis l'une des choses les plus fantastiques à avoir jamais été écrites. Je suis complètement possédé par cette œuvre depuis que je l'ai entendue à Berlin il y a environ deux ans.

D.B. — La réponse de Sibelius était le Largo *de Haendel. Que dites-vous de cela ?*

G.G. — Cela me laisse sans voix.

D.B. — Il est impossible de ne pas dire quelques mots de ce qu'on a appelé vos excentricités, à savoir le fait que vous vous promenez partout avec votre propre chaise, que vous portez des gants, des snow-boots, et un pardessus en été. S'agit-il d'affectations ou y a-t-il quelque chose de sérieux là derrière ?

G.G. — Tout d'abord, toutes ces choses ont été terriblement exagérées dans la presse. Par exemple, je ne porte jamais de snow-boots lorsqu'il ne neige pas. On fait parfois des commentaires à mon égard à propos de choses qui n'ont rien à voir avec la musique, mais on parle en général plutôt de choses qui ont un rapport direct avec le fait que je joue du piano. Eh bien oui, je porte des gants de manière quasi constante, et parfois même deux paires de gants à la fois, mais je gagne ma vie grâce à mes mains, et il me semble naturel de vouloir les protéger. Par ailleurs, la chaise m'est absolument indispensable. Cela fait six ans que je l'utilise, et elle est complètement déglinguée, mais je n'en changerai pas parce que je n'ai jamais rien trouvé qui ait des contours aussi parfaits qu'elle. Tôt ou tard, il faudra la remplacer, mais j'espère bien être en mesure de me retirer d'ici là. Tout cela a à voir avec ma façon de jouer du piano, et même si cette façon paraît étrange à certains, je ne vois pas en quoi cela pourrait constituer des affectations. Il ne s'agit absolument pas de cela, c'est beaucoup trop important.

D.B. — Et les pianos ? Tout le monde dit que vous avez une sonorité particulière, différente de tous les autres pianistes.

G.G. — Lorsque je dois jouer du piano, j'ai une image mentale de la sonorité que je souhaite obtenir, laquelle, naturellement, varie considérablement selon le répertoire. Mais le type de sonorité que j'affectionne est un type de sonorité qui, d'après certaines personnes, ne convient guère au piano. Je me souviens que dès le début, dès mes premiers pas au piano, je détestais entendre les gens qui utilisaient abondamment la pédale. Je trouvais cela horriblement vulgaire. On ne me l'a jamais dit, et je ne me rappelle pas qu'on m'ait jamais reproché de trop utiliser la pédale ; c'est moi qui très tôt ai découvert que je n'aimais pas la pédale et, à moins que cela ne soit absolument requis par la musique, je préfère ne pas l'utiliser du tout. Mon idéal sonore pour un piano est qu'il sonne un petit peu comme une sorte de clavecin émasculé.

D.B. — Puisque nous parlons de sonorité, pouvez-vous me dire si la haute-fidélité vous intéresse ?

G.G. — Je trouve que le terme est parfois employé de travers. Au début ça n'était qu'un label, avant d'évoluer vers quelque chose de tout autre. Quant à la stéréo, c'est très différent, elle ouvre de nouvelles perspectives. Je possède toujours un grand nombre de vieux enregistrements de Schnabel et de Weingartner. Pendant mon adolescence, c'est ainsi que sonnait la musique enregistrée, et personne n'aurait songé à exiger davantage. Encore aujourd'hui, je suis capable de m'adapter immédiatement à l'écoute de ces enregistrements, pas seulement dans les repiquages en 33 tours, mais même en 78 tours, et d'y trouver le plus grand plaisir, sans avoir le sentiment de perdre quoi que ce soit. Je ne suis jamais devenu conscient de la vraie fidélité sonore.

D.B. — Pensez-vous qu'il y ait une déperdition substantielle dans la musique enregistrée par rapport au concert ?

G.G. — Certainement pas pour moi ; je suis un homme du disque. Je ne devrais peut-être pas le dire, mais je n'aime pas aller au concert — sauf aux miens, bien sûr, auxquels j'assiste religieusement. Mais je suis toujours très tendu lorsque je vais écouter les concerts d'autres personnes. Cela m'horrifie de penser que les malheureux doivent affronter le même genre de responsabilités que moi, les soirs où je joue. Dans ces conditions, je me sens totalement incapable de me détendre et de jouir du concert. En revanche, je suis parfaitement détendu quand j'écoute les enregistrements de quelqu'un d'autre ; ce que je fais très volontiers. De fait, je n'écoute guère de musique que comme cela. En ce qui me concerne, les enregistrements constituent la seule manière de jouir vraiment de la musique, mais je conçois que pour les gens qui ne sont pas du métier et qui ne sont pas conscients de toutes les tensions et de tous les problèmes que cela implique, les disques ne remplaceront peut-être jamais complètement le concert.

D.B. — En dehors de la musique classique, aimez-vous le jazz ? Est-ce que vous jouez parfois du boogie-woogie ou du rock and roll au piano ?

G.G. — Désolé, mais je ne crois pas en avoir la capacité. J'aime bien le jazz, à petite dose. Il en a toujours été ainsi depuis mon enfance, mais vraiment je dois dire à toute petite dose. De surcroît, je n'aime pas assez cela pour partager la conviction de beaucoup de gens qui apprécient ou croient apprécier le jazz de façon relativement intellectuelle. C'est peut-être prétentieux de ma part, mais je ne peux supporter ces intellectuels qui pensent qu'écouter Charlie Parker est une expérience aussi profonde qu'écouter l'*Art de la Fugue*. Je crois que c'est tout à fait faux, et qu'il vaudrait mieux ne pas trop mélanger les choses.

D.B. — Et l'avenir ? Je crois avoir entendu dire que vous envisagez les concerts comme un moyen de faire de l'argent pendant un temps donné, mais que vous aviez d'autres ambitions pour l'avenir.

G.G. — Oui, c'est parfaitement exact ; cela ne veut pas dire pour autant que tant que je donne des concerts je ne le fasse pas avec le plus grand sérieux. Il est peut-être prématuré d'en parler, mais j'espère bien être en mesure de me retirer lorsque j'aurai trente-cinq ans. Si ce ne devait pas être le cas, je serais très déçu par moi-même, et je ne sais pas ce que je ferais ; je pourrais bien devenir agent d'assurances ou quelque chose de ce genre. Non, je désire absolument me mettre dans une situation telle que je pourrai complètement cesser de jouer du piano en public. Je continuerai évidemment à en jouer pour moi-même et à faire des enregistrements : c'est de loin mon activité préférée, car c'est celle qui se rapproche le plus de la création. Je veux aussi me réserver du temps pour composer, davantage de temps en tout cas que celui dont je dispose pour l'instant.

D.B. — Quelles sont les compositions auxquelles vous travaillez actuellement ?

G.G. — Actuellement, il y a deux choses en gestation. L'une est une sonate pour clarinette et piano, l'autre un cycle de lieder. Toutes deux vont probablement surprendre, car il s'agit d'œuvres archi-romantiques, qui font plus penser à Richard Strauss qu'à quoi que ce soit d'autre de ce siècle. C'est un peu contradictoire en ce sens que les compositeurs qui ont eu sur moi la plus forte influence sont les compositeurs sériels, Schoenberg et les autres. Mais en ce qui me concerne, je suis vraiment archi-romantique. Alors nous verrons bien ce que cela donnera lorsque ces œuvres seront achevées.

D.B. — *Est-ce que vous aimez jouer pour la télévision ?*

G.G. — Oh, vous savez, j'ai bien peur d'avoir quelque tendace à l'exhibitionnisme, et par conséquent j'adore cela. J'ai fait pas mal de télévision, et la seule chose qui me dérange un petit peu est qu'elle réclame toujours beaucoup de répétitions, pas tant pour la musique que pour les caméras. Au moment où il faut enregistrer pour de bon, on est déjà complètement épuisé. La répétition générale ne manque jamais d'être bien meilleure que le concert lui-même, et cela non pas en raison d'une tension supplémentaire que la télévision en tant que telle impliquerait, mais simplement parce que le fait de devoir jouer un même morceau quatre à cinq fois d'affilée finit par vous le faire prendre en grippe.

D.B. — *Avez-vous jamais pensé à vous marier ?*

G.G. — J'y ai réfléchi. Voilà d'ailleurs un autre des inconvénients de ce genre de vie, qui est incompatible avec le mariage ; cela fait partie du caractère déracinant de l'existence itinérante d'un concertiste.

D.B. — *Êtes-vous fiancé, ou avez-vous une petite amie ?*

G.G. — Je ne suis pas fiancé.

D.B. — *Avez-vous un violon d'Ingres ? Regardez-vous la télévision ?*

G.G. — Je n'approuve pas les gens qui regardent la télévision, mais je suis l'un d'entre eux. Voyez-vous, la télévision est l'un des plus grands sédatifs qui soient. Après chaque concert, je rentre toujours directement à l'hôtel et j'allume la télévision, n'importe quoi. C'est bien mieux que de prendre un somnifère. La télévision vous tranquillise, et c'est pour moi sa plus grande vertu.

D.B. — *Lorsque vous passez l'été dans votre maison au bord du lac Simcoe, que faites-vous ? Allez-vous à la pêche ?*

G.G. — Non, j'y suis tout à fait opposé. Il s'agit même, en ce qui me concerne, d'une croisade, et si jamais vous êtes un pêcheur, je vais tout de suite entreprendre de vous convertir. C'est à l'âge de six ans que j'ai commencé à être contre la pêche. Jusqu'alors, je n'avais jamais pêché moi-même, mais mon père, lui, était un pêcheur de haute volée. Il travaillait au lancer et considérait avec condescendance toute autre forme de pêche. Vers l'âge de six ans, je fus emmené à la pêche non pas par mon père, mais par un voisin qui avait un tas de marmots avec lesquels je jouais cet été de 1939.

Nous sommes partis en bateau, et je fus le premier à attraper un poisson. Quand la petite perche est sortie de l'eau en gigotant au bout de la ligne, je me mis soudain à la voir de son point de vue à elle ; j'eus un sentiment tellement fort que je la saisis et m'apprêtai à la rejeter à l'eau. A ce moment-là — et cela est resté en moi comme une sorte de blocage contre les gens qui essaient d'exercer une influence sur les enfants — le père m'a repoussé brutalement sur mon siège, sans doute pour la bonne raison que je faisais tanguer l'embarcation. Puis il écarta le poisson de moi, sur quoi j'entrai dans une terrible fureur et me mis à sauter de tous côtés, en trépignant et en m'arrachant les cheveux. On ne put me calmer avant d'avoir regagné le rivage, et je refusai d'adresser la parole à ces enfants de tout l'été. J'entrepris immédiatement de travailler mon père pour le convaincre d'abandonner la pêche. J'ai mis dix ans pour y parvenir, mais c'est sans doute la plus grande chose que j'aie jamais accomplie.

D.B. — Puisque nous parlons de colères et de marmots, diriez-vous que vous avez eu une enfance heureuse ?

G.G. — Oui, je crois. Je n'avais ni frères ni sœurs, ce qui veut dire que je fus sans doute un petit peu gâté, et en fait pas qu'un petit peu, mais aussi que je n'ai appris que lentement à m'entendre avec les gens de mon âge. Il est hors de doute que, comme beaucoup d'enfants uniques, je n'en faisais qu'à ma tête, probablement un peu trop. Cela m'a pris pas mal de temps de dépasser ce stade.

Je me souviens qu'adolescent, j'avais un tempérament assez violent, ce qui heureusement n'est plus le cas. Je ne me mets plus qu'extrêmement rarement en colère, mais ce fut difficile d'y parvenir. Je crois qu'il est possible d'attribuer cela pour une large part au fait que je n'ai jamais eu à partager quoi que ce soit avec qui que ce soit. Mais en gros, je pense pouvoir dire que je fus un enfant heureux, un enfant de la nature.

At home with Glenn Gould

En 1959, Glenn Gould était devenu une gloire nationale au Canada. Ses immenses succès aux États-Unis, en Union soviétique et dans divers pays d'Europe ainsi qu'en Israël, avaient définitivement établi sa légende; et la radio canadienne chargea l'un de ses producteurs, Vincent Tovell, de réaliser un portrait de Glenn Gould consistant essentiellement en une longue interview entrecoupée d'extraits du Quintette *de Bruckner, de la* Fantaisie *d'Oscar Morawetz, de l'*Art de la Fugue *de Bach, du* Quatuor à cordes *de Glenn Gould, et de la* Cinquième Symphonie *de Sibelius, le tout joué bien entendu au piano par le personnage central de l'interview. La CBC nous a aimablement fait parvenir ce texte radiophonique auquel nous avons fait subir les quelques adaptations indispensables pour lui donner une forme compatible avec les nécessités de l'écrit.*

Vincent Tovell. — *Quelle est cette musique ?*

Glenn Gould. — Le *Quintette* de Bruckner.

V.T. — *Jamais je ne me serais attendu à vous entendre jouer quelque chose d'aussi romantique.*

G.G. — C'est l'œuvre la plus prodigieuse qu'il ait jamais écrite, la seule dans laquelle il n'y ait pas un coup de tonnerre à chaque moment d'exaltation. Une merveille !

V.T. — Mais c'est écrit pour instruments à cordes ; j'imagine que vous ne la jouez pas au piano autrement que pour votre propre plaisir.

G.G. — J'ai davantage de plaisir à jouer Bruckner au piano que quoi que ce soit d'autre de sa génération qui ait été destiné au piano. C'est pour moi une source de grande tristesse que les gens que j'admire le plus au tournant du siècle n'aient rien écrit d'un peu conséquent pour le piano.

V.T. — Glenn, vous souvenez-vous du premier concert auquel vous ayez assisté ?

G.G. — Je crois que oui. C'était un récital de Joseph Hofmann. Je devais avoir dans les six ans, et c'était sa dernière apparition à Toronto. L'impression fut fulgurante, et la seule chose dont je me souvienne vraiment bien est que, quand on me ramena à la maison en voiture, je tombais de sommeil ; j'étais dans ce merveilleux état de semi-sommeil ou de demi-veille, dans lequel on entend toutes sortes de sons incroyables. En l'occurrence, il s'agissait de sons orchestraux, mais c'était moi qui les jouais tous. J'étais soudain devenu Hofmann. Jamais je ne l'oublierai.

V.T. — Saviez-vous à l'époque que vous deviendriez un pianiste professionnel ?

G.G. — Je n'en avais pas la moindre idée. Je jouais déjà du piano et j'adorais cela, mais c'était juste pour moi-même.

V.T. — Y avait-il des musiciens dans votre famille ?

G.G. — Professionnellement, pas depuis trois générations. Musicalement parlant, notre seul titre de gloire est Edvard Grieg qui était un cousin germain du grand-père de ma mère.

V.T. — C'est une bonne lignée.

G.G. — Oh, vous savez, malheureusement, je n'aime pas son *Concerto pour piano*. Malheureusement parce que, autrement, ç'aurait été le coup de publicité du siècle !

V.T. — Quand vous êtes-vous mis à travailler sérieusement ?

G.G. — J'ai commencé à pianoter vers trois ou quatre ans. Mais ce n'est qu'à dix ou onze ans que je me suis mis sérieusement au travail, avec sans doute la vague idée d'une carrière.

V.T. — C'est-à-dire ?

G.G. — Je n'avais pas à l'époque une idée très claire de ce qu'une carrière dans la musique signifiait. C'est le cas d'ailleurs de la plupart des étudiants qui, malheureusement, lorsqu'ils sortent du Conservatoire, ne le savent pas non plus très bien. Par ailleurs, quand j'allais à l'école, la musique avait une aura extraordinaire pour moi, car c'était une chose à laquelle je pouvais penser lorsque je m'ennuyais en classe ; c'était d'ailleurs toujours le cas.

V.T. — Vous aimiez travailler le piano ?

G.G. — Oui, probablement pour les mêmes raisons ; je ne pense pas que l'aspect physique du travail m'ait plu davantage qu'à n'importe qui d'autre. Tout cela devait avoir des racines plus suspectes.

V.T. — Avez-vous toujours su lire la musique ?

G.G. — J'ai appris très tôt, dès trois ou quatre ans, et je savais donc lire la musique avant les mots.

V.T. — Quelles étaient vos idoles ?

G.G. — Au cours de mon adolescence, la seule époque peut-être où l'on ait des idoles, je n'en avais vraiment qu'une, pour ce qui est des interprètes ; c'était Schnabel. J'ai grandi avec son Beethoven et, à moindre degré, avec son Schubert et son Brahms.

V.T. — Vous voulez parler de ses enregistrements ?

G.G. — Bien sûr, je ne l'ai jamais entendu en public.

V.T. — Qu'est-ce qui vous attirait particulièrement chez Schnabel ?

G.G. — En partie, je crois, l'idée que Schnabel était quelqu'un qui ne se souciait guère du piano en tant qu'instrument. C'était pour lui un moyen. Mais la fin était d'approcher de Beethoven. Vers douze ou treize ans, j'ai appris le *Concerto en sol majeur* de Beethoven, le premier concerto que j'aie jamais appris — non, pardon, j'avais déjà étudié le *Concerto du Couronnement,* de Mozart —, en tout cas, le premier concerto que j'aie jamais joué en public. Et je me suis mis à singer l'enregistrement de Schnabel à tel point que mon professeur finit par me l'ôter, pour que je puisse réfléchir un peu aux erreurs que je faisais. Je tirais le tempo de tous côtés et je me laissais aller aux plus incroyables rubatos ; en réalité, j'en faisais à peu près deux fois plus que Schnabel lui-même.

V.T. — Vous souvenez-vous de ce que vous avez joué à votre premier concert ?

G.G. — Voyons, voyons... Lors de mon premier récital complet — j'avais déjà participé à pas mal de récitals en compagnie d'autres étudiants, au Conservatoire —, je devais avoir quatorze ans, et je crois me souvenir d'avoir joué une série de fugues de Bach, du Haydn, du Beethoven, et puis aussi du Chopin, du Mendelssohn et du Liszt...

V.T. — ... que depuis vous n'avez plus jamais joué en public ?

G.G. — Non.

V.T. — Aviez-vous le trac ?

G.G. — Pas autant qu'aujourd'hui, et de loin.

V.T. — *Comment cela ?*

G.G. — Oh, tout cela faisait partie d'un jeu. Le public était en tout cas constitué en grande partie de mes camarades, qui m'avaient déjà entendu jouer les mêmes œuvres et, comme j'y étais parvenu auparavant, il n'y avait aucune raison que je n'y parvienne pas une fois encore. Non, à cet âge, on est bien heureusement inconscient de la responsabilité qu'on a lorsqu'on donne un concert. J'aimerais bien qu'il en soit de même aujourd'hui. J'y arrive, mais à coup de sédatifs.

V.T. — *Aimez-vous faire des tournées ?*

G.G. — Non. C'est à peine si j'exagère en disant que j'ai cela en horreur mais, surtout lorsque je passe quelques semaines chez moi au bord du lac, l'idée de repartir en tournée me fait penser exactement à ce que je ressentais étant gamin le lundi matin, quand il fallait retourner à l'école. Cela dit, une fois que je suis dans le bain, la tension des voyages, des hôtels et des concerts ne se fait plus trop sentir.

V.T. — *Est-ce que vous visitez les endroits par où vous passez ?*

G.G. — Je suis un exécrable touriste. J'ai tendance à me comporter comme un cheval avec des œillères lorsque je me trouve dans des lieux que je suis censé admirer pour leur paysage. Il m'est arrivé de passer une semaine entière dans les montagnes Rocheuses au Colorado où je devais donner un concert. Aussi fantastiquement beau que cela ait pu être, je n'ai rien vu ; je suis simplement resté à l'hôtel à regarder mes partitions. Après coup, j'ai eu honte de moi, parce que, au milieu d'un paysage prodigieux, on devrait pouvoir oublier la fidélité à la musique.

V.T. — *Et en Russie ? On ne vous a tout de même pas simplement laissé à lire des partitions ?*

G.G. — Non, non, on a essayé de me faire sortir de ma coquille. Et de fait, j'ai vu pas mal de choses ; mais j'ai été loin d'en voir autant que je l'aurais souhaité.

V.T. — Vous avez joué à Moscou?

G.G. — Et à Leningrad.

V.T. — Vous y avez rencontré des musiciens, interprètes et compositeurs?

G.G. — Oui, un bon nombre. Certains étaient là en mission de bonne volonté diplomatique. Mais j'ai rencontré aussi beaucoup de compositeurs dont je n'avais jamais entendu le nom, et dont, je crois, personne ici non plus n'a entendu parler. Il m'a semblé qu'ils possédaient un métier autrement solide que ceux dont on entend constamment parler.

V.T. — Sont-ils en contact avec l'école sérielle, ou influencés par elle?

G.G. — Pas le moins du monde, encore qu'on entende de curieuses histoires de rencontres crépusculaires de jeunes compositeurs qui jouent cette musique pour eux-mêmes. Mais allez savoir si c'est vrai ou faux. Des rumeurs circulent sur des compositeurs qui, n'étant pas subventionnés, travailleraient comme éboueurs pour pourvoir à leur subsistance et être ainsi en mesure de continuer à écrire de la musique sérielle. Cela dit, j'ai donné, plus ou moins sans y être invité, une conférence à Moscou, répétée par la suite à Leningrad, dont le sujet était très vaguement libellé : « La Musique en Occident ». En réalité, j'y traitais presque exclusivement de l'école de Vienne. Cela devint une « cause célèbre ». Deux ou trois vieux professeurs manifestèrent leur désapprobation en quittant les lieux, prenant prétexte que le texte de mon laïus ne leur avait, bien évidemment, pas été soumis. J'ai dû parler par l'intermédiaire d'interprètes qui semblaient effroyablement embarrassés. Quoi qu'il en soit, ce fut une expérience très intéressante ; j'étais extrêmement curieux de voir ce qui allait se passer. Après la conférence, au cours de laquelle j'avais donné pas mal d'exemples d'œuvres diverses, un bon nombre de jeunes compositeurs vinrent me dire qu'ils avaient été très curieux d'entendre cette musique ; apparemment, certaines partitions de Schoenberg, et même de Webern, sont disponibles dans leurs bibliothèques, mais à titre de curiosités, tout comme il doit bien exister des études de planification sociale en Antarctique destinées à être consultées par les gens du Kremlin. Mais tout cela se passe de manière parfaitement détachée, et les gens avec qui je parlais n'avaient effectivement jamais entendu cette musique. J'aurais bien aimé rester plus longtemps pour avoir le temps de discuter avec eux individuellement. Pas pour faire de la propagande, mais pour connaître leurs réactions.

V.T. — Qu'avez-vous joué à Moscou ?

G.G. — A l'exception des œuvres que j'ai jouées pendant ces conférences, j'ai été terriblement conservateur. On ne me l'avait pourtant pas demandé. Enfin, j'ai joué beaucoup de Bach, encore que sans doute il y ait eu là bon nombre de choses qu'on n'entend pas fréquemment au piano, les *Variations Goldberg*, l'*Art de la Fugue*, des *Partitas*, toutes les *Inventions à trois voix*, et aussi beaucoup de Beethoven, que bien entendu on connaît très bien là-bas, et un peu de Brahms. Quoi d'autre ? De la musique contemporaine.

V.T. — Quel genre de musique contemporaine ?

G.G. — Là encore, pour les récitals officiels, de la musique contemporaine très conservatrice, Alban Berg, Hindemith, etc.

V.T. — Les Russes sont-ils habitués à entendre du Bach en concert ?

G.G. — Tout à fait, même si leur manière d'envisager Bach nous ramène quarante ans en arrière. Mais cela s'explique, car il n'y a guère qu'une génération que Bach a cessé de faire figure de pièce de musée pour devenir notre pain quotidien. Je ne crois d'ailleurs pas qu'eux y voient de la musique de musée. En fait, ils ont même une prodigieuse dévotion pour Bach ; mais en jouant des concertos de Bach avec l'Orchestre Philharmonique de Leningrad, je me suis aperçu qu'ils en avaient manifestement peur. C'est une musique qu'on révère et qu'on met sur un piédestal tel qu'on ne sait pas même comment l'aborder.

V.T. — Vous êtes le premier artiste canadien à vous être rendu là-bas après la guerre.

G.G. — ... Paraît-il.

V.T. — Aimeriez-vous y retourner?

G.G. — Absolument. Le problème est que, si j'y retournais, ce serait pour une période beaucoup plus longue. C'est en tout cas ce que nous avons décidé avec eux là-bas. Or, ce ne sera pas si facile de trouver le temps nécessaire, et puis on est contraint d'assister à une effroyable quantité de réceptions avec des flots de toasts et de vodka auxquels ma constitution refuse de se prêter. J'y retournerai néanmoins un de ces jours.

V.T. — Avez-vous trouvé que la manière dont on entraîne les musiciens, et tout particulièrement les pianistes, en Union soviétique, est très différente de la nôtre?

G.G. — D'après ce que j'ai pu voir, les choses sont infiniment plus réglementées. J'ai cru comprendre que chaque musicien est obligé de consacrer un certain nombre de semaines ou de mois chaque année à l'enseignement. Cela fait partie de son devoir envers l'État. En fonction de sa notoriété, il peut bien entendu s'en tirer à relativement bon compte.

V.T. — Trouvez-vous que cela soit une bonne idée?

G.G. — Je ne crois pas que quoi que ce soit qui ait un fondement contraignant soit vraiment bon. Cela dit, en un sens, c'est quelque chose de manifestement fructueux pour les apprentis musiciens du pays. Reste à savoir si c'est une bonne idée pour les individus concernés... je n'en suis pas tellement convaincu. Quant à moi, je n'aimerais pas qu'on me force à le faire.

V.T. — On dit partout que le public russe, lorsqu'il aime quelqu'un, manifeste son enthousiasme avec une extraordinaire ferveur. Avez-vous trouvé que c'était le cas?

G.G. — Oui, c'est tout à fait vrai. Je ne sais pas si c'est un tellement bon signe. C'est certainement le signe d'une grande chaleur, mais pas forcément un signe d'érudition. Lorsque cela vous arrive, vous y prenez goût, en ce sens que vous participez à la fête générale et qu'il est difficile de leur résister. Mais lorsque vous y repensez par la suite, vous vous demandez ce que cela signifie en réalité, parce que cela arrive assez fréquemment, et que cela ne veut pas du tout dire que vous êtes le phénomène le plus extraordinaire qu'il leur ait été donné de rencontrer. Cela signifie simplement qu'ils vous aiment beaucoup et qu'ils vous remercient.

V.T. — *Aviez-vous un interprète ?*

G.G. — Oui, une interprète merveilleuse, pleine de charme et adorable. A mon avis, sa fonction consistait non seulement à interpréter, mais aussi à donner des explications sur tout ce qui aurait pu susciter quelque doute dans votre esprit. De cette façon, j'ai entendu toute une série d'idées bien digérées, et typiques de ce qu'on veut faire dire à cette jeune génération. Un jour, nous nous promenions à Leningrad dans les Jardins d'été qui avaient fait partie du palais de Catherine II, sur les bords de la Neva ; on y rencontre à chaque détour les statues de grands écrivains du XIXe siècle. A un moment donné, nous sommes passés devant un buste qui devait être celui de Tourgueniev, et je demandai à mon interprète ce qu'elle pensait de Tourgueniev. Elle me répondit au quart de tour et très sérieusement : « Nous considérons, chez nous, qu'il possède le plus beau style lyrique du XIXe siècle. » La réponse était déjà superbement répétée, mais dix minutes plus tard, nous sommes passés devant Dostoievski qui, à nos yeux tout du moins, est quelqu'un d'infiniment plus grand, et je lui posai la même question à son propos. La réponse vint sur le champ : « C'est évidemment un très grand homme, mais, malheureusement, il s'agissait d'un pessimiste. » Ce qui était troublant dans tout cela, c'était que ces réponses semblaient tellement enfouies dans la conscience de ces gens que j'avais l'impression qu'il suffisait que je mette une pièce dans la fente pour obtenir la réponse. Je suis convaincu que j'aurais obtenu une réponse identique dans 98 % des cas.

V.T. — *En Russie, comme partout ailleurs, votre style d'interprétation de Bach a été particulièrement remarqué. Est-ce que l'orgue vous a influencé ?*

G.G. — Oui, l'orgue a eu une grande influence sur moi, pas seulement sur mes goûts, mais aussi sur les composantes physiques qui entrent dans ma manière de jouer du piano. Le fait de pratiquer l'orgue me fut extrêmement précieux et je crois que cela pourrait être fructueux pour beaucoup de gens. J'ai commencé à jouer de l'orgue à neuf ou dix ans, essentiellement du Bach et du Haendel, et c'est lui qui a allumé la flamme du contrepoint en moi. Je n'ai plus eu qu'à la transférer au piano.

V.T. — *Le piano n'est venu que plus tard ?*

G.G. — Non, je jouais à la fois de l'orgue et du piano. Mais après, il a fallu essayer de combiner tout cela avec les études scolaires. Il a bien fallu laisser tomber quelque chose. Ce fut l'orgue. Entre-temps, cependant, les aspects physiques du jeu de l'orgue avaient laissé en moi une marque indélébile. J'avais appris qu'en jouant Bach, la seule façon de donner sa forme à une phrase, à un sujet ou à un thème, contrairement à ce qu'on fait dans Chopin, ne consistait pas à introduire toutes sortes de crescendos et de diminuendos, mais à donner une respiration rythmique à la chose. En d'autres termes, ce sont les extrémités des doigts qui agissent pour produire quelque chose qui ressemble aux sons merveilleusement sifflants et haletants des anciennes orgues.

Sans même parler de l'utilisation de la pédale, la plupart des gens qui jouent Bach au piano surchargent sa musique de liaisons et exagèrent le phrasé dynamique, croyant ainsi obtenir un effet expressif. J'ai essayé d'éliminer tout cela, et ma pratique de l'orgue y est certainement pour beaucoup.

V.T. — *La critique mentionne souvent l'originalité de vos interprétations. On a dit aussi que vous ne faisiez pas qu'interpréter la musique, mais que vous la jouiez comme si vous l'aviez écrite vous-même. Que pensez-vous des critiques ?*

G.G. — Leurs avis peuvent être intéressants, aussi bien que tissés d'absurdités. Cela dit, leur fonction est utile, moins sans doute pour nous que pour les gens qui vont au concert.

V.T. — *Et le public ? Est-il très différent d'un pays à l'autre ?*

G.G. — Je n'ai jamais observé de très grandes différences mais, collectivement parlant, le public ne signifie pas grand-chose pour moi. Je ne suis guère capable de faire des comparaisons car il me semble que la seule raison qu'a le public d'être présent, c'est d'écouter. Le public n'est pas là pour réagir ; il n'est pas là pour applaudir. En ce qui me concerne, j'espère pouvoir mettre en pratique à soixante ans une ambition que j'ai depuis l'âge de seize ans, et qui consisterait à organiser ma propre série de concerts dans ma propre salle de concert : le public y aurait interdiction de réagir d'une façon quelconque, pas d'applaudissements, pas d'acclamations, pas de sifflets, rien. Il me semble en effet que les applaudissements, ou quelque autre manifestation que ce soit, sont l'instrument du vice risquant d'égarer beaucoup de gens qui sont trop facilement impressionnés par leur propre succès ; un instrument qui peut aussi décourager ceux dont la volonté manque de fermeté. Je crois vraiment qu'on devrait pouvoir se dispenser complètement de ce genre de choses.

V.T. — *Voulez-vous dire que le public peut affecter une interprétation en incitant l'interprète à faire des effets d'estrade ?*

G.G. — Certainement. Ces dernières années, pour des raisons pratiques, j'ai travaillé très dur à essayer de me persuader que le public n'existait pas, que je jouais en réalité pour moi-même, et que toute la mise en scène de concerts avec salutations et applaudissements n'était qu'une formalité par laquelle il fallait bien passer, mais à laquelle il convenait de ne prêter aucune attention. Je suis convaincu que c'est possible. En fait aujourd'hui mon sentiment à l'égard du public est un sentiment de saine indifférence — ni d'antagonisme, ni sûrement de dédain ; le public à mes yeux est constitué de gens qui sont invités à assister à quelque chose qui de toute façon aurait eu lieu pour moi-même. C'est la seule manière dont je puisse me sentir à l'aise et, en vérité, en contact intime avec le public, car, dès lors, je le considère comme composé d'individus, et non en fonction des réactions de masse dont il est censé être le siège. C'est exactement comme si je jouais pour quelques amis, devenus malheureusement trop nombreux.

V.T. — Quand avez-vous eu l'idée que vous aimeriez devenir compositeur?

G.G. — Je l'ai toujours eue. Mes tiroirs à la maison sont remplis de chefs-d'œuvre anciens, longs en général d'une page mais prévus pour soixante-quatre, et soudain abandonnés au bout d'une, quand je découvrais que la technique utilisée n'était pas satisfaisante et que je décidais de passer à l'œuvre suivante.

V.T. — Ces œuvres sont-elles pour orchestre ou pour piano?

G.G. — Comme beaucoup d'œuvres de Bach, elles ne sont d'habitude écrites pour rien de particulier.

V.T. — Vous avez tout de même écrit un quatuor à cordes qui a été joué?

G.G. — Oui.

V.T. — Et quoi d'autre?

G.G. — Beaucoup de choses dont je ne souhaite plus parler, parce que, vers dix-neuf-vingt ans, je suis passé par une période dodécaphonique et que les œuvres que j'ai pondues en ayant recours à cette technique — ce n'est pas cette technique qui me dérange, mais les œuvres elles-mêmes — ne me convainquent pas. Elles sont maintenant rangées dans la naphtaline. Les choses que j'ai faites ces dernières années relèvent de l'idiome du romantisme tardif, ce qui me surprend assez moi-même, et sont influencées par des gens comme Bruckner et surtout Richard Strauss, mon grand dieu au XXe siècle.

V.T. — Écrivez-vous pour le piano, la voix, ou...?

G.G. — En ce moment, oui, j'écris quelque chose pour la voix. Avec le clavier, j'ai un problème, car j'ai du mal à m'empêcher de le faire sonner comme un sextuor à cordes. Chaque fois que j'écris pour le clavier, mes vieilles habitudes d'organiste m'incitent à penser en termes de basse, de pédalier, me donnant l'illusion qu'il est possible d'écrire des intervalles très larges, qui sont en réalité impraticables pour la main. Je n'ai donc jamais réussi à écrire correctement pour le piano. Je ne crois pas non plus avoir de dons particuliers pour l'instrumentation en général. Comme je l'ai dit plus haut, j'ai toujours tendance à écrire pour une partition ouverte, indéfinie, et à ne pas prendre en considération le fait de savoir si mes idées s'adaptent finalement à tel ou tel instrument. J'ai composé jadis des cadences pour le *Concerto en ut majeur* de Beethoven ; elles sont diaboliquement difficiles à négocier.

V.T. — Vous les utilisez vous-même lorsque vous jouez ce concerto ?

G.G. — Oui, et je les ai même enregistrées. J'ai longtemps espéré que quelqu'un d'autre les jouerait un jour. Cela ne s'est pas produit, j'attends toujours.

V.T. — J'ai l'impression, d'après ce que vous dites, que c'est surtout l'architecture qui vous intéresse.

G.G. — C'est très exact ; je m'y intéresse beaucoup plus qu'à l'adaptabilité de certains sons à un instrument donné, ou qu'à leur efficacité.

V.T. — Lorsque des idées musicales vous viennent, les découvrez-vous au piano ?

G.G. — Non, surtout pas ! Le piano est un instrument d'égarement ; les doigts donnent des idées nauséeuses et la plupart du temps illogiques, qui ne sont pas fondées sur la réalité pure et dure de la musique. Ce sont des idées molles et faciles.

V.T. — Avez-vous l'intention de jouer moins et de composer davantage ?

G.G. — Oh oui, absolument.

V.T. — Parce que ce doit être difficile de trouver le temps et l'énergie...

G.G. — Ce n'est pas si difficile, et c'est bien ce qu'il y a de frustrant. Combien d'heures passe-t-on, misérable et triste, dans des chambres d'hôtel, à ne rien faire en réalité ? Ces heures, on pourrait aussi bien les occuper à écrire. Ne composant de toute façon pas au piano, je n'ai absolument aucune raison valable, aucune excuse. Mais d'une manière ou d'une autre, lorsque je suis en tournée, je me débrouille pour me persuader — c'est très hypocrite — du fait que j'ai d'autres responsabilités, qui consistent à donner un concert, et que, si je dispose de temps, je dois l'occuper à scruter les partitions qu'il me faut jouer plutôt que de me consacrer à celles que je souhaiterais écrire. Je n'en crois pas un mot. J'essaie de m'en convaincre à chaque fois de nouveau, mais je n'y crois pas un instant.

V.T. — On dit que Richard Strauss se forçait à écrire un certain nombre d'heures tous les jours, quoi qu'il arrive et quoi qu'il en sorte. Est-ce vraiment possible ?

G.G. — Absolument, et c'est ce qu'il fit. Il en allait de même pour Tchaïkovsky.

V.T. — Mais la musique n'est pas que mécanique. Il doit y avoir un élément de ce qu'on appelle l'inspiration ?

G.G. — Bien sûr, mais Strauss n'a jamais dit qu'il fallait absolument tout utiliser de ce qu'il écrivait entre le petit déjeuner et le déjeuner. Il dit seulement qu'il se forçait à écrire. Il se peut que l'idée d'écrire soit en elle-même une discipline suffisante. L'utilisation des résultats est une autre affaire.

V.T. — Revenons à votre Quatuor à cordes. *Où a-t-il été joué ?*

G.G. — Au Festival de Stratford, où il a été créé, et puis à Montréal. On l'a aussi enregistré.

V.T. — Est-ce qu'il est possible de le jouer au piano ?

G.G. — Il me faudrait un violoncelliste en faction pour faire la basse de temps à autre, parce que c'est presque impossible avec dix doigts. Il comporte de nombreuses sections, mais en réalité c'est un vaste mouvement de sonate divisé en trois parties principales, exposition, développement-récapitulation, et coda qui, à elle seule, s'étend sur trois cents mesures. Le tout dure environ trente-cinq minutes. Trois années de ma vie ont été consacrées à cette chose et j'en suis très fier, mais il n'est pas complètement réussi. D'abord j'ignorais à l'époque beaucoup de choses que j'aurais dû connaître quant à ce qu'on peut faire ou ne pas faire avec des instruments à cordes. Là encore, je pensais en termes d'instrumentation neutre. Mais, tout bien considéré, je suis quand même très heureux du résultat, car j'avais en tête une idée fondamentale qui, elle, a abouti. Cela consistait à construire une œuvre dans laquelle une petite cellule thématique de quatre notes allait régner sur le développement de tous les thèmes et motifs importants de l'œuvre entière. De fait, des sections complètes de l'ouvrage ne sont fondées sur rien d'autre que ce motif, éclairé de toutes les façons concevables, renversé, retourné sens dessus dessous, etc. En un sens, c'est là l'héritage des compositeurs sériels que j'ai tant étudiés et admirés. Mais au même moment, j'ai essayé, idiomatiquement parlant, de couler cette notion dans le moule d'une texture harmonique qui aurait pu être utilisée par n'importe quel compositeur aux alentours de 1890. Je crois que cela a choqué pas mal de gens qui s'attendaient de ma part à quelque chose de fort différent.

V.T. — Vous avez mentionné Bruckner et Strauss en parlant de ce Quatuor à cordes. *Il est intéressant d'observer que, pour l'essentiel, la musique que vous aimez jouer relève de la tradition germanique, depuis Bach jusqu'aux compositeurs sériels, Schoenberg et Berg. Les musiques française et russe figurent rarement à vos programmes. Chopin, jamais. Les répertoires espagnol, italien ou français ne vous semblent-ils donc pas aussi intéressants ?*

G.G. — Franchement, non. Il y a des individus que j'admire de temps en temps, et œuvre par œuvre. J'adore Bizet, par exemple ; c'est un merveilleux compositeur.

V.T. — Mais vous n'avez pas envie de jouer Chopin.

G.G. — Non. Je n'arrive pas à m'y faire. Je le jouerai, dans un moment de relâchement, une ou deux fois par an peut-être, et juste pour moi-même. Mais il ne me convainc pas, il ne m'enchante pas. Lorsque je l'entends, superbement joué, par la personne idoine, il m'arrive d'être convaincu par sa musique, ne serait-ce que brièvement. Je trouve que Chopin — ça paraît idiot ce que je vais dire, et je ne voudrais surtout pas avoir l'air condescendant — mais enfin, je trouve que Chopin était quelqu'un de manifestement prodigieusement doué — et pourtant, je ne crois pas qu'il ait été un grand compositeur. Il échoue quasiment toujours lorsqu'il veut s'attaquer aux grandes formes impliquant une véritable organisation. Comme miniaturiste, il est superbe ; pour camper une atmosphère, il n'a pas son pareil ; sa manière de comprendre le piano est probablement sans précédent, et peut-être personne n'y est-il parvenu aussi bien que lui depuis. En dépit de tout cela, il me met mal à l'aise. D'ailleurs, les compositeurs que je joue sont des gens qui vont au-delà de l'instrument. Il se trouve que certains d'entre eux écrivent effectivement bien pour le piano. Il me semble que lorsque vous êtes arrivé à vous le mettre dans le sang, Bach sonne magnifiquement bien au piano ; or, personne ne considère qu'il ait été quelqu'un qui écrivait bien pour le piano. A beaucoup d'égards, ni Beethoven ni Schoenberg n'écrivaient bien non plus pour le piano. Mais cela n'a aucune importance.

V.T. — Quel est à votre avis le compositeur qui aurait écrit pour le piano avec la plus grande perfection ?

G.G. — Je crois que, comme tout le monde, je dirais que c'est Chopin ; mais à condition que le piano signifie pour vous ce qu'il signifiait pour Chopin ; or, ce n'est pas ce que le piano signifie pour moi, car dès lors qu'on exploite le piano à fond, on se laisse aller à des choses pour lesquelles j'éprouve une aversion profonde. L'une de ces choses est la pédale, à l'égard de laquelle, sauf à l'utiliser ainsi que je le fais, comme facteur de ponctuation, pour marquer le temps et pour donner un certain éclat au son, j'ai une véritable antipathie. J'ai horreur de la pédale lorsqu'on l'utilise comme élément de coloration. J'ai d'ailleurs bien peur que cela affecte le jugement que je porte sur beaucoup de pianistes, car les seuls que j'admire vraiment sont ceux qui n'emploient la pédale qu'avec une extrême parcimonie. A ce propos, il me faut faire une exception pour Schnabel, qui faisait un grand usage de la pédale, mais j'ai le sentiment que s'il le faisait, c'était pour couvrir certaines imperfections techniques. Je crois que c'était un problème d'ordre physique. Je veux le croire, j'insiste pour le croire.

V.T. — *Que faites-vous pendant vos loisirs ?*

G.G. — Je vais à la campagne, au bord du lac Simcoe, et je reste assis à regarder les arbres.

V.T. — *Lisez-vous ?*

G.G. — Énormément. A vrai dire, si je n'étais pas devenu musicien, j'aurais aimé être écrivain.

V.T. — *Vraiment ? Pas comédien ?*

G.G. — Oh, je sais bien que je suis affreusement cabotin. Pourtant, je crois finalement que j'aurais mille fois préféré faire quelque chose selon mon temps à moi. Écrire m'attire énormément. Je me limite pour l'instant à écrire des textes de pochettes de disques, et une conférence ici ou là.

V.T. — *Avez-vous l'intention d'écrire exclusivement sur des sujets musicaux, ou bien avez-vous en tête des œuvres de fiction ?*

G.G. — Jusqu'à présent, je n'ai rien fait d'autre que d'écrire sur la musique. Mais je suis très tenté par la fiction, tout en n'étant absolument pas préparé pour cela. Ceci posé, j'ai bien l'intention d'écrire mon autobiographie un de ces jours, et ce sera sûrement de la fiction !

V.T. — *Aimez-vous le théâtre musical, l'opéra ?*

G.G. — Pas vraiment. Je ne suis pas un de ces fanatiques d'opéra, à deux exceptions près : Mozart et Richard Strauss, que j'adore tous les deux. Je suis très intéressé par Wagner, mais d'un point de vue musical beaucoup plus que théâtral, et comme lui-même ne souhaitait pas qu'on dissocie ces deux aspects, il s'ensuit que je ne suis probablement pas un vrai wagnérien. Mais ce sur quoi je jette l'anathème, c'est l'opéra italien. Verdi me met au supplice et Puccini me hérisse.

V.T. — De toute façon, vous n'allez que rarement à l'opéra ou au concert.

G.G. — Presque jamais. Je n'ai dû assister qu'à trois concerts l'année dernière. Je m'y sens extrêmement mal à l'aise. Pour moi, la seule manière d'écouter de la musique est narcissique ; elle consiste à rester chez soi et à passer des enregistrements.

V.T. — Vous semblez assez vous complaire dans la réclusion.

G.G. — C'est quelque chose de merveilleux. Lorsqu'on passe beaucoup de temps dans les hôtels, c'est un extraordinaire soulagement de sortir du système et de vivre complètement seul pendant des semaines d'affilée. C'est aussi d'ailleurs le moment où l'on peut travailler. En tournée, je ne joue pratiquement jamais en dehors des concerts, étant donné la difficulté de trouver un bon piano dans une salle correctement chauffée. C'est donc à la maison que tout le travail se fait, le travail sur de nouvelles œuvres et la reconsidération d'œuvres anciennes, surtout en hiver, lorsque le lac est bloqué, et que je ne vois à l'horizon que glace et que neige.

Aux abords de la retraite

En janvier 1962, un peu plus de deux ans avant qu'il ne cesse de donner des concerts publics, Glenn Gould donnait à l'hebdomadaire American Horizon *cette interview, recueillie par Bernard Asbell.*

Bernard Asbell. — *Quand avez-vous pris la décision de faire une carrière de pianiste ?*

Glenn Gould. — Je crois que j'étais résolu à faire une carrière dans la musique à l'âge de neuf ou dix ans. J'étais décidé à m'envelopper de musique, car j'avais découvert que c'était un excellent moyen d'éviter mes camarades d'école, avec lesquels je n'arrivais pas à m'entendre. Mais je ne fus jamais un enfant prodige, en tout cas, pas un enfant prodige exploité. Je n'ai pas donné un seul concert à cet âge, sauf peut-être pour les dames de la paroisse, et je me contentais d'écrire mes petits chefs-d'œuvre. Je ne crois pas avoir commencé à m'accepter comme une sérieuse menace professionnelle avant d'atteindre vingt ans, âge auquel je gagnais déjà ma vie en jouant du piano, dans les studios de radio et de télévision. J'étais encore étudiant à l'époque, mais je commençais à me rendre compte qu'il était possible, même si cela requérait un effort considérable, de rendre ces choses praticables. Cependant, la forme que cela prenait dans mon imagination n'impliquait pas le fait de jouer du piano. Entre dix et vingt ans, j'étais en réalité réticent à l'idée d'une carrière de concertiste.

B.A. — Comment cela ?

G.G. — Oui, cela me semblait quelque chose de superficiel, une sorte de complément agréable à l'intérêt scolastique que je portais à la musique. J'imaginais que seule était acceptable une carrière musicologiquement motivée, et que toute autre orientation avait quelque chose de frivole. Je me voyais comme une sorte d'homme de la Renaissance en matière musicale, capable de mener à bien beaucoup de projets variés. Je voulais manifestement être compositeur, ce qui est d'ailleurs toujours le cas, et descendre jouer dans l'arène ne m'attirait aucunement. C'était, en partie du moins, une attitude défensive de ma part. Même si je ne connaissais pas encore grand chose aux dessous de l'affaire, il m'apparaissait clairement qu'une carrière de pianiste de concert impliquait une compétition à laquelle je considérais qu'il n'était pas digne de me prêter. Je n'arrivais pas à concevoir qu'il me faille me mesurer férocement à d'autres jeunes gens de dix-sept ans qui, de toute façon, jouaient sans doute beaucoup mieux du piano que moi.

B.A. — Possédez-vous une sorte de devise personnelle qui vous aide à passer les moments difficiles ?

G.G. — Lors de ma seconde tournée en Europe, j'étais horriblement déprimé. J'allais devoir passer trois mois là-bas, éloigné de la vie que je connaissais ; tout cela me semblait ridicule, et j'avais très envie de rentrer. Avant le premier concert, qui devait avoir lieu à Berlin, et tandis que je me rendais à la répétition, je me dis : « Qui diable, de toute façon, a jamais prétendu que ce devait être une partie de plaisir ? » Cette idée m'a permis de passer tant bien que mal plusieurs semaines, et j'en ai presque fait une devise.

B.A. — Votre enregistremet des Variations Goldberg *a fait de vous, du jour au lendemain, une célébrité. Que signifie pour vous le succès — que vous dites n'avoir pas vraiment recherché — en tant que pianiste ?*

G.G. — Oh, cela a eu beaucoup d'importance pour moi. Mais cela m'a aussi créé beaucoup de difficultés. Jusqu'alors, je n'avais pas imaginé que tout ce qui accompagne mon jeu — mes excentricités, en d'autres termes, si vous voulez — puisse attirer la moindre attention. Personne ne m'avait jamais fait de remarques à ce sujet. Or, voilà que soudain, toute une série d'impresarios et de gens du métier bien intentionnés se mettaient à m'écrire pour me dire : « Jeune homme, il faudrait tout de même songer à vous ressaisir et arrêter toutes ces simagrées. »

B.A. — *De quelles « simagrées » s'agissait-il ?*

G.G. — Du fait que j'avais tendance à chanter en jouant, à faire des gestes de chef d'orchestre avec mes mains, et ainsi de suite. Le problème était que jusqu'alors je n'avais fait que jouer pour moi à la maison, ou de temps à autre dans un studio de radio. N'ayant pas été un enfant prodige qui donnait des concerts, je n'avais jamais réfléchi à l'importance que certaines personnes du moins prêtent à l'aspect visuel des choses. Lorsque, aux alentours de 1956, on me força à prendre soudain conscience de tout cela, je me mis à accorder de l'attention à tout ce que je faisais, et il en résulta une certaine gêne. Le secret de tout ce que j'avais fait jusqu'alors tenait à ce que je m'étais concentré exclusivement sur la manière de mettre en œuvre une conception donnée de la musique que je jouais, sans prendre en considération les moyens physiques utilisés pour y parvenir. Cette nouvelle conscience de mes particularités physiques me fut quelque chose de très pénible, mais cela ne dura pas.

B.A. — *Si vous en avez maintenant moins conscience, cela veut-il dire que vous prenez aujourd'hui davantage de plaisir à donner des concerts ?*

G.G. — Encore aujourd'hui, je ne me sens vraiment à l'aise que dans les studios de radio, de télévision et d'enregistrement, que j'adore. Je me suis tout à fait aguerri au fait de jouer en public, mais je n'aime pas cela pour autant. Ce que je déteste, c'est le côté « Vous n'avez droit qu'à une seule chance ».

B.A. — *Justement, certaines personnes trouvent que l'une des joies que l'on prend à écouter de la musique provient du risque, « du droit à une seule chance », caractéristique du concert ; du fait que personne, ni l'interprète, ni l'auditeur, ne sait exactement ce qui va en sortir.*

G.G. — Pour moi, c'est quelque chose de cruel, de féroce, et d'idiot. C'est exactement ce qui pousse des sauvages comme ces gens d'Amérique latine à aller voir des corridas. Lorsque j'entends ce genre d'argument, cela me donne envie de quitter la scène. Le spectateur de l'arène qui regarde une exécution musicale comme s'il s'agissait d'une performance athlétique se tient lui-même à l'abri du danger, mais il a une sorte de jouissance sadique à voir ce qui se passe sur scène. Or, tout cela n'a rien à voir avec ce qui s'y passe réellement, qui est une tentative faite par l'interprète d'aboutir à une puissante identification avec la musique qu'il joue. Il ne s'agit pas d'un match, mais d'une histoire d'amour. Bien sûr, il peut toujours arriver que quelque chose d'exceptionnellement beau se passe au cours d'un concert, et dans cette hypothèse j'aimerais qu'il y ait vingt mille personnes dans la salle tant qu'à faire, plutôt que deux mille. Mais ces moments sont rares. J'adore l'enregistrement, parce que si quelque chose d'exceptionnellement beau survient, on sait que cela va rester, et que, si ce n'est pas le cas, on vous donne une autre chance de parvenir à l'idéal.

B.A. — *Cela veut dire que vous n'avez rien contre l'idée de faire le montage de plusieurs exécutions pour en tirer une seule ?*

G.G. — Très honnêtement, je peux dire que j'utilise le montage de façon extrêmement modérée. Beaucoup de mes disques sont constitués de mouvements entiers enregistrés d'une seule traite. Mais je peux dire aussi que le montage ne suscite en moi aucun scrupule. Je ne vois rien de mal à faire un morceau à partir de deux cents collures, dès lors que le résultat souhaité est là. L'idée que l'on parle de fraude à propos d'une exécution idéale qui a été montée par des moyens mécaniques me hérisse. Si on aboutit à une exécution idéale par le biais d'un maximum d'illusion et de manipulations, chapeau à qui en sont les artisans. Cette idée du moment authentique — avec toutes ses limites — qui compte par-dessus tout, me semble absurde.

B.A. — *Dans un studio, la stimulation d'un public ne vous manque-t-elle pas ?*

G.G. — Comme je vous l'ai dit, ma carrière s'est déployée au départ dans des studios de radio. Je me suis habitué à ce que le microphone soit un ami, et un témoin de ce que je faisais. Jamais aucun public ne m'a apporté la moindre stimulation. Les applaudissements d'un public donné peuvent être plus riches en décibels que ceux d'un autre, mais comme je viens d'une ville très conservatrice, Toronto, j'ai appris que le bruit n'équivaut pas nécessairement à une appréciation véritable. Lorsque je suis allé en Israël, où le public est extrêmement enthousiaste, — doué de discernement, également, je crois, mais néanmoins extrêmement démonstratif — j'ai eu le sentiment très aigu que deux semaines supplémentaires de ce genre de choses allaient me monter à la tête, et qu'il était grand temps que je me sauve. Non, je préfère être totalement indifférent au public. Mes amis proches et mes parents savent par exemple que je n'aime pas qu'ils assistent à mes concerts. Je ne veux pas avoir à me montrer à la hauteur des a priori que quelqu'un a formés à mon égard.

B.A. — *Lorsque vous parlez d'exécution idéale, croyez-vous qu'il s'agisse de quelque chose d'objectif et de reconnaissable ?*

G.G. — Oh, vous savez, cela dépend certainement de l'aura de l'occasion, et même de l'atmosphère du mois, de l'année ou de l'époque de votre vie où cela a lieu. Tout cela peut varier énormément. Je vous donnerai un exemple. Il y a quelques années, j'ai effectué un enregistrement du *Concerto en ré mineur* de Bach, et j'en étais très satisfait à l'époque où je l'ai fait. Un jour, deux ou trois ans plus tard, j'étais dans ma voiture et j'ai branché la radio au milieu du premier mouvement d'un enregistrement que quelqu'un avait fait du même concerto. Il se trouve qu'alors mon tourne-disque à la maison était déréglé et tournait un petit peu trop vite, ce qui remontait tout ce que je passais dessus d'un demiton, et heurtait mon oreille absolue ; en même temps, cela ajoutait un élément de brillant pas désagréable en donnant aux choses un mordant légèrement toscaninien. Je m'étais habitué à entendre en *mi bémol* mon propre enregistrement du Concerto de Bach et voilà que j'entendais maintenant l'œuvre à la radio en *ré mineur*, et plus lentement. Je me mis à me demander qui pouvait bien en être l'interprète. Je savais que l'œuvre avait été récemment enregistrée par X, Y et Z. Je pensais que ce que j'entendais était sans doute dû à X, car l'interprétation avait toutes ses qualités de solidité ; tandis que moi, quand je l'avais enregistré, j'avais eu une attitude beaucoup plus cavalière par rapport à la musique. Au fur et à mesure que j'écoutais, je me demandais : « Pourquoi ne puis-je pas jouer avec ce genre de conviction, avec ce genre de discipline toute simple ? » J'étais vraiment furieux contre moi-même. Survint alors le deuxième mouvement, et je me dis : « Quel merveilleux tempo ! » Puis je remarquai deux appogiatures qui étaient exécutées largement avant le temps, tandis que la note réelle ne tombait pas sur le demi-temps, mais sur les trois-huitièmes du temps. Je n'avais pas connaissance que qui que ce soit d'autre que moi fasse cela dans Bach. Et c'est alors que je reconnus que ce qui passait à la radio était mon propre enregistrement, et, dès ce moment, je commençai à lui trouver toutes sortes de défauts.

B.A. — Est-ce que vous reconnaissez fréquemment d'autres pianistes d'après des caractéristiques stylistiques générales, ou seulement d'après leur approche d'une œuvre particulière ?

G.G. — Cela dépend. Tout d'abord, je peux presque toujours déterminer s'il s'agit d'une femme. En général, les femmes contrôlent moins bien la partie supérieure de leurs bras, ce qui fait qu'elles utilisent leur avant-bras comme un marteau. Cela transparaît également dans leur réflexion rythmique par rapport à l'œuvre. Il y a en général moins de propulsion vertébrale dans le jeu des femmes, parce qu'elles ont tendance a être davantage engagées, à agir plus directement sur les touches plutôt qu'à éprouver les sensations au-dessus du clavier. Par ailleurs, je pense pouvoir identifier Arthur Schnabel 99 fois sur 100 ; il était mon idole lorsque j'étais gosse, et l'est resté d'une certaine manière. Sa caractéristique était de n'avoir quasiment pas conscience des ressources spécifiquement pianistiques de l'instrument, de ne rien faire pour les exploiter, tandis que, à tort ou à raison, il utilisait le piano comme moyen de projeter son analyse propre et particulière de l'œuvre qu'il jouait.

B.A. — *Lorsque vous écoutez vos enregistrements, reconnaissez-vous votre jeu ?*

G.G. — Oui, et cela par la clarté architecturale. Tout d'abord, je n'ai jamais aimé exploiter le potentiel dynamique du piano. Je n'utilise pratiquement jamais la pédale forte et, en tant qu'ancien organiste, j'ai tendance à tout envisager dans son rapport avec la basse. Lorsque la basse, comme c'est le cas pour pas mal de musique du XIXe siècle, n'est pas aussi solide que je le souhaiterais, j'ai tendance à la déformer volontairement. Je la retarde, je la retiens, j'utilise toutes sortes de trucs pour lui donner de la solidité. En tant qu'organiste, je pense à la voix du violoncelle, à la voix de la main gauche, comme si elle devait être jouée par les pieds. Aujourd'hui encore, lorsque je lis une partition d'orchestre, j'ai tendance à bouger mes pieds comme si j'utilisais le pédalier de l'orgue. Du fait que j'ai commencé très tôt à jouer de l'orgue, je continue à penser la musique comme si elle était jouée par trois mains, les pieds servant de troisième main. La musique est dans ma pensée quelque chose de contrapuntiquement plus divisible que pour la plupart des pianistes.

B.A. — *Est-ce que vous tirez un enseignement de vos propres disques ?*

G.G. — Je me demande parfois ce que faisaient les gens avant l'invention du magnétophone. En ce qui me concerne, le seul vrai travail que je fasse à l'instrument consiste simplement à enregistrer chez moi les choses que je dois jouer, à les écouter, puis à en tirer non seulement des conclusions générales, mais également des réflexions très spécifiques à propos de ce que je fais ou ne fais pas. Il y a environ huit ans, j'ai joué, pour la radio, une sonate de Beethoven *(l'Opus 7, en mi bémol)* qui possède un mouvement lent magnifique. J'avais demandé à ce qu'on me l'enregistre pendant la diffusion et, en l'écoutant le lendemain, je me suis aperçu que je n'arrivais pas à retrouver la forme métrique de la musique ; je n'arrivais même pas à battre la mesure pour moi-même. C'était très curieux parce que, pendant que je la jouais, mon oreille interne ne semblait pas avoir détecté de carence rythmique. J'enregistrai alors à plusieurs reprises ce mouvement sur mon magnétophone personnel pour essayer de voir ce que je pourrais faire afin de corriger cela. Je m'aperçus finalement que dans une œuvre à tempo très lent j'avais tendance à attendre trop longtemps pour enchaîner les accords. Au moment où j'aurais dû attaquer l'accord, j'étais encore en train de fléchir mes muscles dans un souci de préparation sonore, et il était déjà trop tard. Puis, et ce fut une grande révélation, je m'aperçus que je faisais cela dans beaucoup d'autres œuvres. Ce fut une très sérieuse découverte, qui m'enseigna que ce qu'on croit entendre à l'intérieur de soi-même ne correspond pas forcément au résultat objectif produit.

B.A. — *Dans vos concerts publics, vous évitez très manifestement ce qui constitue l'essentiel du répertoire romantique du début du XIXe siècle — Chopin, Schumann, etc. Que reprochez-vous à cette musique ?*

G.G. — Mes critiques sont d'ordre essentiellement architectural. Cette musique n'est pas assez serrée, n'est pas organisée aussi scrupuleusement que j'aime que la musique — ou toute autre chose — le soit. Elle n'est pas non plus assez poétique. On n'y trouve pas la solide impulsion métrique que j'aime trouver dans la musique. Prenez, par comparaison, Richard Strauss. Voilà un compositeur qui utilise une palette dramatique prodigieusement variée, mais qui l'organise structurellement de telle sorte que chaque cadence rime avec la suivante. Il y a un fantastique sentiment de plénitude chez Strauss. Il est pour moi l'un des plus grands de tous les temps. A mon avis, cet aspect de son écriture en fait un Mozart du XXe siècle.

B.A. — *Pourtant, on dit que vous n'aimez pas Mozart.*

G.G. — Ce n'est pas que je n'aime pas Mozart. Il y a certains aspects de Mozart qui m'attirent énormément. Il dispose une rigueur structurelle autour des grands piliers de sa musique que j'admire profondément. La structure de ses conclusions est incomparable. Mais ce qui me semble manquer chez Mozart — et qu'en revanche on trouve toujours présent chez Haydn —, c'est un sens de la variation, du relief, pendant que les éléments internes restent en activité. Mozart n'active pas tous les détails. Il met en jeu plus de choses qu'il n'est nécessaire et par la suite n'utilise pas tout son matériau, contrairement à Haydn. Incidemment, on parle de moi comme de quelqu'un qui n'aime rien sur le chemin qui mène de Bach à Schoenberg, à quelques haltes près. C'est tout à fait inexact. Je suis et ai toujours été immensément influencé par la musique du romantisme tardif — Mahler, Strauss, et le jeune Schoenberg. — Le problème est que la fin du XIXe siècle est mal représentée au piano. J'aurais tant aimé qu'il existe un répertoire substantiel de musique de piano dû à la plume des compositeurs de la fin du XIXe siècle que j'admire vraiment. J'ai réalisé des transcriptions pour piano à vous faire dresser les cheveux sur la tête des Poèmes symphoniques de Strauss. Je les joue en privé. J'ai aussi fait une transcription de l'ouverture et de la scène finale de *Capriccio*, le dernier opéra de Strauss. C'est la plus belle œuvre que cet homme ait jamais écrite, et c'est le plus merveilleux opéra du XXe siècle, je le crois très sincèrement.

B.A. — J'ai entendu dire qu'il se pourrait que vous enregistriez le Concerto *de Grieg.*

G.G. — On en a discuté. Si je le fais effectivement, ce sera pour des raisons d'orgueil familial. Grieg est un parent. Il était cousin germain du grand-père de ma mère.

B.A. — Aimez-vous l'œuvre ?

G.G. — Il s'agit certainement d'un morceau pour lequel — étant donné mes convictions — je ne devrais pas avoir beaucoup de goût. J'ai essayé de me persuader que j'aurais un devoir à remplir en le jouant. Il est d'habitude joué d'une façon qui doit 90 % à la tradition et seulement 10 % à l'imagination de la personne qui l'interprète. C'est un « passe-moi la main » vieux de déjà trois générations, et on le soumet aux exagérations les plus invraisemblables par rapport à ce qui se trouve réellement dans la partition.

B.A. — Au cas où vous l'enregistreriez, cela vous ouvrirait-il la porte à d'autres œuvres du répertoire romantique ?

G.G. — Je viens de faire un disque consacré à des *Intermezzi* de Brahms. Il s'agit de l'interprétation la plus sexy des *Intermezzi* de Brahms que vous puissiez entendre.

B.A. — Qu'entendez-vous par là ?

G.G. — Je crois avoir capté une atmosphère d'improvisation que je ne pense pas avoir jamais été présente dans des enregistrements antérieurs d'œuvres de Brahms. C'est un peu comme si — je ne dis rien là d'original et ne fais que rapporter les propos d'un de mes amis — comme si je jouais vraiment pour moi-même, mais en ayant laissé la porte ouverte. Je crois que beaucoup de gens vont détester cela, mais...

B.A. — ... mais vous, vous l'adorez.

G.G. — Oh oui, je l'adore. C'est l'une des choses dont je suis le plus fier. Par ailleurs, j'envisage aussi de faire l'année prochaine un enregistrement des *Sonates pour orgue* de Mendelssohn, qui sera un choc pour tout le monde. J'aime infiniment Mendelssohn. C'est un bien plus grand compositeur que Schumann, par exemple, dont la réputation comme quelqu'un de sérieux est pourtant autrement plus assise. De tous les grands compositeurs, je trouve que Schumann est l'un des plus faibles. Cependant, pour être juste, il faut dire que beaucoup de gens jouent Schumann avec une grande conviction, et voient en lui des vertus positives que je considère, moi, comme des défauts. Pourquoi en est-il ainsi, ce n'est pas mon problème. Peut-être ces gens trouvent-ils qu'il y a trop de discipline en musique, alors que, pour moi, seule une discipline extrêmement rigoureuse a un sens.

B.A. — Avez-vous entendu beaucoup de jazz ?

G.G. — Oui, mais je ne suis ni un initié, ni un amateur. Quand j'avais treize ou quatorze ans, je croyais avoir un certain goût pour Charlie Parker et consorts, mais ce fut très éphémère. Je n'ai jamais assisté à un concert de jazz de ma vie.

B.A. — *Croyez-vous que le jazz ait apporté une contribution importante à la musique américaine ?*

G.G. — Je crois qu'il a contribué à mettre à jour une certaine frénésie innée qui sied assez bien aux contours nord-américains. Je ne voudrais pas avoir l'air condescendant, mais je trouve que toute l'idéologie qui essaie de faire croire que le jazz et la musique classique finiront par converger n'est que pures balivernes.

B.A. — *N'êtes-vous pas sensible à l'excitation rythmique du jazz ?*

G.G. — Oh, vous savez, c'est enfoncer une porte ouverte que de dire que jamais personne n'a mieux swingué que Bach.

B.A. — *On vous dénomme parfois le doyen de l'école « cool », de l'école intellectuelle du piano. Quel est votre sentiment à ce sujet ?*

G.G. — Il n'y a rien de plus erroné. Cette idée est émise à mon avis à partir de l'hypothèse que je n'aimerais jouer que de la musique baroque, ou de la musique sérielle. Or, c'est faux, et même si c'était vrai, tout cela dépend encore de la manière dont on joue ces types de musique. Je crois aussi que cette idée provient de la constatation que j'évite presque totalement l'usage de la pédale et des contrastes dynamiques, deux choses qu'on assimile à une façon romantique de jouer. Ces deux absences sont prises pour une sorte de froideur et de détachement. Mais cela n'a rien à voir avec moi. J'ai cultivé des sensations tactiles et une manière de jouer agiles et linéaires dans le simple but d'être aussi expressif que possible à l'intérieur d'un cadre sonore extrêmement contrôlé. D'ailleurs beaucoup de mes interprétations beethovéniennes ont suscité les foudres des critiques pour la bonne raison qu'elles auraient été — ce sont là leurs propres termes — trop romantiques, et d'accent non conventionnel.

B.A. — *Puisque vous réfutez l'étiquette de « cool », comment définiriez-vous les termes « cool » et « romantique » ?*

G.G. — Je n'applique ces étiquettes à personne, et je ne pense pas qu'elles puissent s'appliquer à qui que ce soit que j'admire. Mais s'il me fallait les appliquer, je dirais qu'un interprète « romantique » est quelqu'un qui, sans nécessairement se restreindre à la musique romantique, fait preuve d'un esprit extraordinairement imaginatif par rapport à la musique qu'il joue, qui peut parfois même l'entraîner à en déformer l'ossature architecturale. L'interprète « cool », par opposition, serait quelqu'un qui, à cause peut-être d'un manque d'imagination, traiterait tout correctement mais de manière littérale, et qui passerait ainsi à côté des beautés intangibles de la musique. Ce serait quelque chose d'incroyablement fastidieux.

B.A. — Certains critiques vous reprochent d'avoir l'air de vous ennuyer dans les concertos pendant les passages d'orchestre où vous ne jouez pas.

G.G. — Écoutez, je suis sûr que bien des critiques portant sur mon comportement en scène sont justifiées, mais pas celle-là. Je ne crois pas qu'un seul pianiste ou violoniste digne de ce nom puisse, lorsqu'il exécute une œuvre dans laquelle il ne joue pas sans arrêt, se mettre soudain à abandonner sa responsabilité et négliger ce qui se passe autour de lui. En fait, il paraît que j'ai l'air plutôt plus interventionniste que beaucoup d'autres, et cela agace pas mal de monde. C'est simplement que je suis intensément concerné par ce qui se passe.

B.A. — Pensez-vous que la responsabilité de l'interprète consiste à jouer la musique telle qu'il la ressent, ou telle qu'il croit que le compositeur l'a ressentie ?

G.G. — Peu nombreux sont ceux qui se trouvent dans l'heureuse position de pouvoir dire que la façon dont ils ressentent la musique est la même que celle du compositeur. Mais parfois, je me demande pourquoi nous nous préoccupons tellement d'une prétendue fidélité à la tradition de la génération du compositeur plutôt qu'à celle de l'interprète. Pourquoi par exemple s'efforcer de jouer Beethoven tel que Beethoven est censé avoir joué ? Schnabel s'y est essayé. En dépit de toute mon admiration pour Schnabel, c'est à mon avis une absurdité, d'abord parce qu'il ne prenait pas en considération la différence d'instrument. Il utilisait la pédale de la manière dont certains érudits disaient que Beethoven l'entendait, mais sans voir que cette technique de pédale signifiait tout autre chose sur un instrument contemporain. Je suis sûr que, très souvent, Mozart n'approuverait pas ce que je fais de sa musique. L'interprète doit avoir une foi, même aveugle, en ce qu'il est en train de faire ; il doit être convaincu de pouvoir découvrir des possibilités d'interprétation que le compositeur n'aura même pas envisagées. C'est tout à fait possible. Il y a aujourd'hui des exemples de compositeurs contemporains — dont vous me permettrez de taire les noms — qui sont les pires interprètes de leur propre musique. Je suis sûr que cela est dû à ce que, à l'intérieur d'eux-mêmes, ils entendent tant de choses dans leur musique, qu'ils ne se rendent même pas compte qu'ils n'arrivent pas à les projeter. Ils ne savent pas ce qu'un interprète doit faire pour parvenir à donner vie à ces choses.

B.A. — Vous parlez avec beaucoup de sérieux de la fonction de l'interprète, or, tout à l'heure, vous disiez qu'à un certain moment, vous trouviez que jouer du piano était une « chose superficielle ». Est-ce que le fait de jouer est devenu plus essentiel pour vous ces dernières années ?

G.G. — Économiquement parlant, oui. Mais au sens d'éprouver le besoin ou le désir de jouer en public, pas du tout. Ce qui est essentiel pour moi, c'est le contact avec la musique, mais pas de l'exécuter en public. Certains de mes amis se gaussent de cela et disent que si je cessais de jouer en public à l'âge tendre qui est le mien, je ne mettrais pas six mois à y revenir. Très honnêtement, je ne crois pas que ce soit vrai. J'ai déjà passé des périodes de six mois sans donner un seul concert, et je peux vous assurer que ce fut extrêmement difficile après cela de me refaire à l'idée de remonter sur scène. Si jamais je m'imposais une retraite de trois ou quatre ans, ce serait probablement fini, jamais plus je ne me reproduirais en public.

B.A. — Qu'est-ce qui vous paraît essentiel, alors ?

G.G. — Je crois que mon attitude négative vis-à-vis du concert est en partie due au fait que je veux me considérer comme un compositeur. Je dois avouer que jusqu'à présent il y a eu davantage de paroles que d'actes à cet égard. Au cours de mes vingt-neuf années d'existence, je n'ai écrit qu'une seule œuvre de taille, et que j'aime, mon *Quatuor à cordes*. Je me suis fait une spécialité des œuvres inachevées. Contrairement à beaucoup de gens, je n'abandonne pas après avoir écrit la première page, mais seulement en arrivant à l'avant-dernière page. J'ai par exemple une œuvre qui traîne sur ma table ; elle a commencé sous la forme d'un quintette à vent, et puis elle s'est transformée d'elle-même pour devenir une sonate pour clarinette. Au cours des quatre dernières années, elle a revêtu trois formes différentes. Elle est achevée à 95 %, et quand je m'y remets, je lui trouve un bon nombre d'excellentes choses. Malgré tout, d'une façon ou d'une autre, je laisse cette dernière page se dérober à moi. Je n'ai donc écrit qu'une seule œuvre qui me satisfasse, le *Quatuor*. Cela n'augure pas d'un futur très prometteur en matière de composition. J'imagine que ce qu'il me faudrait, c'est de me mettre à potasser certains aspects de la technique de composition, et surtout l'orchestration. Peut-être ferais-je bien de me forcer à être un peu plus prolifique. Toujours est-il que je ne suis pas encore prêt à me sentir malheureux de n'avoir jusqu'à présent écrit qu'une seule œuvre complète.

B.A. — *S'il est réellement vrai que vous n'attachez pas grande valeur à l'acte qui consiste à jouer du piano, comment se fait-il que vous y parveniez si bien ?*

G.G. — J'ai dit que ce à quoi j'attache de la valeur en jouant était ma propre satisfaction plutôt que celle de quelqu'un d'autre — et j'y attache suffisamment de valeur pour le faire, sinon bien, du moins de manière à être heureux de ce que je fais. Mais c'est encore plus simple : j'ai une telle adoration pour la musique et pour ses sources que je ne peux que prendre le soin le plus considérable pour essayer de la transmettre.

Duo

Rencontre au sommet en novembre 1965. Yehudi Menuhin et Glenn Gould se produisent ensemble dans une émission télévisée de la CBC. Leur programme musical comporte la Quatrième Sonate en ut mineur *de J.-S. Bach, la* Fantaisie *de Schoenberg, et la* Dixième Sonate en sol majeur, op. 96, *de Beethoven. Nous avons estimé qu'il serait intéressant de transcrire ici les conversations, intercalées entre les œuvres interprétées, de ces deux grands musiciens.*

BACH — SONATE EN UT MINEUR

Glenn Gould. — Yehudi, je ne parviens pas à imaginer de musique pour violon et piano, violon et clavecin, violon et clavier — quelle que puisse être sa véritable origine — qui soit moins conditionnée par la nature des instruments que cette *Sonate* de Bach, ou que n'importe laquelle des Sonates de Bach au demeurant. On pourrait aussi bien la faire jouer par une flûte et un virginal, par un trio de clarinettes, ou par...

Yehudi Menuhin. — ... oui, c'est de la musique à l'état pur. D'ailleurs, Bach a été arrangé pour toutes sortes d'instruments ; on peut le chanter, le siffler, le jazzer, à volonté.

G.G. — Le fait que, pendant que nous répétions, je jouais sans arrêt votre partie est, je crois, une bonne preuve de sa pureté.

Y.M. — Je sais, c'est incroyable. Et pourtant, Bach était tellement bon instrumentiste, que ce qu'il décide d'écrire pour le violon est éminemment jouable.

G.G. — Oui, au piano également, cela tombe toujours parfaitement sous les doigts.

Y.M. — Cela est particulièrement vrai de ces fugues gigantesquement compliquées, la Fugue en ut majeur *pour violon solo par exemple ; seul un violoniste pouvait l'écrire.*

G.G. — C'est curieux, nous allons dans un instant jouer la *Fantaisie* d'Arnold Schoenberg, et il y a là un contraste plutôt suggestif ; Schoenberg est quelqu'un qui manifeste indiscutablement un intérêt marqué pour les instruments en tant que tels. Son ascendance mahlérienne, straussienne et wagnérienne l'entraîne à cultiver la couleur instrumentale, et la *Fantaisie* est remplie — je le suppose, mais rectifiez-moi si je me trompe — de toutes sortes de tours spécifiquement violonistiques : harmoniques simples et doubles, pizzicati, glissandi, etc.

Y.M. — Oui, et pourtant, elle est en même temps étonnamment gauche et malcommode. C'est aussi de la musique à l'état pur, comme vous le disiez de Bach, mais en un sens très différent. Car, si l'on considère les notes elles-mêmes, on s'aperçoit qu'elles sont davantage dictées par leur séquence que par l'instrument pour lequel elles ont été écrites.

G.G. — Par la série des douze sons ?

Y.M. — Oui.

G.G. — Je crois que c'est exact. Il y a dans les dernières œuvres de Schoenberg, et celle-ci, écrite deux ou trois ans avant sa mort, est bien entendu l'une des toutes dernières, des tournures extrêmement étranges et arbitraires. Chose curieuse à propos de ce morceau — et vous l'avez relevé l'autre jour pendant que nous répétions —, il a d'abord été conçu pour violon seul. Il est entièrement monodique, et tous les commentaires du piano ont été interpolés ultérieurement. C'est sans doute pour cela que je comble tous les trous en jouant, tandis que vous tenez le haut du pavé !

Y.M. — Oui, il y a un côté curieusement pointilliste dans cette musique, avec toutes ses longues pauses, et cela fait surgir dans mon esprit une idée qui ne tient peut-être absolument pas debout : on trouve dans ce type de musique un son qui est presque toujours le même ; le contraste entre consonance et dissonance est bien entendu dépassé, mais il n'existe pas non plus de grands contrastes de sons ou d'intervalles, ce qui fait que le seul contraste qui subsiste — désolé si cela a l'air d'une plaisanterie — est un contraste entre du son et pas de son, et c'est probablement la raison pour laquelle il y a tant de pauses.

G.G. — Non, ce n'est pas du tout une plaisanterie, c'est même un grief tout à fait légitime ; mais ne serait-ce pas également la raison pour laquelle cette œuvre comporte un aussi grand nombre de contrastes dynamiques extrêmes, tant de sforzandos, de pianos subito, de fortissimos et de pianissimos se succédant brutalement ?

Y.M. — Sans doute ; les contrastes harmoniques étant insuffisants, il ne reste plus que des contrastes de distance entre les notes, avec tous ces grands sauts et toutes ces pauses...

G.G. — Allez, jetez donc toutes vos cartes sur la table, Yehudi ; la vérité, c'est que vous n'aimez pas vraiment la *Fantaisie* de Schoenberg, n'est-ce pas ?

Y.M. — Écoutez, Glenn, j'avais follement envie d'accepter votre invitation à la jouer avec vous, car je vous admire et sais que vous connaissez mieux Schoenberg, et avez une compréhension de lui plus profonde que qui que ce soit d'autre. Cela m'intéresse toujours d'apprendre quelque chose à propos de quelqu'un grâce à l'intermédiaire d'une personne qui le comprend et qui l'aime. J'ai toujours cru que quelqu'un qui comprend et aime quelque chose en sait davantage que quelqu'un dont ce n'est pas le cas.

G.G. — Mis à part les problèmes de registration et de convenance instrumentale, si vous deviez exprimer en un ou deux griefs fondamentaux ce qui vous dérange dans cette œuvre, quels seraient-ils ?

Y.M. — *Eh bien, le fait qu'il existe une curieuse divergence entre le geste et la parole. C'est un peu comme si vous détachiez tous les mots les uns des autres dans une pièce comme* Hamlet, *par exemple, et que vous mettiez des syllabes bout à bout en une séquence arbitraire, qui n'aurait pas de signification en tant que telle, tout en respectant le rythme et les gestes de la pièce, de telle sorte que quelqu'un qui la connaîtrait resterait capable d'identifier les moments où la scène d'amour a lieu et où le fantôme surgit...*

G.G. — ... L'analogie est merveilleuse...

Y.M. — *... et je trouve cela quelque peu gênant. Autre exemple : il y a, dans la* Fantaisie, *une valse, une pure valse ; et la seule manière dont Schoenberg accepte de se réconcilier avec le fait qu'il s'agit d'une valse, est d'en faire une caricature. C'est une parodie de valse.*

G.G. — Oui, mais par ailleurs, ce qui en fait une valse provient de ce que l'œuvre dans sa totalité n'est pas une collection de valses. Au contraire, la scène de la valse, si on veut l'appeler ainsi, prend toute sa valeur du fait qu'elle se situe au beau milieu d'imprécations dignes de l'Ancien Testament. Je veux dire par là que le Schoenberg qui se révèle dans la *Fantaisie* est un Schoenberg du type le plus colérique...

Y.M. — *Bien sûr, il se peut que vous ayez parfaitement raison. Nous vivons dans un monde de symboles que nous prenons pour des évidences ; or nous ignorons si ces symboles ont une signification intrinsèque. Nous savons cependant que certaines choses sont chaudes ou tranchantes, que d'autres sont froides ou caressantes. Nous savons qu'un accord majeur est généralement heureux, et qu'un accord mineur est...*

G.G. — ... Mais pas dans ce type de vocabulaire.

Y.M. — *Absolument, et dans cette mesure, cela altère la signification de symboles que nous croyions évidente. Il est peut-être sain d'ébranler les béquilles sur lesquelles nous prenons appui. Il fallait bien que quelque chose se passe dans le sens d'une clarification, après une période romantique où tout était progressivement devenu exagérément épais. Néanmoins, je trouve que le service rendu est un service négatif. Je ne parviens pas à croire que cette musique soit totalement autonome, qu'elle tienne absolument debout.*

G.G. — D'après ce que vous dites, je détecte cependant que vous vous intéressez véritablement à ce qui peut naître d'elle.

Y.M. — *Tout à fait et, grâce à vous, j'arrive à la jouer avec une certaine conviction. Mais la conviction que je lui confère est une conviction du geste, pas une conviction des notes.*

SCHOENBERG. — FANTAISIE

[Après avoir joué la *Fantaisie* de Schoenberg, Yehudi Menuhin et Glenn Gould discutent quelques points de l'interprétation de la *Dixième Sonate* de Beethoven.]

Y.M. — *Au cours de notre brève période de travail commun sur cette sonate, vous l'avez éclairée d'une lumière nouvelle, et je vous en suis très reconnaissant.*

G.G. — Cela a été une expérience extraordinaire. Je m'étais fait une idée très précise de l'œuvre dans l'anticipation de ce que vous auriez à dire à son sujet. Contrairement à vous, pour qui elle fait partie du répertoire courant, je ne l'avais jamais jouée auparavant, car après tout je ne fais pas tellement souvent de musique de chambre.

Y.M. — Au début, je me suis posé quelques questions, car vous aviez pris certaines libertés par rapport à la dynamique et au phrasé, tout en restant très strict au point de vue rythmique. Mais par la suite, vous êtes devenu moins strict rythmiquement. Est-ce ma mauvaise influence ? J'espère que non.

G.G. — Votre mauvaise influence ? certainement pas !

Y.M. — En tout cas, vous avez peu à peu adopté une attitude extrêmement romantique.

G.G. — Je dois dire qu'il y a un compromis auquel j'ai eu un peu de mal à me faire. Je ne suis d'ailleurs pas certain que nous y soyons parvenus. Le fugato du dernier mouvement m'est apparu assez bizarre, parce que je le concevais comme quelque chose de très tendu, d'anguleux, une sorte de prémonition du contrepoint utilisé par Beethoven à la fin de sa vie, et qui n'est pas sans faire penser à Bach, très « sturm und drang ». [*Le* fugato *dont parle Gould survient après une page très agitée ; il est marqué* pianissimo *par Beethoven, mais Gould en donne un exemple et le joue* forte.] Mais dites-moi quel est votre sentiment.

Y.M. — Je souhaiterais vraiment que Beethoven soit avec nous, parce que ce que vous faites est très différent de ce qui est marqué, mais vous le jouez de manière absolument convaincante. Personnellement, je n'aurais jamais le courage d'aller à l'encontre des indications très précises de la partition, où se trouve noté « sempre pianissimo ». Mais là encore, tout est relatif. Sempre pianissimo suggère quelque chose de mystérieux, de sombre, qui progressivement va déboucher sur la lumière du thème brillant et régénéré du finale...

G.G. — Précisément, après avoir entendu toute cette musique pastorale et paysanne, il doit y avoir un grand choc, et je ne vois pas d'autre moyen d'y parvenir de manière cohérente que de jouer le fugato forte et sans altérer le moins du monde le tempo.

Y.M. — Peut-être ; de toute façon, vous le faites de façon si convaincante, et il y a là, de par la nature même de la musique, un tel contraste, qu'il se peut qu'elle ne requière pas un contraste de volume aussi abrupt et aussi marqué que je l'avais toujours imaginé.

G.G. — Je ne sais pas ; je ne crois pas qu'il y ait de solution définitive à ce genre de problème.

Y.M. — *Je ne le crois pas non plus.*

G.G. — Surtout dans cette musique, car elle se situe en plein milieu de la vie de Beethoven, à un moment où il n'est pas encore complètement sorti de la période classique des Habsbourg, à un moment aussi où il n'a pas encore complètement intégré le prodigieux contrepoint anguleux qui sera celui de ses derniers quatuors. Cette sonate est à mi-chemin entre deux mondes.

Y.M. — *Absolument. Enesco appelait cette sonate le « vrai Printemps*[1] *».*

G.G. — Eh bien, à la lumière d'Enesco, voudriez-vous que nous la jouions ?

---

1. Par allusion à la *Sonate « le Printemps »*, la cinquième des sonates pour violon et piano de Beethoven. *(N.d.T.)*

Où la radio devient musique

Interview réalisée par John Jessop, auteur d'une étude consacrée aux techniques des documentaires radiophoniques de Glenn Gould, à l'Institut de Technologie de Toronto, et publiée sous le titre Radio as Music *dans les* Cahiers canadiens de Musique, *numéro de printemps-été 1971.*

John Jessop. — J'aimerais savoir pour commencer où le style très particulier de vos documentaires radiophoniques trouve ses racines.

Glenn Gould. — Tout cela date, je l'imagine, de 1945-1946. La radio me captivait et j'en écoutais énormément. La radio ostensiblement théâtrale de l'époque était aussi, au sens très réel du mot, une entreprise documentaire de très haut vol ; on réussissait du moins à gommer la plupart du temps la distinction entre théâtre et documentaire. Par ailleurs, demeurant à Toronto, où la vie théâtrale était relativement restreinte (il ne s'y trouvait quasiment aucun théâtre de niveau professionnel), et étant de toute façon de tempérament suffisamment puritain pour être peu enclin au théâtre, j'adorais le théâtre radiophonique qui me semblait, d'une certaine manière, plus pur, plus abstrait, et doté d'une réalité qui m'a toujours paru faire défaut au théâtre conventionnel, surtout lorsqu'il m'est devenu familier.

Ultérieurement, vers la fin des années 50, je me suis mis à écrire des scénarios de documentaires, car ceux qu'on entendait à la radio me semblaient peu satisfaisants, beaucoup trop linéaires et prévisibles. On y entendait toujours quelqu'un qui donnait successivement la parole à tel ou tel invité.

En 1962, j'écrivis sur Schoenberg un programme de deux heures ; je dois dire que je ne suis pas sûr qu'il me serait possible de tenir un documentaire de pareille durée sur un sujet comme Schoenberg en utilisant les techniques que j'ai ultérieurement élaborées pour mon propre usage ; mais à l'époque, une carrière à la radio semblait impliquer une acceptation de ce genre de moule linéaire, et j'étais donc fort peu satisfait des techniques disponibles. C'est en 1967 que j'eus pour la première fois l'occasion de m'essayer à produire quelque chose d'original.

J.J. — *Et ce fut l'*Idée du Nord.

G.G. — Oui. Étant donné ma fascination pour le Nord, il était logique que je fasse un documentaire sur ce sujet.

J.J. — *Ce fut aussi pour vous la première occasion de faire des expériences en matière de technique radiophonique ?*

G.G. — C'est assez curieux, mais je n'avais pas, en me lançant dans l'entreprise, la moindre idée des techniques qui allaient devoir être mises en œuvre. D'ailleurs, les premiers canevas du *Nord* sont intéressants un peu à la manière des carnets d'esquisses de Beethoven — ils contiennent pas mal de naïvetés et n'ont qu'un rapport très lointain avec ce qui en est finalement sorti. Il y eut même un moment où, du fait que je traitais cinq personnages, j'envisageai de diviser le programme en cinq épisodes séparés. C'était sans doute là un relent des modèles de ce que j'avais entendu dans ma jeunesse. Je pensais comme s'il y avait eu cinq histoires à raconter — une pour chacun des personnages principaux — en ne mettant à contribution à chaque fois qu'un seul personnage de la distribution, les quatre autres se contentant de placer un mot, une idée ou quelque contre-sujet complémentaire ayant rapport avec ce que le personnage principal pouvait être en train de dire. J'avais donc bien prévu d'injecter une certaine dose de contrepoint, mais en même temps mon esprit en restait à un concept de séparation linéaire ; je n'étais pas encore parvenu à l'idée d'une structure intégrée. Les choses en étaient encore là environ six semaines avant la diffusion, ce qui est assez terrifiant lorsqu'on y pense. Toujours est-il que, cinq semaines avant la date prévue, je m'aperçus soudain que j'étais très loin de ce que je voulais, qu'il me faudrait parvenir à une unité intégrée dans laquelle la texture — la tapisserie des paroles elles-mêmes — permettrait de différencier les personnages et de créer des situations dramatiques dans le cadre de la forme documentaire. On ne pouvait bien entendu y aboutir que par un montage gigantesque, et je passai trois semaines à cela tout en étant très incertain quant à la forme finale que la chose allait revêtir.

Il s'agissait ensuite — je ne peux expliquer tout ce processus et son déroulement que par un péché d'apprentissage, car je paniquerais complètement aujourd'hui s'il me fallait entreprendre la fabrication d'un documentaire de façon aussi aléatoire, mais je ne savais comment faire autrement en 1967 —, il s'agissait donc ensuite de penser en termes de forme. Il se trouve qu'à ce stade un événement décisif se produisit. J'avais monté l'ensemble du programme en mettant bout à bout le matériau répondant à un nombre déterminé de scènes. Or, il s'avéra que, pour faire entendre toutes ces scènes, nous allions avoir besoin d'une durée de diffusion d'une heure vingt ; et on ne nous avait bien sûr octroyé qu'une heure. Je me dis alors qu'il allait falloir supprimer l'une des scènes. Nous avions une scène sur les Esquimaux — pas question de l'éliminer. Nous en avions une autre sur le phénomène de la solitude et sur ses effets — il fallait absolument la garder. Nous avions le soliloque final, le trio d'ouverture, etc. Tout cela était indispensable. Nous avions une scène sur les médias qui, lorsque je m'y étais attelé, m'avait parue terriblement importante — il s'agissait des médias dans leurs rapports avec l'expérience du Nord et des privations sensorielles — il semblait maintenant que s'il fallait couper quelque chose, c'était cette scène-là. Cela ramenait la durée du programme à une heure douze minutes. En tenant compte du générique, il restait encore environ quatorze minutes à couper. Ce fut alors que je me dis : « Et pourquoi ne pas faire parler quelques-uns de ces personnages simultanément ? »

J.J. — Voilà de bien fâcheux auspices pour l'avènement de la radio « contrapuntique » !

G.G. — J'exagère peut-être un petit peu, mais tout cela s'est déroulé de manière presque fortuite, et certainement pas selon un plan soigneusement pré-établi. Toujours est-il qu'un mois avant la diffusion, je décidai qu'il fallait que je crée une structure qui permette différentes approches simultanées du même problème, et je me mis à esquisser les scènes dans cette perspective. La forme définitive s'était enfin établie et dans mon esprit et sur le papier. Moyennant quelques changements mineurs, je n'en bougeai plus jusqu'à la fin. Tout cela pour vous dire à quel point il faut buter sur des obstacles de ce genre pour trouver une solution satisfaisante à des problèmes dont on avait depuis longtemps conscience.

J.J. — Une des choses les plus immédiatement frappantes dans le Nord, *et que l'on ne trouve guère dans les documentaires, c'est le sens du drame. Il semble que vous mettiez en scène les personnages non seulement pour faire passer des informations et des idées, mais aussi pour créer des situations dramatiques.*

G.G. — Il y a là une corrélation de pensée que beaucoup de gens cherchent à établir de nos jours. Cela correspond à l'idée que l'œuvre d'art en tant qu'objet spécialisé et stratifié n'existe pas, ou ne devrait pas exister, que tout peut devenir œuvre d'art en un sens, quelle que soit l'étiquette que vous attribuiez à ce tout. Cependant, il peut être dangereux de donner un nom à la chose et d'espérer qu'ensuite elle va s'y conformer.

Il y a une scène dans mon documentaire sur Terre-Neuve — *The Latecomers* — qui semble se dérouler entre un homme et une femme engagés dans une conversation assez intime. La scène en question est mise en page très simplement — l'homme se situe légèrement sur la gauche (*The Latecomers*, contrairement au *Nord*, est en stéréo) et la femme légèrement sur la droite. Entre eux, il y a un espace ouvert dans lequel on entend le bruit de l'eau — la mer sert de basse continue pour *The Latecomers* de la même manière qu'un train avait été la basse continue du *Nord*. Cette scène est devenue ce que nous avons appelé notre scène « à la Virginia Wolff », au sens où la relation qui apparaît comme ayant existé entre les deux personnages donne lieu à des sous-entendus assez intéressants. Mais ces sous-entendus ont bien évidemment été manufacturés à coups de ciseaux. Pour autant que je le sache, ces personnes ne se sont jamais rencontrées — et, en tout cas, le dialogue présenté dans cette scène n'a jamais eu lieu en tant que dialogue — mais j'ai le curieux sentiment que, si elles s'étaient rencontrées, elles auraient eu ce genre de dialogue.

Au cours de mes interviews avec elles, ces deux personnes réagirent très différemment à mes questions, et ce sont précisément ces réactions divergentes qui créèrent la situation dramatique de la scène. La femme n'arrivait pas à se faire à la vie relativement isolée de Terre-Neuve et disait : « Si je n'étais pas sûre de pouvoir partir quand je le désire, je ne resterais pas à Terre-Neuve. » De son côté, l'homme déclarait : « Thoreau, qui comprenait l'Amérique du XIXe siècle probablement mieux que quiconque, la comprenait à partir de la perspective d'une cabane dans les bois ; j'aimerais utiliser Terre-Neuve pour mener une existence thoreauvienne. » Je me trouvais naturellement (je dis « naturellement » car je ne peux m'empêcher d'espérer que cela transparaît dans l'émission) en sympathie avec les sentiments thoreauviens de cet homme, et pas le moins du monde avec les sentiments plutôt mercantiles de la femme. De telle sorte que, lorsque, pendant l'interview, celle-ci disait : « Il me faut quitter ces lieux de temps en temps », je lui répondais invariablement : « Mais pourquoi ? » et autres naïvetés de ce genre. Par la suite, elle continuait à répéter la même chose, encore qu'avec des variations infinies — c'était une personne qui s'exprimait avec la plus grande aisance — et elle eut finalement une réaction de fureur contrôlée à mon égard. Sans m'insulter, elle me fit comprendre que mes questions étaient absurdes et naïves, et qu'elles révélaient mon manque d'expérience du Nord. Il était évident pour elle que, si j'avais eu cette expérience, j'aurais profité de la première occasion venue pour m'échapper et rentrer chez moi.

Son irritation transparaît très clairement dans *The Latecomers*, non pas par rapport à moi, mais évidemment par rapport au personnage thoreauvien que je lui ai donné comme interlocuteur. Il passe son temps à réfuter le besoin qu'elle dit éprouver pour les aménités de la civilisation en déclarant : « Je crois qu'une personne qui s'écarte du cœur de la société est mieux à même de voir clairement cette société. »

Par ailleurs, tandis que dans l'interview j'insistais un peu lourdement avec mes : « Pourquoi ? », elle s'énerva et me dit : « Je me rends parfois à Portugal Cove, et j'observe les femmes de là-bas ; elles se sentent terriblement claustrophobes », etc., etc.

Tout bien considéré, la scène se clarifia dans mon esprit lorsque je m'aperçus qu'il existait un rapport dramatique entre ces deux personnes. Il me fallait maintenant à coup sûr introduire Portugal Cove, qui est un endroit très réel, un charmant petit village situé à environ dix kilomètres de St John's. Je décidai donc que cette scène, qui s'insérait au centre même du programme, puisqu'elle traitait de façon tout à fait explicite de la métaphore qui nous préoccupait dans *The Latecomers*, aurait son propre centre à elle. Elle revêtirait une structure ABA — ce qu'en musique on appellerait une forme ternaire — et comme les deux segments A faisaient intervenir nos personnages principaux discutant de plus en plus frénétiquement à coup de phrases de plus en plus courtes, il allait falloir que le segment B représente Portugal Cove d'une manière ou d'une autre. On introduisit alors deux personnes assez âgées et extraordinaires, qui connaissaient par expérience la nature de la solitude, on déplaça la perspective stéréo du segment B à l'extrême gauche, et on s'efforça de suggérer la présence d'un port à l'aide de bruits de vagues venant lécher la rive, beaucoup plus forts que ceux de la scène A, et cette portion de l'écran sonore devint en réalité Portugal Cove. On entend le touchant soliloque des deux personnes âgées et au moment où la seconde commence à disparaître en fondu, le son de l'eau se déplace de la gauche au centre tandis que la femme continue à parler de Portugal Cove. En revenant sur elle, on s'aperçoit que de son côté rien n'a changé, et que peut-être rien ne changera jamais.

Voilà une bien longue réponse à la question, mais je suis convaincu qu'il faut effectivement dramatiser les personnages d'un documentaire.

J.J. — Une autre forme d'influence ne serait-elle pas la musique ? J'observe que, lorsque vous parlez de la structure du documentaire, vous utilisez des termes tels que forme ternaire, ABA, etc.

G.G. — C'est tout à fait exact. Dans mon esprit, toutes les scènes du *Nord* et des *Latecomers* ont une forme qui est au minimum conditionnée par la perception musicale, à une exception près : on trouve dans le *Nord* une scène dont la structure est très inhabituelle, et qui n'existe dans aucune musique pour autant que je sache. Son centre est un dialogue entre deux personnages — B, A, B, A, B, A, B — une sorte de rondo inversé et dépourvu de centre — avec aux extrémités des entrées de C et de D. Je me suis aperçu que la seule manière de projeter ce type de forme consistait à éliminer l'idée de chambres sonores séparées pour les personnages A et B — dans de nombreuses situations de conversation nous avions traité le résidu de deux interviews en le passant dans une chambre sonore unique — et à maintenir tous les personnages isolés tout au long de la scène. De ce fait, ils apparaissent dans le résultat final passés au filtre de chambres sonores différentes, comme s'ils racontaient toutes les découvertes qu'ils avaient faites au cours de leur voyage métaphorique vers le Nord. Cela donnait quelque chose de très détaché ; il y avait un manque délibéré de contact linéaire, même si ces gens parlaient de choses traitant d'un sujet analogue. Et ce détachement était souligné par le fait que chaque discours était pourvu d'une perspective sonore totalement différente. Ce n'est donc pas seulement une question de formes musicales. Il faut parfois inventer une forme qui exprime les limites de la forme, et qui ait pour point de départ la peur de l'absence de forme. Après tout, il n'existe qu'un nombre restreint de rondos que l'on puisse exploiter dans un documentaire radio ; on s'aperçoit qu'il est nécessaire d'inventer quelque chose qui soit conforme aux critères du médium, et c'est finalement ce que nous avons fait.

J.J. — J'imagine que le début du Nord *répond à cette idée.*

G.G. — Oui, le début du *Nord* possède une espèce de texture de sonate en trio ; c'est en réalité un exercice de manipulation des textures plus qu'un essai conscient de régénération d'une forme musicale. On y trouve trois personnes qui parlent plus ou moins simultanément ; il y a d'abord une jeune fille toute seule qui parle très doucement. Au bout d'un certain moment, elle dit : « Plus nous avancions dans le Nord, plus cela devenait monotone. » A l'instant précis où elle dit « further[1] », on prend conscience que quelqu'un d'autre, un homme, a commencé à parler en disant « Farther[1] and farther North ».

A cet endroit, la voix de l'homme acquiert un niveau dynamique plus important que celui de la jeune fille. Quelques instants plus tard, tandis que l'homme dit « Trente jours », on découvre une troisième voix qui dit « Onze ans ». Un autre croisement vocal a été effectué.

Je ne sais si vous avez jamais fait un examen comparé des séries d'Anton Webern et de celles d'Arnold Schoenberg, mais la scène a été construite de façon à posséder une espèce de continuité webernienne pour ce qui est de l'entrecroisement des voix, en ce sens que des motifs similaires mais non identiques sont utilisés dans le but d'échanger des idées instrumentales. Donc, dans ce sens et textuellement, elle est de nature musicale ; je crois que sa forme est affranchie des restrictions de la forme, ce qui est bon et ce qui devrait être le cas de toutes choses. Mais cela a pris du temps, et dans le cas du *Nord*, tout a commencé à partir de fâcheux souvenirs linéaires. Il m'a fallu m'élever peu à peu jusqu'à une autre forme de conscience.

J.J. — La réaction des gens à vos programmes a été assez intéressante. Certains ont trouvé cela merveilleux, mais d'autres ont cru qu'ils écoutaient deux stations de radio à la fois et qu'il leur fallait régler la fréquence.

G.G. — Oui, c'est effectivement bizarre cette idée très répandue selon laquelle, par un prétendu respect pour la voix parlée, on doit réduire tous les autres paramètres entrant dans un programme à un niveau révérentiel. Souvent, dans les documentaires télévisés, je suis agacé par le fait que dès qu'un personnage — le narrateur, le sujet, ou quelqu'un qui parle du sujet — ouvre la bouche, toute autre activité sonore doive cesser ou être fortement diminuée. Cela n'a aucun sens. Le spectateur moyen est capable d'ingérer une bien plus grande quantité d'information — et d'y

---

1. Gould utilise les deux mots « further » et « farther » (plus loin), qui sont ici à peu près synonymes, pour faire ressortir la voix du second personnage. *(N.d.T.)*

réagir — qu'on ne lui en donne l'occasion la plupart du temps. Il y a la solution facile qui consiste à donner aux gens la possibilité de faire des compartiments distincts pour chaque élément d'information fourni. Mais en revanche, si l'on veut que les gens soient empoignés par une œuvre d'art, au vieux sens wagnérien du terme, il faut procéder autrement. Et cet autrement implique que tous les éléments soient maintenus dans un état de flux constant, de combinaisons et d'agitation nerveuse (dans un sens non médical, bien sûr), de telle sorte que l'on soit happé par la structure et qu'on n'ait à aucun moment le loisir de s'installer et de dire : « Voilà qu'arrive la jonction vers l'acte II. » C'est là tout le problème des opéras de Mozart. Il y a des moments où tout s'arrête ; on peut très bien prévoir les césures.

Il me paraît essentiel d'encourager un type d'auditeur qui se refuse à penser en termes de préséance, de priorité, et le collage est l'un des moyens pour y parvenir. Je crois en outre qu'il devrait être possible de jouer avec le sens du temps, l'échelle du temps, dans leurs rapports avec la voix individuelle, qu'il devrait être possible d'entendre une seule voix tout en percevant, à partir de ce qu'elle dit, des messages séparés et simultanés. Voilà quelque chose qui, à ma connaissance, n'a pas été vraiment essayé en radio. Tout cela apparaîtra très clairement, j'en suis persuadé, lorsqu'on en arrivera au stade d'une expérience d'écoute quadriphonique véritable. Pourtant, j'ai bien peur qu'on n'en fasse un mauvais usage. De grandes compagnies américaines enregistrent déjà des symphonies en quadriphonie, mais cela consiste essentiellement à ajouter beaucoup d'ambiance, ce qui est absolument absurde. Est-ce là vraiment l'objectif de la quadriphonie ? Est-ce vraiment l'objectif du documentaire radiophonique que de traiter les sujets séparément ? Non, je crois que lorsque notre expérience quadriphonique se sera véritablement développée, les objections qui sont faites au collage tomberont tout naturellement d'elles-mêmes.

Prenons un exemple très simple. Si je joue une sonate de Mozart au piano, il me semble très important de maintenir un sens de la distance entre des motifs qui peuvent revenir à une seule main, ou aux deux mains ensemble, qui peuvent s'entrecroiser ou être répartis dans les registres les plus extrêmes. Il me semble très important de voir ces motifs comme une série de plans qui ne se différencient pas seulement par le *legato* ou le *non legato*, mais par la proximité et l'éloignement. Il m'a toujours paru étonnant qu'on n'ait jamais songé à enregistrer le piano de cette façon. Je viens de le faire moi-même pour du Scriabine ; j'avais imaginé de mélanger les perspectives par une utilisation de huit pistes avec quatre rangées de microphones placés selon des perspectives différentes. Mais rien ne dérange davantage un ingénieur du son que d'essayer de mélanger les perspectives. Le sens de la superficie, le sens de l'espace et de la proximité ne sont tout simplement pas exploités dans la technologie de l'enregistrement. En revanche, dans le domaine du théâtre radiophonique, on trouve dès les origines une technique très raffinée d'emplacement des micros. Car dès que l'on définit des personnages dans le cadre d'une action, il faut bien les situer en termes d'éloignement ou de proximité par rapport à l'auditeur. Si, à l'inverse, on limite les personnages à l'expression de pensées, on croit suffisant de les installer dans une perspective unique pour leur faire raconter ce qu'ils ont à dire. Tel est exactement le problème du documentaire radio. On a séparé la pensée de l'action et du mouvement ; ce sont là les barrières que je voudrais voir éliminées.

J.J. — Parlons un peu davantage de ces idées d'espace et de texture. On hésite souvent à utiliser le silence d'une façon qui convienne à l'importance qui est la sienne.

G.G. — Absolument. On est très loin d'y avoir pensé suffisamment. Il est vrai que l'idée d'une utilisation intégrée du silence en musique est relativement nouvelle. Tout a commencé avec le Bauhaus, avec la notion d'une exploitation totale de l'espace, de tout ce qui rend l'espace significatif. En musique, c'est Anton Webern le premier qui a mis cette idée en application. Avec une prodigieuse clairvoyance analytique rétrospective, certaines gens se sont exclamé : « Mais Beethoven en a fait autant — regardez tous ces silences dans l'*Opus 133*! » Or, même avec la meilleure volonté du monde, il est impossible de dire que Beethoven a calibré ses silences avec le même genre d'intégrité arithmétique — non, ces termes se combinent assez mal — avec le même sens de la longueur exacte du son que celui dont fit preuve Webern. Donc, étant donné qu'il s'agit d'un concept tout à fait neuf en musique, il n'est pas tellement surprenant qu'il n'ait pas encore été appliqué au mot parlé dans le domaine du documentaire. Beckett et Pinter en ont bien sûr fait usage au théâtre. Mais là, il est presque, en un sens, le sous-produit de l'ambiance sinistre qu'ils ont voulu donner à leurs pièces, beaucoup plus en tout cas que l'utilisation délibérée de la cessation de texture en tant que composante de cette texture.

J.J. — Lorsqu'une scène de vos documentaires comporte deux, trois ou quatre niveaux d'action simultanés, on a parfois l'impression de quelque chose qui fait songer à une fugue.

G.G. — Oui, et il est là encore difficile de nier que cela ne provienne de mon affection pour la fugue et du fait que j'en ai beaucoup joué depuis ma plus tendre enfance. Mais je pense que cela provient aussi de mon attachement très ancien pour l'orgue, du sens de ce que les pieds peuvent faire. Je ne me considère pas du tout comme un organiste professionnel, mais tous ceux qui ont eu l'expérience de l'orgue éprouvent le besoin très vif d'une basse, de l'assise qu'elle procure. Je n'y avais guère pensé jusqu'à aujourd'hui, mais cela pourrait bien être la raison pour laquelle j'ai toujours eu le sentiment de la nécessité d'un continuo dans tout ce que j'ai fait pour la radio. Dans le cas du *Nord*, c'était le train ; dans celui de Terre-Neuve, c'était le bruit de la mer ; dans le programme sur Stokowski, le plus récent dont je me sois occupé, c'était un gigantesque pot-pourri de musique dirigée par Stokowski, s'écoulant sans interruption et jouant le rôle d'un continuo. Je ne serais certainement pas hostile à l'idée de faire un jour quelque chose de plus monophonique, mais jusqu'à aujourd'hui, j'ai toujours éprouvé le besoin d'opérer à partir d'une sorte de toile de fond et d'y situer d'autres éléments, d'autres idées, en leur permettant ainsi d'acquérir du relief.

Deux scènes en particulier du programme sur Terre-Neuve se relient à ce dont nous parlons — le prologue et l'épilogue. Ce sont les seuls segments de ce programme dans lesquels la distribution tout entière — une distribution assez monumentale comportant quatorze personnages — apparaît sous la forme d'une sorte de chœur grec. En réalité, tout au long de la pièce, sept de ces personnages n'ont pas d'autre occasion d'entrer en scène, et n'appa-

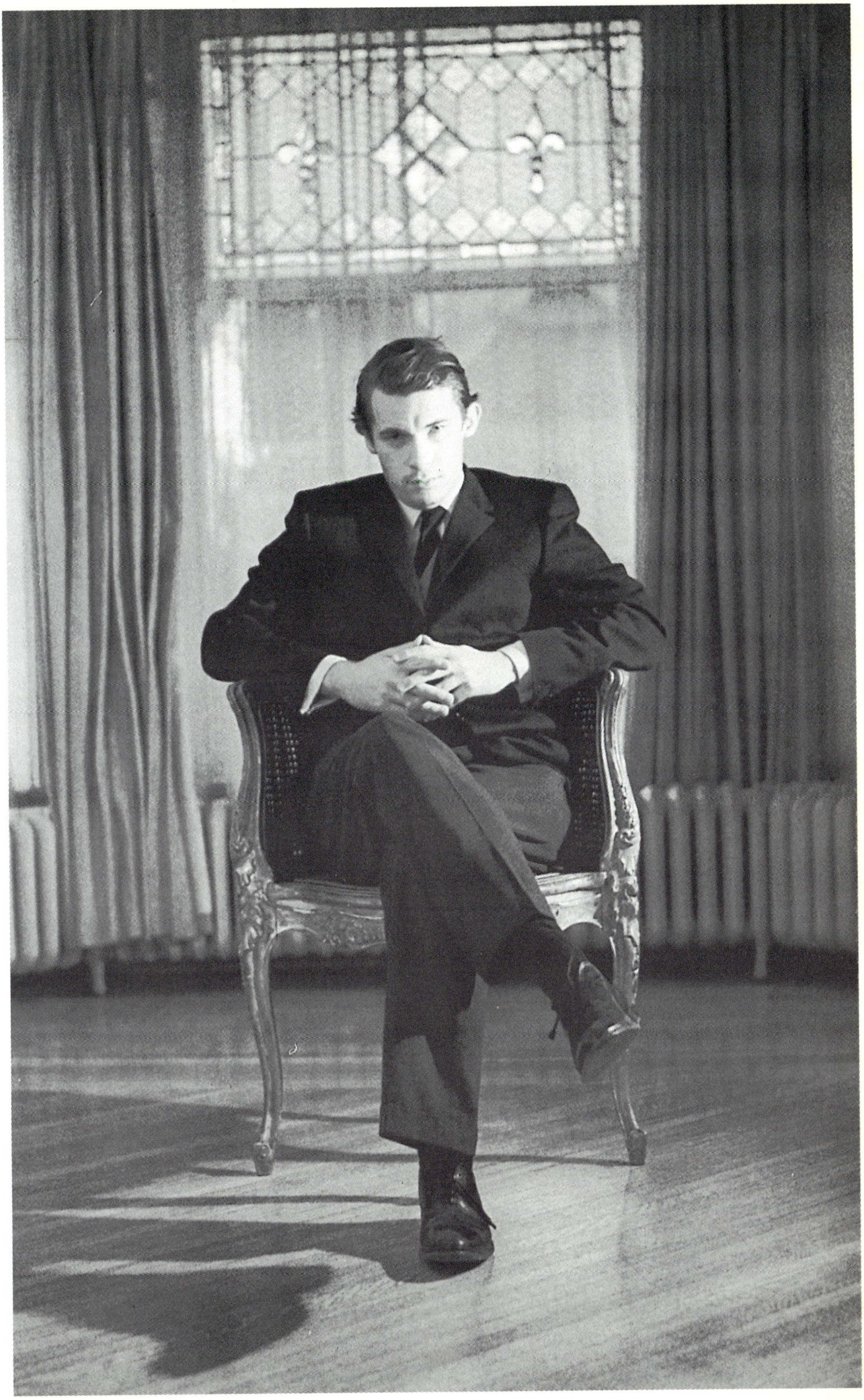

*J'ai toujours préféré
la compagnie des animaux.*

SCHIRMER'S LIBRARY
OF MUSICAL CLASSICS
BACH
Partitas
For the Piano

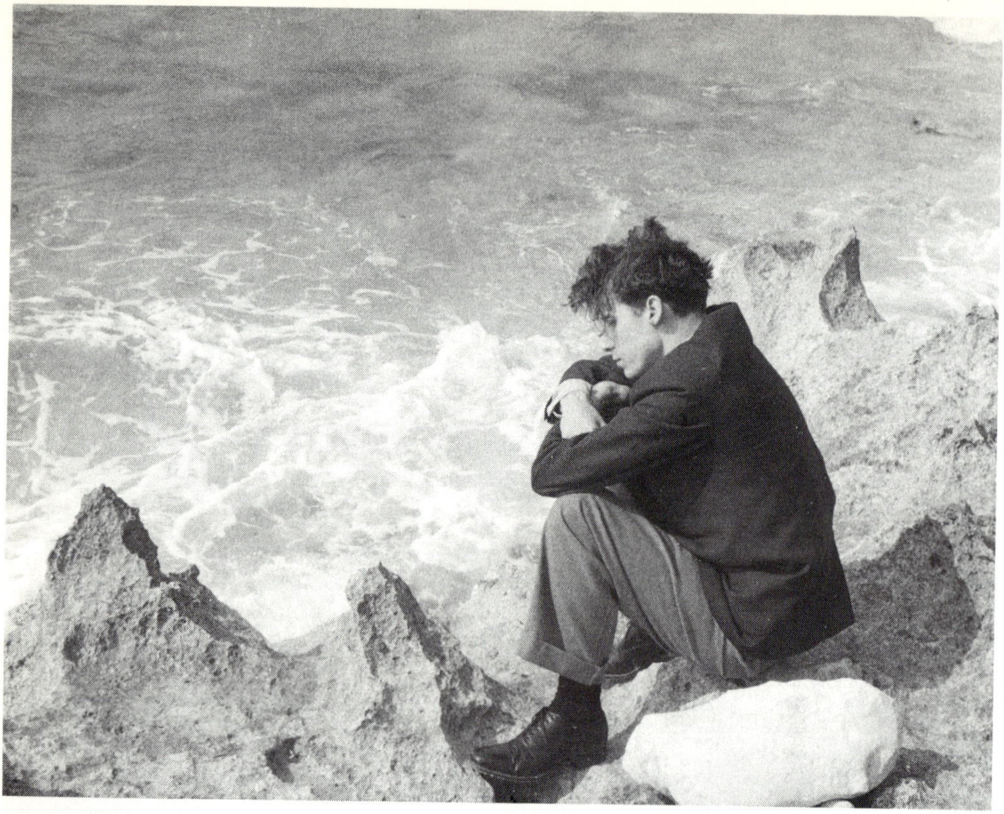

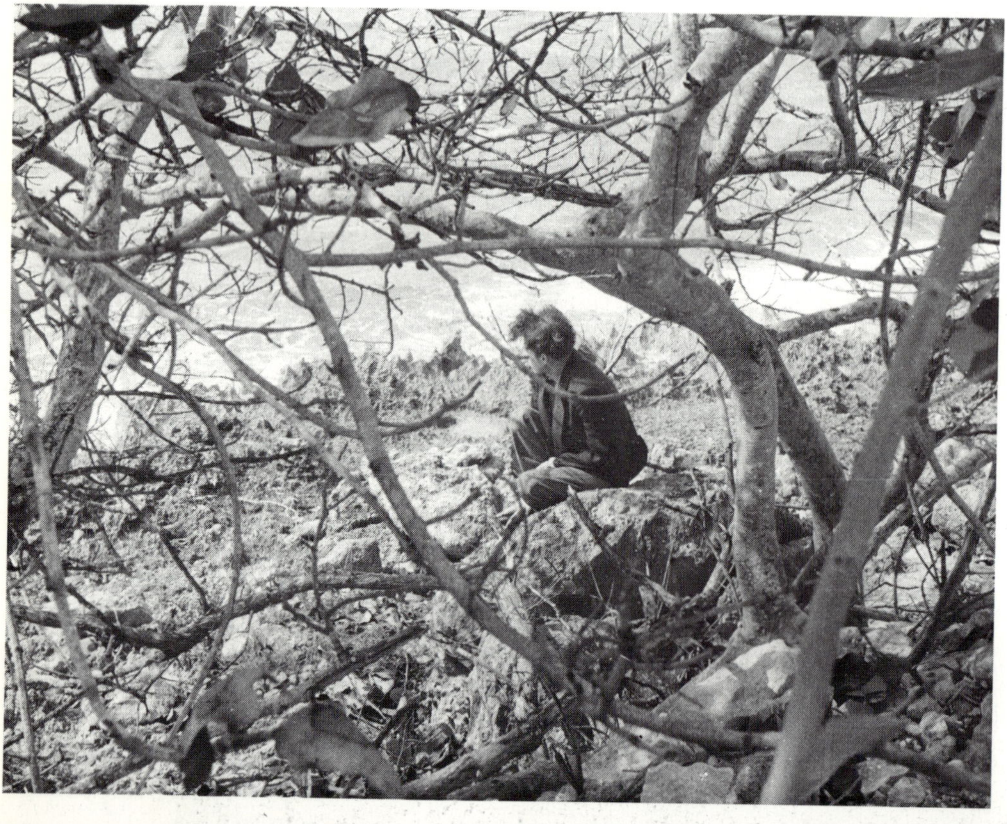

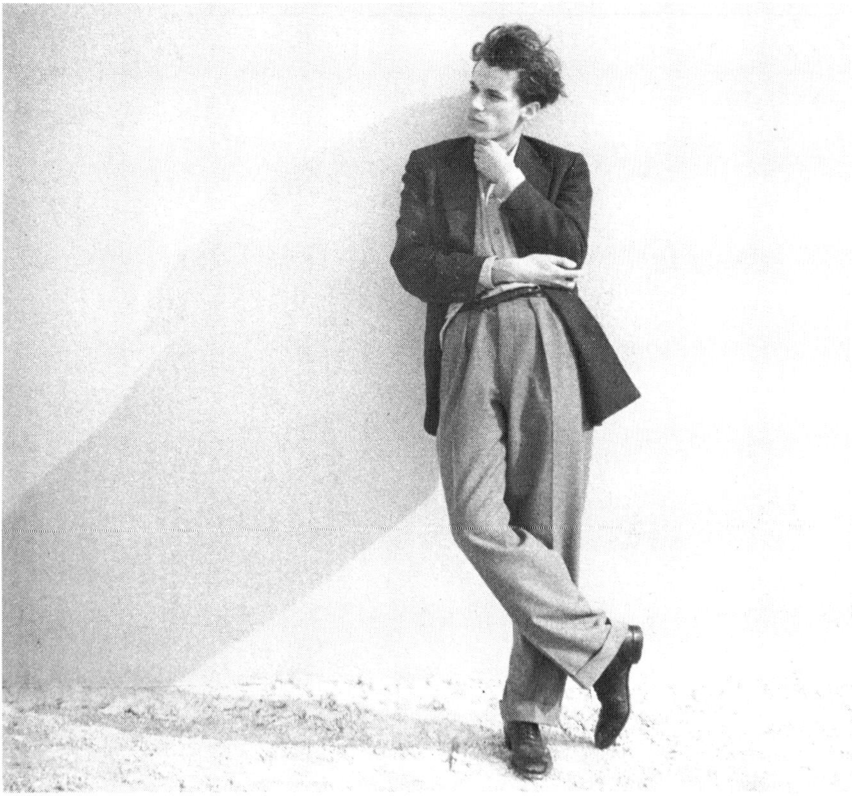

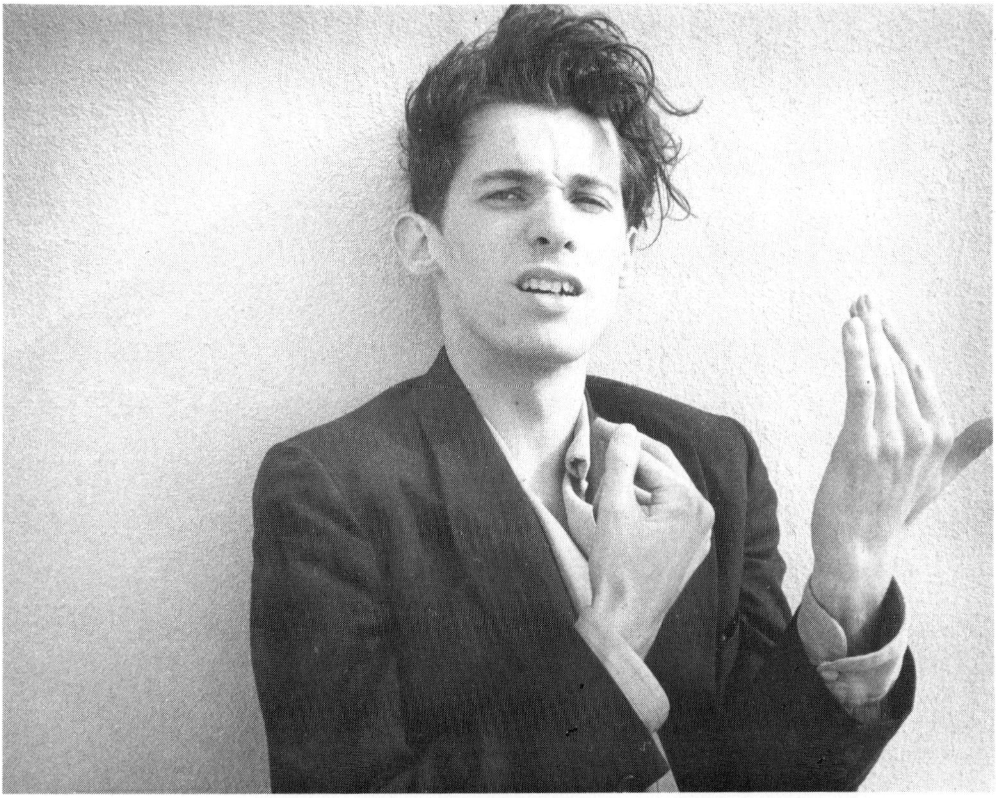

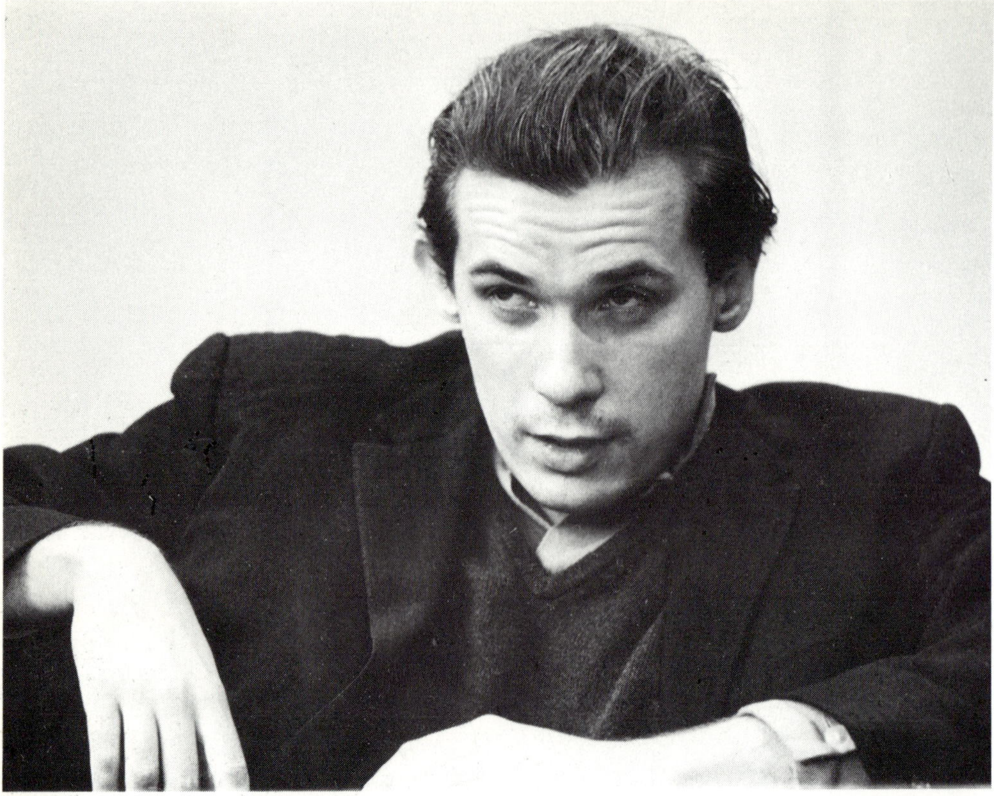

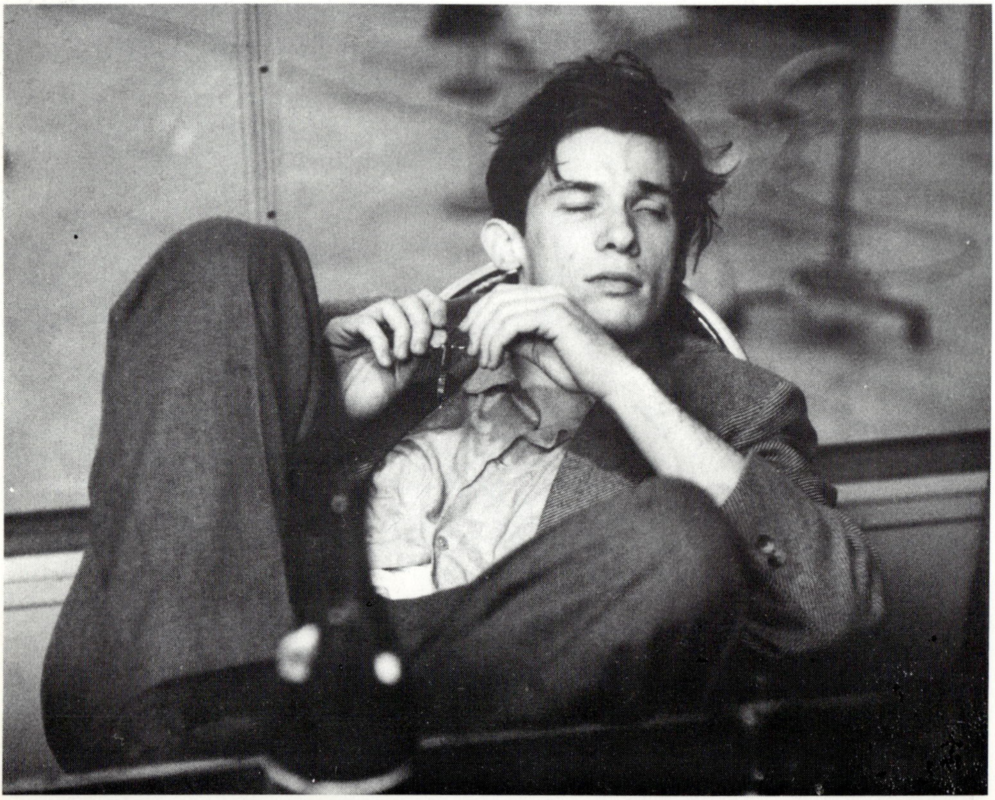

De l'effet de l'eau minérale, janvier 1958.

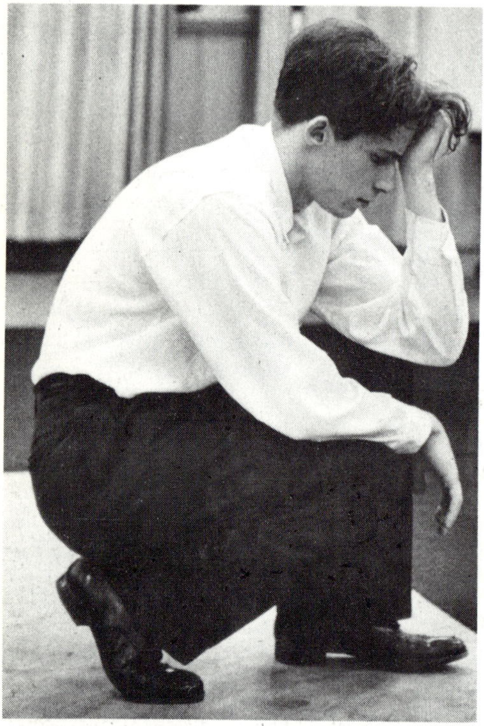
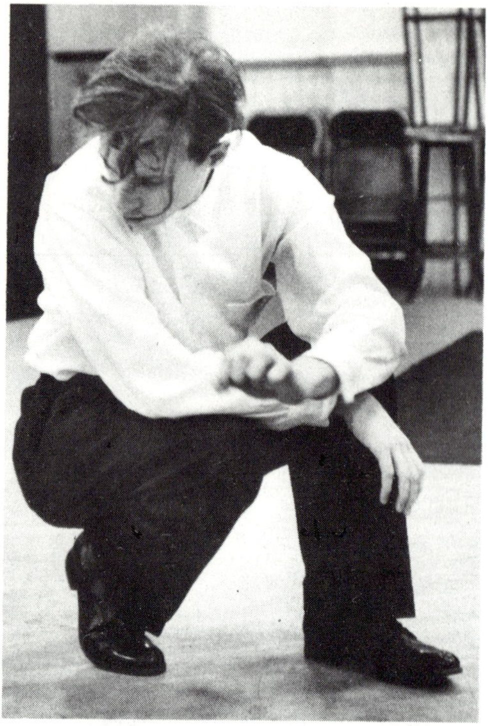
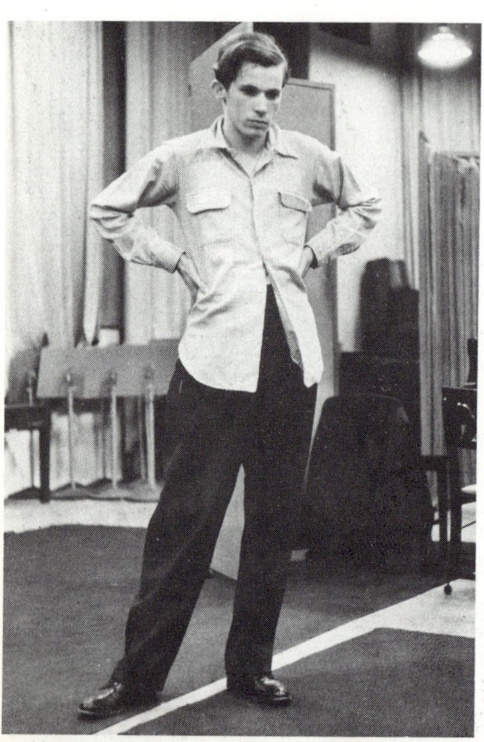
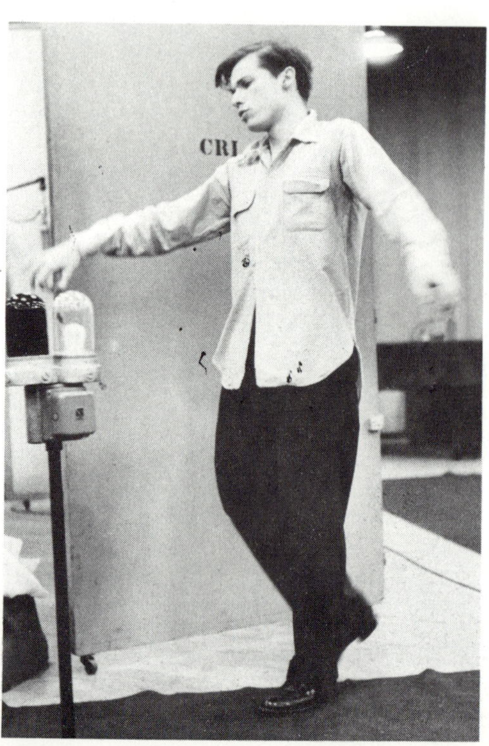
CRI

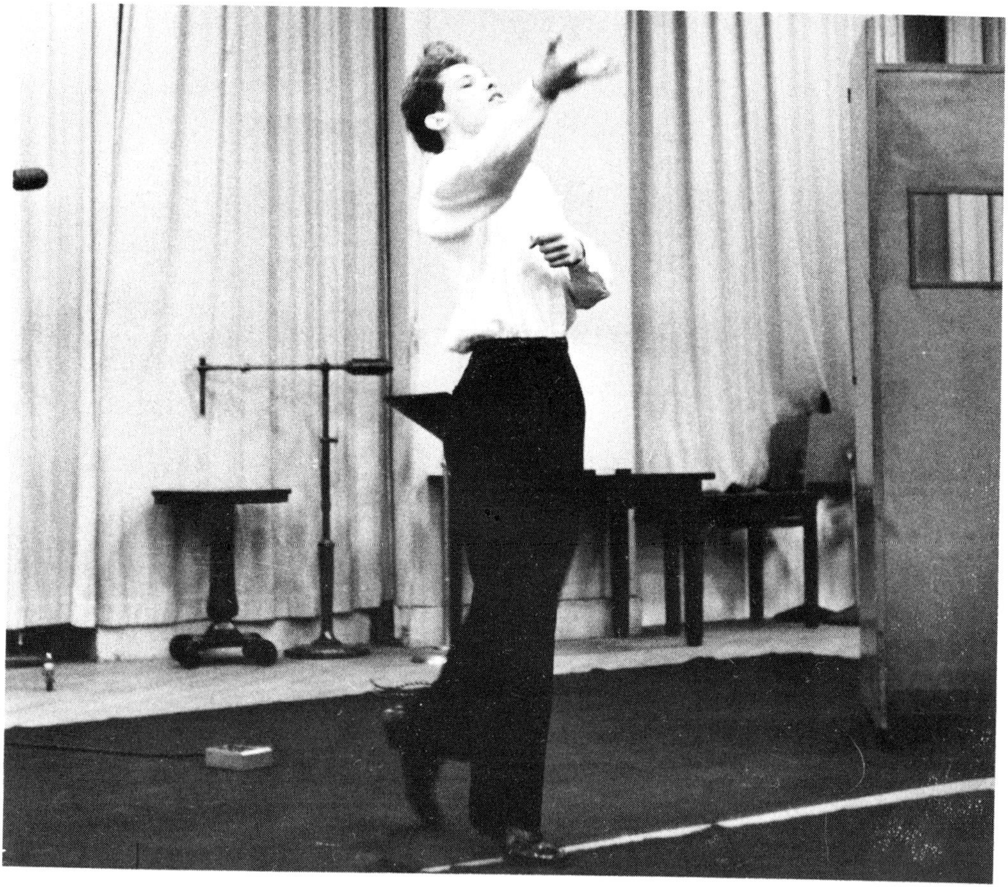

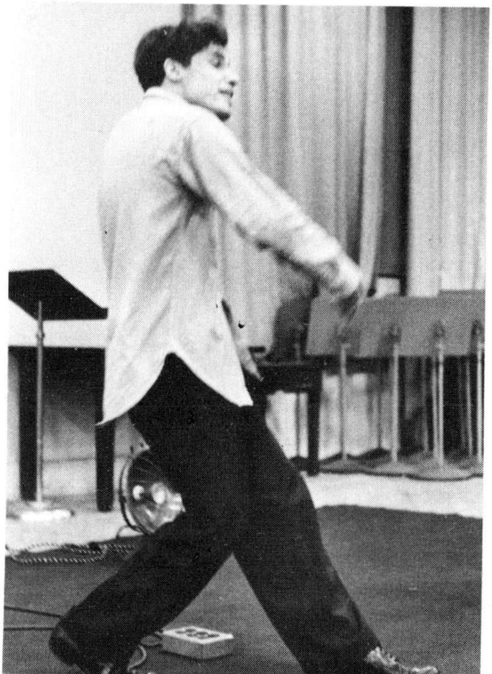

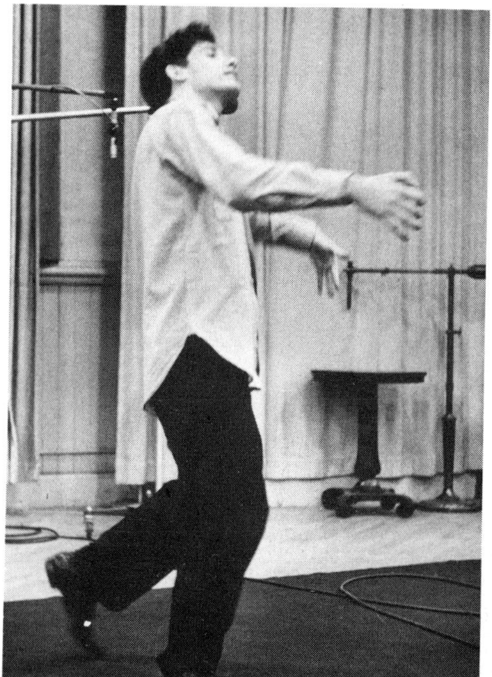

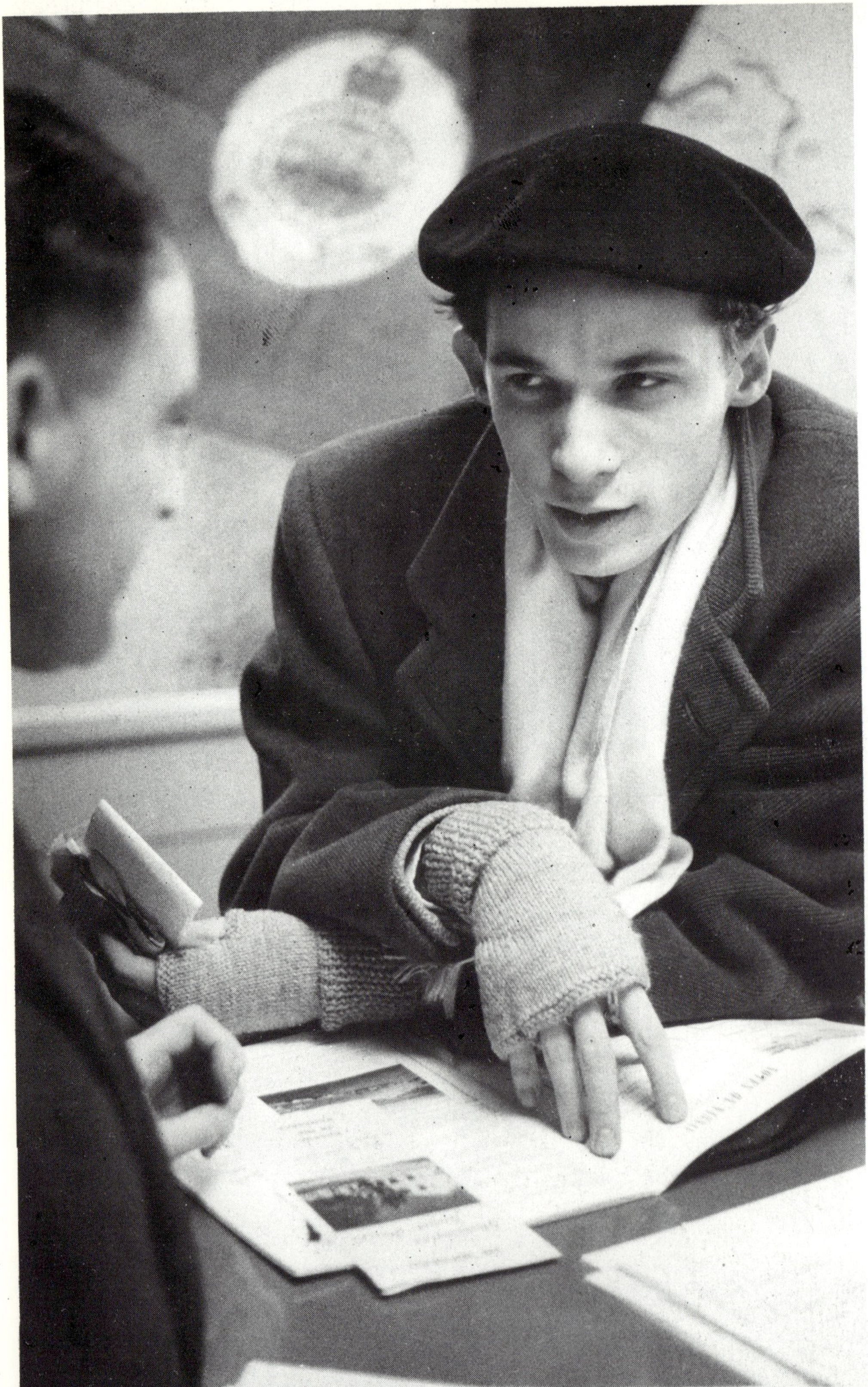

GLENN GOULD
DIRECTOR-PRODUCER

GLENN GOULD
DIRECTOR-PRODUCER

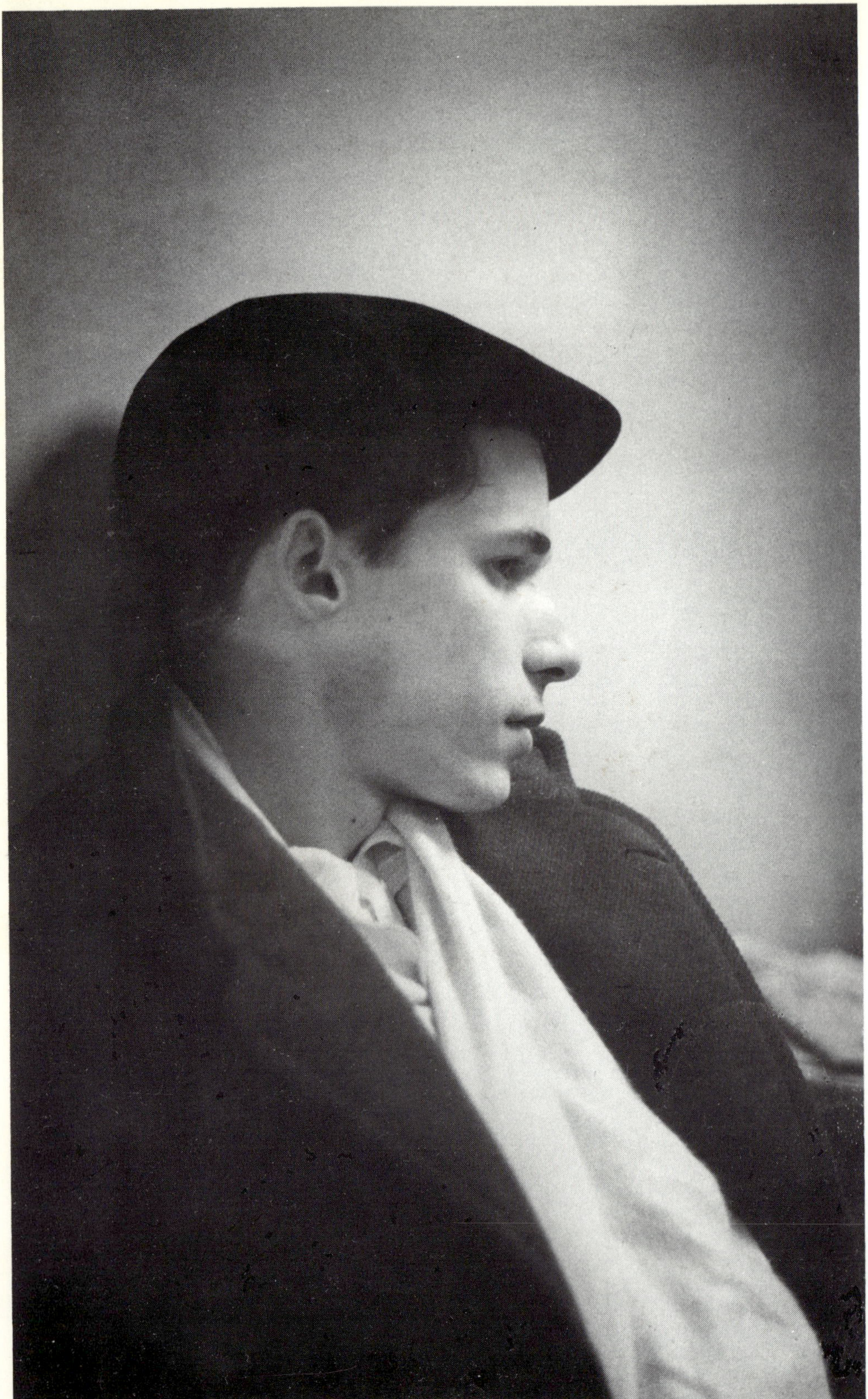

raissent dans ces deux épisodes qu'en tant qu'éléments de la texture. Il me semblait très important que tout le monde soit présent dans ces segments. En conséquence, l'ouverture est une sorte de long et lent travelling avant, comme si on l'avait tournée à partir d'un hélicoptère traversant un banc de brume. Tandis qu'on franchit la brume, les voix se mettent à se superposer et à s'accumuler autour de l'auditeur. Elles restent pourtant statiques, comme si elles étaient bloquées et incapables de mouvement. Pour l'auditeur, cependant, la perspective semble se mouvoir, car il prend peu à peu conscience de la présence d'une falaise sur laquelle vient se briser le ressac. L'épilogue est tout à fait différent. Tandis que, dans le prologue, le mouvement de l'eau passe de gauche à droite, et que la falaise semble être placée très légèrement à droite du centre, chaque vague paraissant s'écarter en traversant l'écran, on a clairement, dans l'épilogue, le sentiment de s'éloigner de l'île, et le mouvement de l'eau se transforme en étant successivement situé sur la gauche puis sur la droite. L'effet produit revient à donner le sentiment qu'on contemple le paysage à partir d'une altitude considérable, et qu'on perçoit le murmure des vagues des deux côtés à la fois.

Comme au début du programme, tous les personnages sont à nouveau présents, à ceci près qu'ils sont cette fois tous en mouvement. De surcroît, le personnage principal qui, dans le scénario — j'allais dire dans la « partition » —, devient le narrateur, est situé à droite tout au long du programme. Mais au début de l'épilogue, au moment où il dit : « Il m'arrive de partir en excursion et de traverser le pays », sa voix commence pour la première fois à bouger. Il est lui-même mis en mouvement. Son voyage l'emmène finalement jusqu'à l'extrême gauche de l'écran (encore qu'en route il fasse une pause au centre) et, pendant les trois minutes cinquante-trois secondes que dure l'épilogue, il fait la rencontre de tous les autres personnages qui n'ont jusqu'alors eu aucun contact direct avec lui. Ces personnages se meuvent de la gauche vers la droite tandis que lui va dans la direction opposée. Jusqu'à quel point le vieux truc hollywoodien qui consiste à faire défiler le paysage le long d'un train immobile est-il légitime ? La question reste posée.

Tous ces gens passent bien sûr les uns devant les autres dans un autre sens également. La plupart font état de leur installation

(« Nous maudissons nos aïeux de s'être établis à Terre-Neuve... Qui est assez abruti pour vouloir s'installer sur ce rocher ? »), au moment même où notre narrateur trouve moyen d'être optimiste dans un monde et un endroit très difficiles (« Les gens font tout pour rejoindre le courant, mais je trouve cela stupide, car ce courant est, à mon avis, plutôt fangeux »). Ils passent donc aussi les uns à côté des autres dans ce sens qu'ils ne se comprennent pas. La séquence fonctionne ainsi à plusieurs niveaux.

Mais le narrateur ne fait pas que rencontrer les autres personnages un à un. Lorsqu'une voix démarre sur la gauche, elle est suivie quelques secondes plus tard par une autre, et les paroles du narrateur sont choisies de telle sorte que — comme avec le « further » et le « farther » du prologue du *Nord* — elles entrent en collision avec celles des autres personnages.

J.J. — Vous parliez plus haut du fait que vous isoliez les voix dans diverses chambres sonores. Est-ce pour accroître leurs différences que vous les filtrez ?

G.G. — Oui, l'un des meilleurs moyens de compenser un défaut de diversité lorsqu'on travaille en mono est précisément d'utiliser ce genre de trucage. Dans le *Nord,* nous avons manipulé les voix à l'aide de toutes sortes de filtres pour accentuer la différence entre les personnages. Mais un problème se pose lorsqu'on veut revenir à la voix réelle. Il est hors de question d'éliminer le filtrage d'un seul coup, ce qui produirait un effet trop abruptement perceptible. Il faut donc procéder par paliers, exactement de la même manière qu'à l'orgue lorsqu'on change de registre.

Dans un autre ordre d'idée, le problème se posa également dans le programme sur Stokowski. A un moment donné, à peu près aux deux tiers du programme, je voulais le faire parler des temps anciens, de l'époque des enregistrements acoustiques. La séquence n'était pas trop difficile à amorcer ; on se contenta de projeter sur une toile de fond symphonique un matériau de chansons folkloriques qui embellissait et élargissait l'effet harmonique de la toile de fond — la *Onzième Symphonie* de Chostakovitch. A la fin de la séquence de chansons folkloriques, le refrain d'un hymne mormon, « Come, come, ye saints » (Stokowski parle à cet endroit des immigrants s'installant en Amérique) nous amène dans la tonalité de *sol majeur*, et pour sa dominante — *ré* — nous avons inséré quelques mesures de « Ein Feste Burg », qu'il avait enregistré à Philadelphie dans les années vingt. Cela lui rappelle le bon vieux temps, ses débuts dans les studios d'enregistrement (ce qui remonte en fait à 1917), et il entend sa première version de l'ouverture de *Rienzi* — technologiquement effroyable mais très amusante — jouée exclusivement dans le canal droit. Cela introduit à son tour une séquence de quatre ou cinq morceaux mono collectés dans les archives de l'orchestre de Philadelphie datant de 1910, 1920 et 1930. L'orchestre s'améliore en tant qu'instrument avec chaque exemple successif, mais on s'aperçoit aussi d'un progrès technologique à mesure qu'on avance dans le temps. Cependant Stokowski quitta Philadelphie en 1938, et la question était de savoir comment le ramener dans le temps réel, dans le présent. Eh bien, par pure chance, nous découvrîmes un enregistrement de l'« Enchantement du Vendredi Saint » de *Parsifal*, qu'il avait réalisé en 1936 — donc l'un des derniers disques de sa période philadelphienne —, et le comparâmes avec un autre enregistrement de la même œuvre, réalisé celui-là à Houston, à la fin des années cinquante. Nous nous aperçûmes, assez miraculeusement, que, pendant quarante-cinq secondes, ces deux enregistrements avaient un tempo identique, quasiment note pour note. Donc, dans le programme, la version de Philadelphie est utilisée pendant environ trente secondes et, tandis qu'elle s'engouffre dans le creux d'une phrase, nous lui superposons la version de Houston en faisant lentement passer cette dernière de la gauche à la droite, et en la comprimant de sorte qu'elle ne se mette pas à sonner soudainement trop bien. Elle sonne en réalité un peu comme si l'orchestre et les techniciens s'approchaient d'un nouvel idéal technologique, sans tout à fait y parvenir. Au même moment, Stokowski dit : « Aujourd'hui, les choses sont bien meilleures que dans le passé, mais je crois que nous pouvons encore mieux faire » — et c'est ainsi que nous le ramenons dans le présent.

J.J. — Vous disiez tout à l'heure que la narration était une « faiblesse ». Qu'entendiez-vous par là au juste ?

G.G. — Il s'agit d'un problème dont je n'ai que récemment pris conscience en ce qui concerne le documentaire radiophonique.

Dans le programme sur Terre-Neuve, le fait d'avoir un narrateur ne me satisfait pas — non pas à cause du narrateur lui-même, il était fantastique — mais en raison du fait que nous nous sentions forcés d'en avoir un. Cela me paraissait une faiblesse formelle, étant donné ce que peut être la radio aujourd'hui, et j'y ai beaucoup réfléchi depuis.

La mono imposait certaines limitations qui disparurent instantanément avec l'avènement de la stéréo. Mais celle-ci en imposa d'autres à son tour. C'est curieux et paradoxal, mais l'un des grands avantages théoriques de la stéréo — la possibilité de situer les voix de façon séparée — tend, à moins d'y prêter l'attention la plus minutieuse, à engendrer ses propres problèmes. Par exemple, il est merveilleux de pouvoir faire parler deux personnes simultanément, comme ce fut fréquemment le cas dans *The Latecomers*, et de ne même pas avoir le sentiment d'un procédé ou, plus exactement, d'en avoir le sentiment si profond, de le percevoir de manière si intégrée, que cela ne dérange pas le moins du monde. Mais, en un sens, les dialogues et les trios de *The Latecomers* ont quelque chose de moins dramatique, du fait de leur séparation, que des situations équivalentes qui existaient dans le *Nord*, même si, dans le *Nord*, la mono empêchait une définition aussi claire.

C'est ainsi que, pour parler en termes de cinéma, le « fondu » joue un rôle fort différent. Le concept de fondu était quelque chose d'essentiel en radio mono ; c'était l'un des outils fondamentaux de la narration. Or, en stéréo, c'est un élément relativement moins important. On parvient à réaliser des entrecroisements droite/gauche avec une telle dextérité, on peut faire se dérouler tant de choses simultanément, et faire des coupes sèches si exactes et si délibérées, que le besoin des fonctions de changement de scène fournies par le fondu ne s'impose plus tellement. Par extension, on peut se demander si, dans la mesure où pareille séparation existe, il ne serait pas possible d'en tirer parti pour se passer des éléments qui faisaient partie intégrante de la technique du fondu — l'élément de narration en particulier. Pendant que je réalisais *The Latecomers*, le problème de la narration m'avait paru se poser de façon de plus en plus aiguë ; elle semblait nous contraindre à adopter une allure spécifique qui corresponde à la disposition des événements. Et je crois que lorsque vous disiez qu'il devrait exister un moyen d'intégrer le silence, cela impliquait qu'il était possible d'aborder le même problème d'autre façon, qu'on pouvait aller au-delà de la simple présentation d'une série de faits et d'événements. Les nouvelles possibilités de séparation qui sont aujourd'hui disponibles devraient nous permettre d'en limiter les conséquences linéaires. Il ne s'agit pas tant de nier ce qui était bon dans le passé que de tirer parti d'une nouvelle modalité. L'utilisation de cette nouvelle modalité — la stéréophonie ou la quadriphonie — ne consiste pas à faire progresser des problèmes inhérents à la monophonie. C'est ce à quoi j'essayais de faire allusion en disant qu'on pouvait se passer de la narration.

L'idée du silence est contenue dans cette prise de conscience. Dès lors qu'on peut séparer les personnages en les plaçant en avant ou en arrière-plan, à gauche ou à droite, ou dans le temps, le silence devient un stimulus singulièrement puissant. Reste la question de savoir comment l'utiliser. A la manière de Webern ? En le proportionnant à la durée du son ? En imitant simplement ce qui se faisait il y a quarante ans dans un langage purement abstrait ? En se disant : « Il faudrait des silences dans un documentaire et avoir sept secondes et demie de silence pour quinze secondes de son, ou un rapport de ce genre ? Or, dès qu'on fait cela, on adopte les lois de la polyphonie webernienne, et l'on commet l'erreur que chaque nouveau médium tend à faire commettre lorsqu'il apparaît. Je ne crois donc pas que cela soit tout à fait la bonne réponse.

Il faut savoir que la grande joie qu'il y a à travailler dans le domaine de ce que j'aime appeler le documentaire radio provient de ce qu'on est affranchi de ce genre de restrictions. Le fait que le documentaire soit censé se rattacher à de l'information pure et simple, qu'il y ait un noyau de nouvelles à la base de tout le processus, est une excuse. C'est la plus magnifique des excuses — une passacaille de faits — et elle vous libère en vous permettant tout d'abord de traiter l'art de façon factuelle et assurée, à l'instar de la manière dont on traite habituellement la pure information. En même temps, elle vous autorise à transformer cette information en ce qu'on aurait appelé jadis une « œuvre d'art ». Il s'agit d'incorporer cette information selon des termes qui lui soient propres — selon des termes où il n'existerait pas de contradiction entre le processus de l' « art » et celui de la « documentation ».

Un homme de la nuit

Extrait d'une interview réalisée au téléphone en 1980 et parue dans le livre Great pianists speak for themselves *de Elyse Mach (Dodd, Mead & Cy, New York).*

Elyse Mach. — *Indépendamment des belles et bonnes théories que vous avez élaborées après coup pour expliquer pourquoi vous rejetiez le concert, beaucoup de gens se sont demandé si, en réalité, la raison principale pour laquelle vous y avez renoncé n'était pas tout simplement que vous étiez victime du trac.*

Glenn Gould. — Je n'ai jamais ressenti d'appréhension particulière à la perspective de devoir jouer devant un public. La salle de concert m'a toujours paru être un lieu inhospitalier pour faire de la musique, mais l'appréhension elle-même n'a jamais eu chez moi de caractère excessif. Je prenais toujours mon pouls avant un concert, par pure curiosité scientifique, et il était invariablement très rapide. Il se produisait donc manifestement un phénomène d'excitation pas naturelle, mais pas non plus du genre de celui qui aurait pu me paralyser de terreur, ne serait-ce que parce que j'étais à peu près indifférent à ce qui se passait. Je ne faisais en réalité que procéder à un compte à rebours des années et du nombre de concerts qui me séparaient du moment où enfin je pourrais oublier tout cela. Je crois que si j'avais dû en être dépendant, ou que j'aie su que j'en avais pour très longtemps, j'aurais été effroyablement déprimé et malheureux. Malheureux, je l'étais d'ailleurs jusqu'à un certain point, surtout lorsque je m'embarquais pour de longues tournées, particulièrement en Europe. Mais, étant donné que j'envisageais ces concerts comme un moyen tourné vers une fin, je savais que je pourrais un jour me mettre à faire de la musique d'une manière sensée, et le fait de savoir cela me permettait de continuer.

E.M. — Revenons un instant sur ce que vous avez dit d'une retraite précoce. Combien de gens sont-ils en mesure de se retirer à trente-deux ans? La plupart d'entre nous n'ont même pas vraiment commencé à cet âge!

G.G. — C'est simplement une question d'objectif et de priorités. Après 1964, j'ai considérablement accéléré mes activités d'enregistrement qui, jusqu'alors, n'avaient été, comme c'est le cas de la plupart des concertistes, que marginales par rapport à ce que je faisais en concert.

E.M. — Quelles sont, à votre avis, vos plus grandes réussites en matière d'enregistrement?

G.G. — Le disque que je préfère de tout mon catalogue est un enregistrement de musique de Byrd et de Gibbons qui, tout d'abord en tant que musique, est très proche de mon cœur. J'ai toujours adoré la musique pour virginal — en fait toute la musique des Tudors — et, grâce à Dieu, je possède un piano qu'il est possible de faire sonner à peu près comme un clavecin, sinon comme un clavicorde.

E.M. — Il est étrange que vous choisissiez cet enregistrement. D'habitude, lorsqu'on pense Glenn Gould, on pense Schœnberg et Bach. Diriez-vous que vous êtes un spécialiste de ces deux auteurs, ou préférez-vous qu'on ne vous accole aucune étiquette?

G.G. — Je n'ai aucune objection à ce que l'on m'étiquette comme spécialiste s'il s'agit de ces domaines-là, mais je crois qu'il faut aussi rappeler que j'ai enregistré toutes les sonates de Mozart, la plupart de celles de Beethoven, et bien sûr tous les concertos de Beethoven, ainsi que bon nombre d'œuvres de Hindemith, Prokofieff, Grieg, Bizet, Scriabine, etc. Tout récemment enfin, j'ai enregistré un album Sibelius ; celui-ci a écrit une grande quantité de pièces pour piano, dont la plupart ne valent absolument rien. Pourtant, parmi elles, il y a des œuvres de grande qualité, et je trouve que les trois *Sonatines,* que j'ai enregistrées, rentrent dans cette catégorie. Ce sont des œuvres assez étranges car elles sont presque entièrement diatoniques, et formellement presque néo-classiques, ce qui est très bizarre si on les replace dans leur milieu postromantique (elles furent écrites entre la *Quatrième* et la *Cinquième Symphonie*), mais je trouve qu'elles tiennent très bien le coup.

E.M. — Qu'est-ce qui vous attire particulièrement dans la musique de Schœnberg ?

G.G. — Je crois avoir d'abord été attiré par elle du fait que certains de mes professeurs la détestaient ; prendre la défense de quelque chose est parfois une très bonne arme dans les révoltes de l'adolescence. En réalité, j'ai toujours été attiré par les musiques qui, d'une façon ou d'une autre, sont contrapuntiques, alors que la musique homophonique m'ennuie fondamentalement. J'ai souvent dit que, en ce qui concerne la musique, j'ai un trou noir d'environ un siècle, démarqué d'un côté par l'*Art de la Fugue,* et de l'autre par *Tristan,* tout ce qui se situe entre étant pour moi, au mieux, objet d'admiration, plutôt que d'amour. J'exclurais bien sûr Beethoven de cette généralisation, et certaines œuvres de Haydn et de Mendelssohn, mais il y a beaucoup de musique écrite à cette époque que je ne joue pas du tout — Schubert, Chopin et Schumann, par exemple.

Mes goûts en matière de musique contemporaine sont également très limités. C'est ainsi que je ne peux pas supporter Stravinsky. Il se trouve que sa musique a une orientation essentiellement verticale et n'est guère intéressante du point de vue horizontal. Par comparaison, l'intégration de la ligne et de l'équilibre harmonique est très apparente dans les meilleures œuvres de Schœnberg ; on pourrait même dire que l'essai de ce type d'intégration est l'une des marques de Schœnberg, et je ne parle pas que de ses œuvres dodécaphoniques. Je suis d'ailleurs attiré par différents aspects de son art à des époques différentes de sa vie. Dans sa jeunesse, pendant sa période tonale, c'est ce qu'on pourrait appeler l'aspect « limite » de son art qui m'intéresse : il utilise un chromatisme qui va jusqu'aux limites ultimes de la tonalité, et cela sans gratuité, mais comme le résultat logique du contrepoint le plus intense jamais mis en œuvre par la musique postromantique. Je trouve que les œuvres de cette époque sont très mal comprises, même aujourd'hui ; à mon avis, *Pelléas et Mélisande* est une œuvre aussi belle que n'importe lequel des poèmes symphoniques de Strauss — ce qui est beaucoup dire car j'adore Strauss. Quant à la *Symphonie de chambre en mi majeur*, elle forme tout simplement une classe à part.

Je dois dire que je m'intéresse moins aux œuvres écrites à l'époque de la Première Guerre mondiale, au moment où Schœnberg a cessé d'écrire tonalement mais n'utilise pas pour autant le système sériel. Il existe bien un ou deux chefs-d'œuvre datant de cette époque — *Erwartung* en particulier — mais je dois avouer que *Pierrot Lunaire* m'exaspère et m'a toujours exaspéré. Par ailleurs, je ne crois pas que Schœnberg ait été taillé pour faire une carrière de miniaturiste. Selon moi, des œuvres comme les *Six Petites Pièces pour piano, op. 19*, en dépit de toute leur influence sur d'autres compositeurs, comme Webern, sont, en ce qui concerne Schœnberg, le reflet d'une grande incertitude quant aux voies musicales à emprunter. Il me faut d'ailleurs ajouter que je ne crois pas qu'aucune de ses meilleures œuvres soient à trouver parmi celles qu'il a écrites pour piano, y compris le *Concerto* ; et cela probablement parce que Schœnberg avait tendance à utiliser le piano comme un moyen commode, et un rien louche, pour expérimenter de nouvelles techniques. Cela dit, je trouve que la *Suite, op. 25* est une œuvre merveilleuse. C'est la première dans laquelle il ait utilisé la série d'un bout à l'autre. Des portions de la *Sérénade, op. 24* et des *Cinq Pièces pour piano, op. 23* sont bâties sur une série, mais la *Suite* utilise la série de la première à la dernière note, et donc là aussi le piano est employé à titre expérimental.

Mais, en dehors des expérimentations, je trouve l'humeur de ces premières pièces sérielles tout à fait remarquable. Elles ont un abord d'un charme et d'une fraîcheur extraordinaires. Schœnberg n'était pas précisément renommé pour son sens de l'humour, et voilà que soudain, et pour assez peu de temps, il semble avoir découvert en lui, dans les années vingt, une tendance humoristique latente qui a vraiment beaucoup d'attrait. Je ne suis pourtant pas un adepte à tous crins du système sériel ; et c'est plutôt malgré lui qu'à cause de lui que j'admire Schœnberg. Mais il est incontestable que ce système permettait de satisfaire le besoin germanique de ce qu'on pourrait appeler une cohérence visuelle aussi bien qu'auditive de la musique, et c'est sans doute la raison pour laquelle il fit de Schœnberg, ne serait-ce que temporairement, un homme heureux.

Je trouve par contre les œuvres tardives — celles comme les *Concertos pour piano* et *pour violon*, qu'il écrivit en Amérique — un peu trop évidentes et mécaniques, pour ne pas dire dépourvues d'humour. Je trouve leur architecture trop prévisible, et ne crois pas qu'il soit possible d'adapter avec bonheur le système sériel à la forme de l'allegro de sonate. Ce n'est pas cela qu'il est censé faire, et c'est pourtant ce que fit Schœnberg dans ses dernière années. Si vous me permettez d'utiliser, par analogie, le vocabulaire du montage magnétique, disons que le problème est que l'on s'aperçoit un peu trop des collures.

E.M. — A partir de ce que vous venez de dire, comment voyez-vous l'avenir de la musique dans cinquante ou cent ans ; que croyez-vous que les compositeurs écriront alors ?

G.G. — Oh, les prédictions en musique sont aussi hasardeuses que dans n'importe quel autre domaine, et je ne suis pas sûr d'avoir des lumières sur la question. Il m'apparaît pourtant qu'on ne peut guère être certain que la musique sérieuse, en mettant sérieuse entre guillemets, soit destinée à exister indéfiniment sous sa forme actuelle. Il est assez évident — et je ne dis là rien de très original — que le type particulier d'organisation sonore sur lequel s'appuie la tradition germanique et qui est si bien représenté par les XVIIIe et XIXe siècles, tire plus ou moins à sa fin.

Je soupçonne qu'on verra des gens s'engager temporairement dans telle ou telle direction ; c'est ainsi qu'actuellement se manifeste une sorte de mouvement de réconciliation selon lequel des éléments tonaux nostalgiques réapparaissent dans un contexte assez intéressant. Il se peut qu'un jour on voie une sorte de mélange du son musical et du son parlé, non pas au sens de l'opéra, mais dans quelque chose qui ressemble au domaine qui m'intéresse tout spécialement, comme les documentaires qui relèvent partiellement de la composition musicale et partiellement du genre dramatique. Ils constituent une synthèse de disciplines variées, dans laquelle certains éléments abstraits ou de pure structure se marient à d'autres éléments très concrets de faits objectifs. Mais, quoi qu'il en soit, je ne suis pas prophète, et ne suis pas en mesure de répondre à votre question avec précision, sauf pour dire que j'ai parfois des doutes très sérieux quant à la continuation d'une existence heureuse de la musique en tant que discipline séparée dans le contexte de ce qu'on appelle les arts.

E.M. — Qu'en est-il à votre avis de la formule du récital ? On entend parfois dire qu'il s'agit d'une espèce en voie d'extinction.

G.G. — Vous savez, je ne vais pas au concert — j'y allais d'ailleurs très rarement même lorsque j'en donnais, et le dernier auquel j'aie assisté remonte à 1967 ; il m'est donc difficile de vous déclarer que la formule du récital est dépourvue de validité dans le schéma actuel des choses. Mais elle l'est en tout cas pour moi ; en ce qui me concerne, la musique est quelque chose qui doit être écouté en privé. Je ne crois pas qu'elle doive être utilisée comme thérapie de groupe ni comme quelque autre sorte d'expérience communautaire. Je pense que la musique devrait conduire l'auditeur — l'interprète aussi d'ailleurs — à un état de contemplation, et qu'il est impossible d'atteindre à cette condition avec 2 999 personnes assises autour de soi. Mes objections à l'égard du concert sont donc d'ordre essentiellement moral, plutôt que musical. Mais pour ce qui est du récital en tant que tel, je n'ai aucun goût particulier pour entendre une séquence de sons instrumentaux identiques au cours de la même soirée, surtout s'il s'agit de piano. Je sais bien qu'il existe des fanatiques du piano, et qu'ils sont nombreux. Il se trouve que je ne suis pas l'un d'entre eux. La musique de piano ne m'intéresse guère.

E.M. — La musique écrite pour l'instrument que vous jouez ne vous intéresse guère ? C'est difficile à croire.

G.G. — Non, non, je ne suis pas un enragé de l'instrument en tant que tel, ni d'aucun instrument à vrai dire. Je dirais même que je suis instrumentalement indifférent. Je tire bien entendu un grand plaisir à l'écoute d'une exécution étincelante, même si elle implique le piano, mais là encore, pas *parce* qu'elle implique le piano. Il en a toujours été ainsi pour moi.

E.M. — Quels instruments écoutez-vous ? Qui admirez-vous parmi ceux qui enregistrent aujourd'hui ?

G.G. — Ah, Seigneur ! voilà encore une de ces questions épouvantables. Si je dis que c'est A et B, j'omets probablement C et D ; donc, ne considérez pas la liste que je vais vous donner comme complète. Mais si je ne pense qu'à des pianistes que j'ai entendus récemment avec plaisir et quelque régularité, il me faudrait mentionner les enregistrements de concertos de Mozart par Alfred Brendel. Il se trouve que je n'aime pas les concertos de Mozart. A mon avis, aucun d'entre eux ne fonctionne réellement bien en tant que structure ; et pourtant, il me semble que les enregistrements de Brendel sont très proches de parvenir à les faire fonctionner.

Dans les œuvres du répertoire romantique tardif — là encore, un domaine qui ne m'intéresse pas particulièrement —, j'aime beaucoup ce que fait Alexis Weissenberg. Il a réalisé un enregistrement merveilleux d'une œuvre que je ne m'attarderais normalement pas à écouter, le *Deuxième Concerto* de Rachmaninov ; mais j'ai écouté cet enregistrement, dirigé par Karajan, au moins trois ou quatre fois, et je trouve qu'il s'agit d'une vue extraordinairement pénétrante de Rachmaninov, lequel n'en mérite sans doute pas tant. Weissenberg y adopte une démarche essentiellement classique, alors que l'œuvre est presque toujours jouée de façon trop romantique. Il en résulte qu'on n'a pas l'impression d'un grand virtuose s'attaquant une fois de plus à un vieux cheval de bataille ; on n'a pas l'impression d'une compétition exagérée entre piano et orchestre, soliste et chef. On a au contraire l'impression que la partie soliste s'intègre parfaitement à la structure, aussi déficiente que soit la structure elle-même. C'est là une extraordinaire réussite en matière d'interprétation.

E.M. — Dans votre Portrait de Stokowski[1], *vous avez relaté*

---

1. Glenn Gould, *Le dernier puritain — Écrits I.*

l'enregistrement du concerto l'Empereur *de Beethoven que vous avez réalisé en compagnie du vieux Maître. Les tempos choisis par vous y sont, c'est le moins qu'on puisse dire, peu orthodoxes. Croyez-vous que Beethoven s'y retrouverait s'il revenait sur terre?*

G.G. — En soi le tempo ne m'apparaît pas une question très importante. Ce qui compte, à mon avis, c'est qu'existe un rapport organique entre les unités thématiques d'une œuvre. Quant à la réaction hypothétique de Beethoven s'il revenait sur terre, je n'ai pas tellement d'opinion et cela m'est à vrai dire assez égal, mais je vais me livrer pour vous à quelques spéculations, puisque c'est ce que vous semblez souhaiter. Il n'est pas besoin d'aller chercher aussi loin que l'époque de Beethoven pour se rendre compte que les notions de tempo sont très variables selon le lieu et l'époque, et qu'elles sont le reflet relatif de préoccupations locales et temporaires.

Par exemple, j'ai relevé dans l'autobiographie d'Erich Leinsdorf une phrase très intéressante, qui m'a stupéfait quand je l'ai lue. Je ne vous la citerai pas mot pour mot, mais en parlant des années trente, particulièrement en Amérique, il dit que les tempos étaient alors en général beaucoup plus rapides qu'ils ne le sont aujourd'hui. Après avoir lu cela, je me suis mis à écouter, cette phrase présente à l'esprit, tous les enregistrements que j'ai pu trouver de cette époque ; et bien c'est absolument vrai ! Par ailleurs, il me semble qu'aujourd'hui beaucoup d'auditoires sont capables de tolérer des œuvres de très vaste dimension, ce qui n'était guère le cas il y a trente ou quarante ans. Aussi récemment qu'au début des années cinquante, il était, comme vous le savez, pratiquement exclu de faire entendre au public, hors d'Autriche, d'Allemagne et, à la rigueur, de Hollande, les symphonies de Bruckner ou de Mahler ; alors qu'aujourd'hui cela ne pose même pas le début d'un problème. En outre, la musique est maintenant assez souvent jouée à un tempo absolument funèbre. On pourrait aller plus loin, en constatant encore à quel point les gens sont disposés à rester tranquillement assis, en public ou chez eux, à écouter pendant des heures la musique « psychédélique » des années soixante. Et qu'est-ce qu'ils entendent ? Pas seulement une seule ambiance, mais souvent un seul accord ou une seule progression — je pense à des choses comme *Stimmung* de Stockhausen ou à *In C* de Riley[3], qui m'ennuient à mourir. Quoi qu'il en soit, les auditeurs d'aujourd'hui sont manifestement capables de trouver du plaisir à la continuité d'une seule ambiance sur une longue période de temps.

Or, nous savons qu'à l'époque de Beethoven le public endurait des concerts incroyablement longs, que la plupart des auditeurs d'aujourd'hui ne supporteraient plus. Le fait de savoir s'il aurait été capable d'endurer également une continuité dans les tempos est une autre question. Mais, d'après la nature de la musique, il est assez vraisemblable de penser que les auditoires du temps de Bach en étaient effectivement capables.

E.M. — *Dans toute notre discussion autour de Glenn Gould le musicien, nous avons peu entendu parler de Glenn Gould en tant qu'homme. Qui êtes-vous en dehors du studio d'enregistrement ? De quelle manière vivez-vous ?*

G.G. — Tout d'abord, il m'est impossible de séparer le studio de ma vie personnelle. Le studio d'enregistrement et l'espèce de sécurité matricielle qu'il apporte font partie intégrante de ma vie. J'imagine que tout cela fait partie de mon rêve de mener aussi loin que possible une existence secrète à la manière de Howard Hughes. Je crois être quelqu'un de très privé. Je suis seul ou quasiment seul, et le studio d'enregistrement, avec ses équipes très réduites, me fournit l'ambiance dont j'ai besoin pour travailler de façon productive, que ce soit pour faire de la musique, ou aussi pour travailler à des programmes de radio ou de télévision. Je reste éveillé toute la nuit la plupart du temps, et ne me couche que rarement avant cinq ou six heures du matin, après avoir d'habitude regardé les premières informations télévisées. Je me lève en général vers trois heures de l'après-midi.

Ce régime s'est progressivement établi au fil des ans. Lorsque je donnais des concerts, j'allais me coucher soit très tôt, si j'avais un concert le lendemain, soit très tard, si j'avais joué le soir. Mon régime était donc fort irrégulier ; mais par la suite je suis devenu un homme de la nuit. J'ai un studio très agréable à Toronto où je fais beaucoup de montage, en pleine nuit, travaillant souvent jusqu'à l'aube.

---

3. *En ut (N.d.T.).*

E.M. — *Que faites-vous lorsque vous n'enregistrez pas ?*

G.G. — Il vous faut tout d'abord comprendre que, dans mon travail, il n'y a que 50 % de ce que je fais qui ait un rapport avec la musique à proprement parler. Prenons l'exemple de mes programmes de radio ; pour les réaliser, j'ai besoin d'une énorme quantité d'heures de studio. En fait, la raison pour laquelle j'ai maintenant mon propre studio provient précisément de ce que la CBC en avait par-dessus la tête de moi et n'arrivait plus à me fournir les cinq ou six cents heures de studio qui m'étaient nécessaires pour fabriquer un programme. On m'a finalement déclaré : « Si vous voulez continuer, achetez votre propre équipement, installez-vous un studio et réalisez vos programmes ; mais on ne veut plus vous voir avant que tout ne soit fini, car il est impossible de continuer à vous donner autant de temps. » Tout cela me va parfaitement bien, étant donné que mes programmes sont si compliqués qu'ils nécessitent effectivement cette quantité apparemment extravagante de temps. En outre, j'écris beaucoup, et lorsque je disais consacrer 50 % de mon temps à la musique, j'exagérais sans doute un peu.

E.M. — *Il y a quelques années, j'ai lu sur Barbara Streisand un article dont vous étiez l'auteur*[3]. *C'est un peu surprenant.*

G.G. — J'ai écrit des articles sur toutes sortes de sujets, de la politique jusqu'aux chanteurs pop. Il y a bien longtemps, j'ai fait un texte dont je suis assez fier, intitulé *A la recherche de Petula Clark*. Il ne s'agissait bien entendu pas d'aller à la recherche de Petula Clark, mais de l'utiliser comme prétexte pour étudier la génération « fleur-enfant » du milieu des années soixante.

Quant à Barbara Streisand, mon attitude ne consistait en rien d'autre qu'à déclarer ma passion immodérée pour sa manière de faire de la musique. J'adore tout ce qu'elle fait... enfin, presque tout. Il existe quelques disques dans lesquelles elle s'essaie à une sorte de chic pseudo-rock que je trouve abominable. Il est vrai que je trouve toute musique rock abominable ; elle est tellement simplette et primaire ; je n'arrive pas à comprendre des choses qui sont à ce point peu compliquées.

---

3. Cf. Glenn Gould, *Contrepoint à la ligne* — *Écrits II*.

Mais Streisand est extraordinaire. A part Elisabeth Schwarzkopf, je ne connais pas d'autre chanteuse qui m'ait impressionné à ce point. Il y a environ deux ans, j'étais l'invité d'une émission de la CBC, émission qui consistait à demander à diverses personnalités de parler de leurs disques préférés. J'ai passé une heure à discuter de Streisand et à faire entendre des extraits de ses disques ; je voulais montrer qu'il existait, toutes choses égales par ailleurs, un certain nombre de similarités entre Streisand et Schwarzkopf. En premier lieu, elles sont toutes deux de grands maîtres de l'italique ; elles tendent à attirer l'attention sur des détails assez inattendus — comme par exemple d'infimes inflexions enharmoniques — et le font d'une façon méticuleusement préconçue, mais se débrouillent pour qu'on ait l'impression qu'il s'agit de quelque chose d'absolument spontané. Il m'est impossible de penser à quelque chose qui égale la mise en italique par Schwarzkopf de la dernière scène du *Capriccio* de Strauss, sauf peut-être la manière qu'a Streisand de chanter la chanson de Dave Grusin, *A child is born*. Cette chanson comporte deux gammes descendantes dans des modes différents, et d'entendre Streisand les infléchir... c'est simplement incroyable, envoûtant ! Il est très difficile de trouver des mots qui expliquent pourquoi des choses comme celle-là m'émeuvent à ce point.

Entre parenthèses, je viens de parler de présentation de disques à la radio et je dois dire que c'est quelque chose qui m'amuse énormément. J'aurais toujours souhaité présenter les nouvelles à la télévision. On ne me permettra jamais de le faire, car les présentateurs ont un syndicat très puissant, mais j'adorerais. Impossible d'imaginer quelque chose de plus amusant que d'être le Walter Cronkite[4] d'un jour.

E.M. — Quelles sont vos opinions concernant des domaines autres que la musique ? Croyez-vous par exemple à un au-delà ?

G.G. — Tout ce que je puis dire, c'est que j'ai reçu une éducation protestante, dans l'Église presbytérienne ; j'ai cessé de fréquenter l'église vers dix-huit ans, mais j'ai toute ma vie eu le sentiment extrêmement intense qu'il existe effectivement un au-delà ; la transformation de l'esprit est un phénomène avec lequel on ne peut pas ne

---

4. L'équivalent d'un Patrick Poivre d'Arvor aux États-Unis *(N.d.T.)*.

pas compter et à la lumière duquel on doit s'efforcer de mener son existence. Je trouve en conséquence toutes les philosophies de l'ici et maintenant répugnantes. D'un autre côté, je ne possède aucune image objective sur quoi bâtir ma notion de l'au-delà et je reconnais qu'il est très tentant de formuler une théorie réconfortante de la vie éternelle qui permette de se réconcilier soi-même avec l'idée du caractère inéluctable de la mort. Mais j'aime à penser que ce n'est pas ce que j'essaie de faire, et que je n'utilise pas ces idées comme moyen délibéré de me rassurer. Pour moi, il y a là quelque chose qui me semble intuitivement vrai ; je n'ai jamais eu besoin de faire des efforts pour me persuader de la probabilité d'une vie dans l'au-delà. C'est simplement quelque chose qui m'apparaît infiniment plus plausible que son contraire, le néant et l'oubli.

E.M. — Les personnalités célèbres sont presque toujours entourées de mythes et de légendes qui recouvrent une certaine réalité. En ce qui vous concerne, les deux anecdotes qui me viennent immédiatement à l'esprit sont le « mythe des gants » et le « mythe de la chaise cassée ». Y a-t-il quelque chose de vrai là-dedans ?

G.G. — Vous savez, la vérité est parfois presque légende. Mais prenons pour commencer le « mythe des gants ». Je porte en général des gants toute l'année lorsque je vais à l'extérieur, ainsi d'ailleurs que des écharpes. Mais il n'est pas vrai que j'en porte à l'intérieur, à moins qu'il ne s'agisse d'une pièce exceptionnellement froide. Toutes les informations fantaisistes qui circulent à ce sujet proviennent en fait de l'époque de mes débuts chez CBS, lorsque nous autorisions à l'occasion quelque journaliste à assister à une séance d'enregistrement — ce qui n'est plus le cas depuis de nombreuses années ; il se trouve qu'il régnait souvent une température arctique dans la cabine de contrôle, du fait de l'air conditionné, tandis qu'il faisait assez chaud dans le studio proprement dit. Je ne faisais donc rien de plus que de mettre une écharpe et des gants lorsque j'allais dans la cabine écouter les prises. Et on s'est mis à enfler cette simple mesure de précaution jusqu'à en faire une véritable série de rites. En un rien de temps, cela devint le sujet obligé de tout article censé décrire mes activités, et il en sortit toute une série d'histoires absolument ridicules.

Pour clarifier tout cela, je dois avouer avoir effectivement donné une fois un concert revêtu non seulement d'une écharpe, mais d'un manteau et d'une paire de gants, évidemment coupés de telle sorte que mes doigts puissent dépasser. Il s'agissait de l'un des concerts que je donnai avec l'Orchestre philharmonique d'Israël, en 1958. J'étais arrivé à Jérusalem quelques heures avant le concert pour découvrir que la salle était gelée. Ce n'est pas qu'on avait oublié de mettre le chauffage, mais c'est qu'il n'y avait aucun système de chauffage dans la salle. Il faisait environ douze degrés à l'extérieur, et peut-être quinze ou seize à l'intérieur. J'ignore si les gens pouvaient supporter cela, moi, en tout cas, je ne le pouvais pas. Et j'ai déclaré aux organisateurs : « Je ne peux pas jouer ici. Il va nous falloir remplacer le concerto par une symphonie, sans quoi je vais attraper un gros rhume et ne pourrai continuer la tournée. » Comme l'orchestre ne disposait pas du matériel nécessaire à l'exécution d'une symphonie de substitution, on finit par aboutir à un compromis concernant ma tenue. Le maître de cérémonie vint sur scène expliquer ce qui allait se passer. Puis je fis mon apparition en manteau et avec une écharpe autour du cou, au milieu d'un grand éclat de rire. Je ne pense pas avoir eu mon chapeau sur la tête, mais je suis par contre sûr d'avoir porté ces mitaines qui laissaient mes doigts libres. Puis je jouai le *Deuxième concerto* de Beethoven, et ce fut tout. Par la suite, toute la presse se mit à colporter que je donnais pratiquement chaque concert revêtu de la sorte ; une fois que ce genre d'histoires commence à circuler, il n'y a quasiment rien à faire : elles prennent une existence autonome.

E.M. — Il y a aussi cette chaise fameuse...

G.G. — Mais j'ai toujours utilisé la même chaise, pour la bonne raison que je ne peux pas supporter d'être assis sur une surface non adaptée à ma manière de jouer du piano. Tout d'abord, je refuse de m'asseoir sur une surface autre que rigide pendant que je joue, et cela élimine tous les tabourets de piano conventionnels. Cette chaise, incidemment, a maintenant perdu tout ce qui lui restait de son siège. Lors d'une tournée, quelqu'un a marché dessus pendant qu'on la mettait en soute dans un avion. Je n'utilise donc plus désormais que le cadre de la chaise, et c'est étonnant ce que c'est confortable. Que ce soit pour travailler, pour un concert ou pour un enregistrement, j'ai toujours utilisé cette chaise sans exception depuis

1953. Comme vous le savez, je me tiens assez bas au clavier et, quoique cette chaise ne soit qu'à trente-cinq centimètres du plancher, c'est encore un peu trop haut pour moi, et j'installe donc des blocs sous chaque pied du piano pour surélever l'instrument de trois centimètres, ce qui me place en réalité à trente-deux centimètres du sol. Je n'arrive franchement pas à comprendre comment qui que ce soit puisse jouer du piano à la hauteur habituellement permise par les tabourets ordinaires, et ne comprends pas non plus la fonction qu'une telle hauteur est censée remplir. Pour moi, le contrôle s'accroît en proportion directe de la proximité du clavier. Lorsqu'on voit quelqu'un arriver en scène et s'asseoir sur une de ces machines ajustables, puis se relever pour manipuler le réglage jusqu'à trouver le point supposé idéal, il est évident qu'il n'arrivera pas d'un concert sur l'autre à retrouver à un poil près la même exacte hauteur. Avec mon système, je suis toujours à la même hauteur ; je n'ai pas changé d'un millimètre en plus de vingt ans.

E.M. — Est-ce un professeur qui vous a enseigné tout cela ? ou vos parents peut-être ?

G.G. — Pas vraiment, non. Ma mère fut mon premier professeur et m'a fait travailler de l'âge de trois à dix ans. Elle-même jouait du piano et chantait un peu mais ses activités musicales étaient plutôt orientées vers la direction de chœurs d'église. Par la suite, mon seul professeur de piano fut Alberto Guerrero. J'ai étudié avec lui jusqu'à l'âge de dix-neuf ans, après quoi je décidai de travailler tout seul. Guerrero était à beaucoup d'égards quelqu'un de très intéressant, et avait quelques idées originales concernant la technique du piano. Je crois que ce qu'il avait de plus intéressant consistait à laisser l'étudiant, pour peu qu'il croie en lui, se débrouiller par ses propres moyens et être en désaccord avec lui. Il pouvait bien parfois être violemment dérangé par les idées de l'étudiant, mais il autorisait de tels désaccords. Et donc, aux alentours de ma quinzième année, la plupart de mes attitudes musicales et toutes mes attitudes pianistiques, à une exception près — la question de la hauteur et celle de mon rapport avec le clavier — avaient déjà pris forme.

Mes études avec Guerrero, à partir de ce moment, étaient essentiellement devenues des exercices de discussion : elles consistaient à essayer de cristalliser mon propre point de vue, par opposition au sien, sur quelque problème que ce soit. C'était donc un exercice utile. J'imagine fort bien que ce type d'approche puisse mal fonctionner avec certains élèves, qui peuvent être facilement écrasés par l'expérience argumentative d'une personne plus âgée. Mais pour peu que vous soyez sûr de vous, ce qui était mon cas, cela n'aboutit à rien d'autre qu'à vous donner une bonne raison de vouloir démontrer votre point de vue en toute hypothèse. Et je crois que, pour moi en tout cas, cela a très bien marché.

E.M. — On a souvent dit de vous que vous étiez un excentrique. Comment réagissez-vous à ce propos ?

G.G. — Je ne pense pas que mon style de vie ressemble à celui de tout le monde, mais cela n'est pas pour me déplaire ; car ce style est assez bien intégré au type de travail que je veux poursuivre. Comme je vous l'ai déjà dit, ces deux éléments, style de vie et travail, sont devenus un. Si c'est cela qu'on appelle l'excentricité, eh bien, je suis effectivement excentrique. Si l'excentricité consiste à porter une écharpe dans un environnement d'air conditionné, ou à jouer en manteau comme je l'ai fait à Jérusalem, je suis coupable ; mais ces choses sont organiquement adaptées à ce que j'ai à faire. Et c'est finalement cela qui compte.

DEUXIÈME PARTIE

Vidéoconférence

Personnages
(par ordre d'entrée en scène)

Dale Harris — *Performance Magazine* (Angleterre)
Theodora Shipiatchev — *La Voce di Mantova* (Italie)
Ghislaine Guertin-Bélanger — *Le Canard déchaîné* (Québec)
Tim Page — *Soho News, Piano Quarterly* (États-Unis)
Ulla Colgrass — *Music Magazine* (Canada)
Bruno Monsaingeon — *Musiclap. Revue de la Musique et du Cinéma* (France)
Vladimir Tropp — *Radio Télévision Soviétique* (URSS)
Gertrud Simmonds — *Frankfurter Allgemeine Zeitung* (Allemagne fédérale)
Jonathan Cott — *Rolling Stone Magazine* (États-Unis)
Daniel Kunzi — *Radio Télévision Suisse Romande* (Confédération helvétique)

Prologue

Permettez-moi, mesdames et messieurs les journalistes, une fois que je vous aurai souhaité la bienvenue, de définir les raisons qui m'ont amené à organiser une réunion de ce type, dans laquelle nous nous trouvons tous présents et cependant distants les uns des autres grâce aux bienfaits de cette nouvelle merveille de la technologie protectrice qu'est le vidéophone.

Canadien de naissance, j'ai toujours résidé au Canada. Si j'ai décidé de le faire, il me semble que c'est avant tout en raison de mon travail. Mon travail — en tout cas pour ce qui est de l'enregistrement — s'est bien entendu depuis à peu près vingt ans presque exclusivement déployé sur le territoire des États-Unis, mais j'ai la conviction, voyez-vous, qu'il est essentiel, surtout pour quelqu'un qui est impliqué d'une manière ou d'une autre dans une activité artistique, de se désengager de ce qu'on pourrait appeler à mon avis « la stratégie de l'air du temps ». Cela doit entraîner jusqu'à un certain point un désengagement à l'égard de la confrérie artistique, un éloignement par rapport aux collègues, ainsi que — et cela est encore plus important — une séparation totale encore que parfaitement amiable de son public, à supposer bien évidemment que l'on dispose d'un public duquel se séparer.

Il ne s'agit pas là, est-il besoin de le préciser, d'une opinion qui se situe à proprement parler dans le courant ; mais l'idée est précisément qu'il est absolument nécessaire de se tenir à l'écart — et cela par calcul et de façon tout à fait délibérée —, d'empêcher de se laisser aller à la dérive du flot du courant artistique dominant, lequel, à longue vue, replacé dans la perspective de la géologie de l'histoire, apparaît n'être bien souvent rien d'autre qu'un malheureux et vaseux affluent charriant avec lui toute une quantité de boue.

Je me souviens d'avoir été fortement impressionné par ce que Leopold Stokowski me déclara lors de l'une de nos rencontres. Il me disait qu'à son avis le rôle idéal d'un musicien était, au meilleur sens du terme, celui d'un amateur, et puis citait un certain nombre d'exemples assez évidents — Charles Ives, l'agent d'assurances, Alexandre Borodine, le chimiste — suivi d'un autre sans doute moins évident — Leopold Stokowski, le gentleman farmer. Je crois que ce qu'il voulait dire par là était que les rapports les plus heureux en matière d'art résultaient de l'intervention d'un facteur qui permette à l'artiste de prendre du recul, en même temps que la mesure de ce qu'il est en train de faire.

Il me semble cependant qu'il existe des méthodes autres, et peut-être encore plus efficaces, pour parvenir à un état d'esprit essentiellement analogue. D'une part, et j'ai bien conscience que cela n'est pas toujours faisable, il devrait être possible d'essayer de mettre une certaine distance géographique entre le lieu dans lequel vous travaillez et le milieu aux bons soins duquel vous accomplissez ce travail. Cela présuppose bien sûr qu'à un moment donné vous fassiez entrer en jeu le plus efficace des agents distanciateurs connus de l'homme — la technologie. Il se trouve que, en dépit de tous les inconvénients manifestes de sa topographie, le Canada satisfait à deux de mes propres variations sur les critères stokowskiens. Il se situe à une certaine distance des centres de concentration les plus encombrés de l'activité artistique nord-américaine — c'est là un grand avantage. En outre, son sens de la communauté repose très largement sur l'écran protecteur et réconfortant de la technologie. A vrai dire, le Canada a même réussi à regrouper les facteurs du handicap géographique et de la technologie en un extraordinaire mariage de convenance qui, à son tour, a donné naissance aux raisons pas complètement altruistes qui m'ont poussé, moi entre autres, à rester à la maison.

Ce n'est pas que j'aie eu besoin d'y être très fort poussé ; je suis de tempérament nordique, et il ne me serait pas tellement difficile d'être productif à — pour prendre une bourgade au hasard sur la carte — Bâton Rouge (Labrador). Mais foin des cocoricos canadiens ! Anchorage par exemple a un avantage septentrional de seize degrés en latitude par rapport à Toronto et si la compagnie phonographique pour laquelle je travaille décidait jamais d'étendre sa philosophie industrielle en installant une succursale et des studios en Alaska, qui sait ?...

Cela posé, mesdames et messieurs les journalistes, pardonnez-moi ce long préambule, mais il m'a semblé, ayant quelque soupçon du genre de questions que vous alliez me poser, qu'il pourrait définir de façon assez adéquate le cadre de vos interventions.

Acte I

Rapports avec le monde

Dale Harris. — Personnellement, je suis ravi de la formule du vidéophone que vous avez adoptée pour cette conférence de presse ; elle me permet de vous voir et de vous entendre, d'être vu et entendu de vous sans avoir dû effectuer un coûteux et fatigant voyage outre-Atlantique pour ce faire. Mais pourquoi fuyez-vous ainsi la présence physique d'autrui ?

Glenn Gould. — Une nuit, j'étais en train de raconter à une amie une anecdote très longue et bourrée de toutes sortes de digressions et de parenthèses ; l'amie en question me fit la remarque suivante : « Vous rendez-vous compte que lorsque vous racontez une histoire de ce genre, vous ne regardez jamais dans les yeux la personne à laquelle vous parlez ? Vous avez toujours le regard fixé vers le mur ou vers le plafond. » Je me suis aperçu par la suite que c'était vrai. C'est sans doute pour cela que je préfère tenir une conversation par téléphone plutôt qu'en chair et en os. La présence d'autrui me déconcentre. Lorsque je fais un film, je m'assure qu'il n'y ait personne dans le studio qui ne tienne une caméra, qui ne s'occupe des micros, qui n'ait une fonction véritable dans la fabrication du film. Rubinstein racontait souvent qu'il ne pouvait jouer hors la présence d'un public, et je me suis laissé dire que, lors de ses dernières séances d'enregistrement, il invitait toutes sortes d'amis dans le studio. Pour moi, le public est une gêne et un facteur de déconcentration, même sans être nécessairement une présence hostile, et il n'a en tout cas jamais contribué à me stimuler ou à m'inspirer. Je déteste le public, non pas dans ses composantes individuelles, mais en tant que phénomène de masse. Il s'agit d'une force du mal et je me refuse à obéir à sa loi. Lorsque je me produisais en public, il s'agissait d'une présence qu'il fallait bien supporter, et c'est tout. Manifestement, mon tempérament n'était pas fait pour cela.

Théodora Shipiatchev. — Il vous a bien fallu pourtant, au cours de votre carrière, être en contact avec une multiplicité de personnes, des artistes en particulier.

Glenn Gould. — La plupart du temps, les personnes dont j'aime à être entouré ne sont pas des artistes. Pour moi, les artistes sont un peu comme les singes qui s'agrègent sur le rocher de Gibraltar. Ils essaient d'atteindre des niches sans cesse plus élevées, sans cesse plus stratifiées de la société. Ce sont des gens très conscients des questions de stratification, très limités, et dont la compagnie est très limitante. Ils se soucient à tel point de leur image qu'ils excluent automatiquement une grande partie du monde dans leur façon d'envisager les choses.

Les personnes les plus intéressantes à fréquenter sont celles qui sont en mesure de faire des jugements synoptiques : les diplomates, les gens qui s'occupent de communication, les journalistes parfois, lorsqu'ils ne sont pas trop pervertis par les clichés du journalisme. Mais certainement pas les artistes : ce sont tous des Gibraltais.

Ghislaine Guertin-Bélanger. — Croyez-vous qu'il existe des éléments artistiques qui soient spécifiquement canadiens ?

Glenn Gould. — A part les sculptures esquimaudes ? Je ne sais pas. Je crois qu'il y a dans les films canadiens — et pas nécessairement dans ceux qui sont particulièrement originaux — une manière de n'être pas gêné par les clichés, ce qui est beaucoup moins vrai des films américains. Maintenant, c'est là une caractéristique qui pourrait éventuellement s'appliquer à la Finlande ou à la Haute-Volta (*rires*), et j'aurais donc du mal à dire qu'il s'agit d'une spécificité exclusive du Canada. Mais comme on essaie toujours de trouver des différences entre ce pays et notre encombrant voisin du sud, je crois que c'est peut-être là une de ces différences, et qu'elle a sa valeur.

Ghislaine Guertin-Bélanger. — *Comment voyez-vous la musique canadienne ?*

Glenn Gould. — A l'époque du centenaire du Canada, en 1967, j'ai enregistré un disque de musique canadienne et, si je me souviens bien, ce disque contenait une œuvre de très grande importance, la *Fantaisie* d'Istvan Anhalt, que j'avais décrite à l'époque comme un chef-d'œuvre. Mais je ne suis pas très au courant de ce que chacun est en train de faire.

Ghislaine Guertin-Bélanger. — *Que pensez-vous du nationalisme canadien ?*

Glenn Gould. — Voilà bien un sujet à la mode. Tout cela me semble assez dénué de sens. Je n'ai guère de sympathie pour cette idée de barrières et de frontières, sans doute parce que je n'ai jamais rencontré d'objections quant à ma propre participation à la vie musicale d'autres pays. Le Canada possède certainement d'extraordinaires qualités, oserais-je dire d'extraordinaires vertus, et je me sens personnellement plus en harmonie avec cet esprit canadien calme et mesuré qu'avec l'esprit beaucoup plus énergique qui est celui des Américains ; étant Canadien, je comprends le désir que nous avons de le préserver. Mais je ne crois absolument pas que ce soit en écartant ceux qui ne sont pas nés dans le pays que l'on ait une chance quelconque de le préserver.

Tim Page. — *Revenons un instant sur la fascination que vous éprouvez à l'égard du Nord. A l'occasion de votre documentaire radiophonique* The Idea of North, *il me semble que vous avez dit qu'il était difficile d'aller dans le Grand Nord sans devenir un philosophe.*

Glenn Gould. — Plus précisément, j'ai dit que la plupart des gens que j'ai rencontrés qui s'étaient immergés dans le Nord semblaient être devenus des philosophes, même si c'était d'une façon désorganisée. Parmi ces gens, aucun n'était né dans le Nord ; ils avaient choisi d'y vivre pour une raison ou une autre, et ce choix les faisait passer par un processus qui avait transformé leur vie.

Au début, la plupart résistaient à la transformation ; ils s'efforçaient de garder une antenne sur l'extérieur, restaient en contact avec leurs amis d'avant, et continuaient à s'abonner aux divers périodiques américains. Mais au bout d'un certain délai, ils parvenaient en général à un point où ils se disaient : « Non, ce n'est pas pour cela que nous sommes venus ici. » Ceci posé, je crois que cela pourrait être vrai de quiconque décide de vivre dans l'isolement, fût-ce au cœur de New York. Je ne pense pas que le facteur latitudinal soit en lui-même essentiel. J'ai retenu le thème du Nord comme une simple métaphore, mais la latitude n'est pas ce qui a fait de ces gens des philosophes. Le processus de purification qui consiste à cesser de se préoccuper de l'opinion extérieure aurait aussi bien pu se déclencher si ces gens avaient décidé de s'enfermer dans leur cabinet, quand bien même cela n'aurait pas été aussi attrayant visuellement. Ce dont je parle est donc d'une « idée » désincarnée du Nord.

Ulla Colgrass. — Pensez-vous que nous écoutions trop de musique ?

Glenn Gould. — Non. Il existe cette curieuse idée, surtout chez les musiciens professionnels, comme quoi le fait que nous soyons de tous côtés environnés par de la musique préfabriquée est nuisible. Je ne vois pas ce qu'il y aurait là de nuisible. Je prends des ascenseurs qui débitent ce genre de sirop à longueur de temps, et quand il m'arrive d'entrer dans un restaurant, d'habitude il y en a aussi. Non seulement cela ne me dérange pas, mais j'ai la faculté de m'en abstraire à volonté. Quoi qu'il en soit, pour la plupart des gens, cette musique a un effet qui est quelque chose d'absolument unique dans l'histoire ; aussi anémique qu'elle soit, cette musique leur offre un complet éventail des clichés du répertoire des XIXe et XXe siècles, de sorte que, sans même y faire attention, ils en reçoivent une certaine manière d'éducation. Bien sûr, cette manière d'éducation n'est d'aucune valeur particulière pour le musicien professionnel, mais le chauffeur de poids lourd qui s'arrête toutes les deux heures dans les bars pour routiers capte ainsi un méli-mélo de Puccini et de Wagner ou de quoi que ce soit d'autre ; cela lui donne un cadre de référence — un vocabulaire de base —, ce qui évidemment ne veut pas dire que s'il entend la *Neuvième* de Beethoven il la reconnaîtra automatiquement ; en revanche, il aura toutes les chances d'apporter à son écoute une certaine perception analytique tacite. Je crois que la réaction hostile des musiciens professionnels à l'égard de la musique de fond provient de ce qu'ils croient qu'elle réduit le coefficient d'excitation...

Ulla Colgrass. — ... ou les facultés de concentration ?

Glenn Gould. — ... oui, mais il me semble qu'elle conduit aussi à transcender les clichés, par le simple fait de les connaître.

Je ne suis pas un adepte de l'idée selon laquelle une expérience musicale profonde doit être détachée de tout ce que vous faites par ailleurs. Je ne crois pas qu'un pèlerinage en bateau, suivi d'un parcours en traîneau qui vous mènera finalement jusqu'à une lointaine ville de festival pour écouter l'*Anneau des Niebelung* fera, du fait même des difficultés et de l'inconfort du voyage, qu'il s'agira pour vous d'un grand moment de votre existence. C'est bien ce qui se passait à Bayreuth au XIXe siècle, mais je crois au contraire qu'on peut tirer beaucoup plus de plaisir et de satisfaction intellectuelle à charrier à tous moments une énorme quantité d'information dans son cerveau. Dans mon propre cas, même si je ne joue que très rarement du piano, il ne se passe guère d'heure du jour où je n'aie, intériorisée, quelque idée musicale en tête, même en ce moment, pendant que nous conversons.

Je n'arrive pas à imaginer une existence dans laquelle je ne serais pas entouré de musique, et cela au sens macluhanesque du terme. J'aime à être encerclé de toute part par la musique, comme par une sorte de tapisserie électronique et sonore. Cela vous fournit une protection, un abri, cela vous met à part. La seule valeur que je fasse mienne en tant qu'artiste, celle de tous les artistes en réalité, qu'ils en soient ou non conscients, est cet isolement d'un monde au sujet duquel ils écrivent et auquel ils espèrent contribuer. Sans l'isolement, je serais incapable de contribuer à quoi que ce soit. J'aurais été très malheureux au XIXe siècle.

Ulla Colgrass. — Vous pensez donc que la musique de fond constitue une sorte d'énergie qui débouche finalement sur quelque chose de meilleur ?

Glenn Gould. — Tout à fait. Cela dit, je dois préciser que je n'ai pas la moindre tolérance pour le rock and roll sous quelque forme que ce soit, et donc, que si la Muzak[1] devait revêtir cette forme, je deviendrais sans doute à moitié fou et ne pourrais jamais plus utiliser les ascenseurs *(rires)*.

---

1. Nom donné en Amérique à la musique préfabriquée des grands magasins, aéroports, ascenseurs, etc.

Acte II

Interprétation et interprètes

Bruno Monsaingeon. — On a souvent observé que ce qui vous distingue d'autres pianistes, c'est non seulement votre style d'interprétation, mais aussi votre attitude générale par rapport au répertoire et par rapport à l'instrument.

Glenn Gould. — Il me semble que lorsqu'on joue du piano, l'un des éléments qu'il faudrait exploiter, ce que l'on ne fait pas assez, loin s'en faut, c'est sa prédisposition à l'abstraction. C'est un instrument qui est parfaitement adapté pour reproduire de la musique pour virginal, pour clavecin ou clavicorde, pour orgue, et même parfois aussi pour orchestre. C'est un instrument sur lequel il est possible de réduire étonnamment bien toutes sortes d'œuvres qui ne lui étaient pas destinées à l'origine.

Je pense qu'il n'est pas sans signification que la musique de piano qui m'attire le moins se trouve justement être celle qui est intrinsèquement pianistique (Chopin, par exemple, m'entre par une oreille et ressort par l'autre, comme vous le savez). Je ferais une exception pour Scriabine que j'aime énormément parce que, bien que sa musique soit intrinsèquement pianistique et qu'il ait été lui-même un grand pianiste, il était constamment à la recherche d'expériences extatiques, d'expériences qui allaient au-delà du piano. Je crois que c'est là le piège dans lequel ceux qui écrivent pour le piano ou qui en jouent sont susceptibles de tomber : ils sont pris au piège de l'instrument et oublient le monde abstrait qui lui est extérieur. C'est là un immense danger.

Quant à l'instrument lui-même, je n'arrive pas à imaginer comment il me resterait suffisamment de temps pour pondre les articles que j'écris, pour consacrer des milliers d'heures à la fabrication de mes documentaires radio et autres activités qui m'intéressent passionnément, s'il me fallait passer au piano seulement un quart du temps qu'y passent, dit-on, la plupart des pianistes. Le moment où je joue le mieux, c'est lorsque je n'ai pas touché l'instrument depuis un mois. Je n'ai jamais compris l'idée selon laquelle, si vous n'avez pas de piano dans votre loge à Carnegie Hall, vos doigts vont soudain se rouiller entre l'instant où vous arrivez dans la salle et celui où vous pénétrez sur la scène.

Comme je ne prends pas l'avion, c'est en voiture que je me rends à New York, où ont lieu la plupart de mes séances d'enregistrement, et par conséquent, avant de m'installer au piano pour enregistrer, il s'est déroulé au moins quarante-huit heures durant lesquelles je n'ai pas pu avoir le moindre contact avec l'instrument. L'idée bizarre selon laquelle l'artiste serait un athlète dont l'entraînement physique doit être permanent m'est totalement étrangère. Ce qui est essentiel, c'est de stocker la musique quelque part dans le cerveau, d'en garder une image solide et claire en vous la faisant passer et repasser dans la tête, et c'est alors, lorsque vous êtes loin de l'instrument, que l'image est la plus forte. L'éloignement de l'instrument et la consolidation de l'image mentale sont le seul travail qui me semble véritablement fructueux.

Il faut dire que depuis l'âge de douze ans on m'a imposé d'analyser et de mémoriser toute œuvre que j'allais avoir à jouer avant de m'autoriser à me mettre au piano pour l'essayer. Lorsqu'on vous force à procéder ainsi, vous parvenez à une radiographie de la partition qui est autrement forte que toutes les images tactiles que le piano pourrait créer en vous. D'apprendre un morceau de musique n'a donc pour moi rien à voir avec l'élément strictement pianistique, tandis que de passer des semaines entières à analyser une partition produit en moi une impression qui ne pourra plus jamais s'effacer par la suite. Le secret pour jouer du piano réside partiellement dans la manière dont on parvient à se séparer de l'instrument. Il paraît que je fais souvent des gestes de chef d'orchestre en jouant ; en réalité, cela consiste à créer en moi-même une série de tableaux imaginaires, comme celui d'un violoncelliste réticent qu'il faut cajoler pour le forcer à produire un meilleur phrasé. J'ai besoin d'avoir le sentiment que ce ne sont pas mes doigts qui jouent, que ceux-ci ne sont rien d'autre que de simples extensions indépendantes qui se trouvent être en contact avec moi à cet instant précis. Il me faut trouver un moyen de me distancer de moi-même tout en étant complètement engagé dans ce que je fais. Dans les films sur Bach qui précèdent celui des *Goldberg* (le troisième de la série), je joue un bon nombre de fugues. A chaque fois, je dirige le thème de la fugue avec la main qui n'est pas occupée à jouer, et les triples fugues sont dirigées à trois reprises. Il ne s'agit pas d'une affectation. Je n'arrive pas à me contrôler et il vous faudrait littéralement me ligoter la main dans le dos, si vous vouliez m'empêcher de diriger. Je ne saurais pas comment articuler correctement la musique sans cela.

Ulla Colgrass. — *Votre jeu est presque toujours critiqué de la même manière, comme un article récent du* New York Times *à propos d'un récent enregistrement de sonates de Beethoven nous en fournit un nouvel exemple :* « *Souvent exaspérant, mais toujours cohérent et stimulant pour l'esprit.* » *Est-ce que ce genre de prose vous agace ?*

Glenn Gould. — Non, cela ne m'agace pas du tout, et je ne sais si ma manière de jouer est cohérente — je l'espère malgré tout — mais je crois que la plupart des critiques ont une opinion de mon jeu qui a dû être influencée par mon contact très substantiel avec les médias électroniques. Ils savent que ce que je fais est toujours le produit d'une étude extrêmement méthodique. Que cela soit bon ou mauvais, je dois dire que ce que je fais dans le studio d'enregistrement vise à quelque chose qui dépasse de loin la simple reproduction des bonnes notes au bon endroit.

Ulla Colgrass. — *Trouvez-vous que les interprétations individuellement marquées sont moins fréquentes aujourd'hui qu'elles ne l'étaient auparavant ?*

Glenn Gould. — D'une façon vaguement rétrospective, il semblerait qu'il y ait eu une époque où chaque artiste était un individu. Cela a-t-il vraiment jamais été le cas, je n'en suis pas si sûr. Au cours des premières années de ce siècle, il existait manifestement des gens qui étaient incroyablement individualistes. Il se trouve par exemple que je suis un fanatique de Mengelberg. Il était l'un des chefs d'orchestre les plus extraordinaires qui aient jamais existé — et aussi par ailleurs l'un des plus exaspérants ! *(rires)*. Cependant, à la même époque, il y avait également des gens que j'aurais tendance à considérer comme effroyablement prévisibles.

Ulla Colgrass. — Cela serait-il dû au conservatisme inhérent à certains membres de la profession musicale ?

Glenn Gould. — Certainement. J'ai grandi en entendant chaque semaine les retransmissions de Toscanini à la radio. Pour moi, il apparaissait évidemment comme un chef d'orchestre virtuose, mais néanmoins très prosaïque. Jamais je n'ai trouvé chez lui ces moments transcendants que je trouvais chez Furtwängler, Mengelberg et Stokowski.

J'ai l'impression qu'ont toujours existé deux manières d'envisager de faire de la musique. Certaines personnes disent : « Il faut trouver une façon de transcender les notes inscrites dans la partition », tandis que d'autres pensent : « Ce à quoi il faut parvenir, c'est à mettre les notes en place ; c'est à cela que se résume l'interprétation. » A vrai dire, je doute que la proportion existant entre ces deux types de musiciens ait jamais tellement changé.

Bruno Monsaingeon. — Vous avez maintes fois déclaré que le caractère répétitif de l'activité du pianiste de concert était l'un des éléments qui vous avait incité à abandonner la scène. L'idée même de répertoire semble avoir pour vous une signification différente de celle qu'elle a pour les autres interprètes.

Glenn Gould. — Je crois que c'est vrai et que cela provient en partie du fait que, comme je l'ai déjà dit, dès mes débuts, j'avais bien l'intention de ne pas passer l'essentiel de ma vie à me balader sur les planches. Mais plus profondément, je pense que tout cela est lié à la conception du répertoire qui est la mienne et qui ressemble davantage à ce qui motive les compositeurs par rapport à leur œuvre. Une fois l'œuvre écrite, celle-ci cesse pour eux d'être un objet de préoccupation ; ils l'oublient et passent à l'œuvre suivante. Savez-vous ce que c'est qu'un « Soap Opera » ?

Il s'agit de feuilletons télévisés — ou autrefois radiodiffusés — quotidiens, d'une durée habituelle d'une demi-heure, financés à l'origine par des fabriquants de savon, d'où leur nom, qui s'étendent sur des années et qui racontent en général les aventures ou les mésaventures d'une ou, à l'occasion, de deux familles plus ou moins liées entre elles ; ces émissions attirent littéralement des millions de téléspectateurs (des femmes pour la plupart) qui restent collés l'après-midi devant leur poste et qui se prennent d'une invraisemblable passion pour l'évolution, l'absence d'évolution, ou en tout cas l'extrêmement lente évolution de ces personnages.

J'ai connu des acteurs qui se sont assuré des revenus assez confortables en jouant dans des soap opéras pendant des années les mêmes rôles jusqu'à ce qu'ils deviennent trop âgés pour le personnage, ou qu'on décide de le faire mourir, ce qui entraînait alors des flots de larmes et des lettres de désespoir de la part des téléspectatrices d'un bout à l'autre du pays. Très intrigué, j'ai demandé à certains d'entre eux comment ils pouvaient bien parvenir à rester dans la peau de ces personnages et à se souvenir des dialogues pendant si longtemps. La réponse arrivait, toujours là même : « C'est inutile ; il suffit de mettre au point une technique grâce à laquelle vous ne commencez à penser à ce que vous devez faire un jour donné que la veille ; en moins de vingt-quatre heures, vous êtes devenu le personnage, et dès que le tournage de l'épisode en question est achevé, vous l'oubliez complètement, c'en est fini à jamais. »

En exagérant un rien, je crois que cela représente assez bien ma propre attitude vis-à-vis du répertoire. Vous en êtes d'ailleurs le témoin direct si l'on songe à la *Partita en mi mineur* de Bach dont nous avons fait ensemble un film. A l'époque du film, dix-sept années très exactement s'étaient écoulées depuis que je l'avais jouée pour la dernière fois pour le disque. Et je crois que la version filmée est très différente, du simple fait que dix-sept années s'étaient passées sans que j'y repense une seule fois. Je n'avais même pas songé à la reprendre et puis, vous êtes venu...

Bruno Monsaingeon. — J'aimerais que nous parlions de votre affirmation souvent citée selon laquelle la seule excuse pour enregistrer une œuvre est de la faire différemment.

Glenn Gould. — C'est vrai, mais j'ai toujours ajouté immédiatement que si cette différence ne s'appuie sur rien qui soit musicalement ou organiquement fondé, mieux vaut encore ne pas enregistrer du tout.

Je ne suis pas sans reproche à cet égard, car il y a des œuvres que j'ai enregistrées uniquement pour des raisons d'intégralité, et à propos desquelles je n'avais moi-même aucune conviction d'aucune sorte.

Bruno Monsaingeon. — Est-ce que vous penseriez à certaines œuvres pour piano de Mozart ?

Glenn Gould. — Oui, à deux ou trois des dernières sonates. J'adore les sonates du début et du milieu, mais je n'ai pas la moindre affection pour celles de la fin ; je les trouve intolérables, toutes chargées de théâtralité, et je peux dire que lorsqu'il m'a fallu enregistrer la *Sonate en si bémol, K. 570*, c'était sans aucune conviction. En toute honnêteté, j'aurais dû la sauter, mais il fallait bien achever le cycle intégral.

Je plaide donc coupable en cette occasion ; il n'en reste pas moins que trouver un angle différent est, me semble-t-il, en cette époque d'hypertechnicité et d'enregistrements foisonnants, la seule option qui reste ouverte à l'interprète. Toutes les choses fondamentales ont été formulées et déjà enregistrées pour la postérité. Il ne nous reste plus, dans le domaine de l'interprétation, qu'à trouver à ce que nous voulons faire une raison d'être qui soit d'une manière ou d'une autre différente, et en même temps justifiée, qui ait une véritable signification. Si une approche différente doit paraître forcée, si elle ne porte pas en soi de véritable signification, si elle ne dit rien de spécial à propos de l'architecture de l'œuvre soumise à l'enregistrement, mieux vaut s'abstenir. Les plus grandes interprétations du passé et du présent ont aujourd'hui acquis une permanence grâce à l'enregistrement et sont disponibles pour qui veut les écouter. Désormais, l'interprète doit donc à proprement parler recomposer la musique, ou alors chercher un autre métier. Il n'y a aucune excuse, ni aucun intérêt, à simplement refaire ce qui a déjà été fait. La duplication est sans objet.

Ma manière d'étudier une partition et d'élaborer une interprétation a beaucoup évolué depuis et du fait même que j'ai cessé d'y penser en fonction du concert. A l'époque où j'enregistrais après avoir préalablement essayé la musique en de nombreuses occasions sur des auditoires variés, mes interprétations se détérioraient peu à peu, de sorte qu'au moment où je parvenais au studio d'enregistrement, elles avaient au fur et à mesure reçu en dépôt toute une quantité de trucs et de sédiments qui n'avaient plus rien à voir avec la vérité pure et dure de la partition.

J'ai maintenant pris l'habitude de laisser ce que j'appellerai l'étude spécifique d'une partition donnée — par opposition à sa connaissance générale, comme je l'expliquerai plus tard — aux deux ou trois semaines qui précèdent l'enregistrement. Ainsi avec les sonates de Beethoven, que j'ai toutes plus ou moins jouées très jeune. La question n'est donc pas pour moi de les connaître ou de les reconnaître, car je les ai effectivement toutes en mémoire. Ce que je veux dire, c'est que j'attends les deux dernières semaines qui précèdent l'enregistrement pour passer à la phase de l'étude « spécialisée » des partitions que j'enregistre. Je me rends bien compte que cela peut avoir l'air suicidaire, mais la méthode fonctionne...

Comme les acteurs du Soap Opera, ce que j'oublie, ce ne sont pas les notes, ce n'est pas l'œuvre, mais la relation spéciale que j'entretiens avec cette dernière. Mon étude d'une partition consiste précisément à rétablir dans mon esprit cette relation spéciale ; le fait de ne plus jouer que pour l'enregistrement, et donc de savoir qu'en principe je ne reviendrai plus sur l'œuvre que j'enregistre, a pour conséquence que celle-ci devient pour une période relativement brève une part vitale et follement intense de mon existence. Cela me permet de considérer la partition avec une fraîcheur nouvelle, de ne pas me sentir contraint par une ligne médiane, par une conception modérée des choses, telle qu'elle peut être représentée par cinq ou dix autres versions présentes au catalogue, jouées par d'excellents musiciens. En disant cela, ce que je veux faire comprendre, c'est qu'il existe, je le répète, une nécessité, lorsqu'on fait un enregistrement, de le faire différemment, de couvrir pour ainsi dire un nouveau terrain, et que, à défaut de trouver un terrain nouveau et convaincant, il vaudrait sans doute mieux laisser de côté l'œuvre considérée, en tout cas tant qu'on n'a pas trouvé matière à en renouveler l'approche, ou tant qu'on n'est pas arrivé à la conclusion absolue que la voie moyenne est la bonne. Je n'ai rien contre l'orthodoxie en soi, mais pense néanmoins qu'il est essentiel, lorsqu'on enregistre, de contribuer à une vision nouvelle des choses, et en fait de recréer l'œuvre, de transformer l'acte d'interprétation en un acte de composition. Il s'est produit un énorme désastre pour la musique au XVIIIe siècle (c'est là son grand péché), lorsque les interprètes ont cessé d'être des compositeurs. Et d'envisager froidement ce phénomène comme quelque chose d'inévitable, quelque chose qui ne peut être corrigé, d'affirmer qu'il est impossible d'en revenir à l'époque merveilleuse où les interprètes possédaient l'espèce de pénétration musicale qui est celle des compositeurs, où le public était constitué en grande partie de personnes qui composaient pour elles-mêmes, consiste simplement à dire que la musique est morte. (Il y a pas mal de gens alentour qui soutiennent que la musique, au sens strictement occidental où nous l'entendons, est effectivement morte. Je ne partage pas ce triste point de vue, encore qu'il ne manque pas de fondement.) L'image du compositeur tirant son inspiration de la contemplation des étoiles a de nos jours cessé d'être pertinente ; le compositeur d'aujourd'hui ressemble bien davantage à un homme de laboratoire qui travaille sur des appareils électroniques et consulte des techniciens pour savoir si telle ou telle manipulation peut aboutir à l'effet qu'il recherche. En d'autres termes, la décision créatrice est devenue le résultat d'un travail d'équipe. Il est donc tout à fait réaliste d'imaginer que l'on puisse inclure l'auditeur dans le cadre général du processus décisionnel.

Je crois que nous nous acheminons — toute notre sensibilité culturelle nous y pousse — vers une époque dans laquelle les vieilles notions stratifiées de compositeur, d'interprète, d'auditeur, vont se mélanger. Ce que quelqu'un tel que John Cage voudrait nous faire connaître, ce n'est pas son œuvre, mais sa croyance dans le fait que celui qui reçoit possède également un angle de réflexion, qu'il est lui aussi créateur ; l'auditeur, l'interprète et le créateur se confondent.

Vladimir Tropp. — Il paraît difficile d'imaginer, vous-même étant pianiste, que vous ne vous intéressiez pas à d'autres interprètes ; or — Yehudi Menuhin, Leopold Stokowski et Arthur Rubinstein étant à cet égard de notables exceptions —, vous n'avez pas été particulièrement disert à ce propos dans vos écrits. Dans ces derniers, vous avez néanmoins mentionné à plusieurs reprises, avec une admiration qui semble être réciproque, le nom d'un artiste soviétique qui nous est cher, Sviatoslav Richter, sans jamais toutefois développer votre pensée à son sujet. Serait-ce ici l'occasion ?

Glenn Gould. — Il m'a toujours semblé qu'existaient deux catégories d'interprètes : ceux qui cherchent à exploiter l'instrument qu'ils utilisent, et ceux qui ne le font pas. Dans la première catégorie, on peut placer — pour peu que l'on ajoute foi à ce que rapportent les livres d'histoires — des figures légendaires telles que Liszt et Paganini, ainsi que bon nombre de virtuoses prétendument démoniaques de plus récente époque. Cette catégorie concerne des musiciens qui s'attachent avant tout à faire prendre conscience à l'auditeur de l'existence d'une relation entre eux et l'instrument ; ils font en sorte que cette relation devienne le point de mire de notre attention. A l'inverse, on trouve dans la seconde catégorie les musiciens qui s'efforcent de court-circuiter la question du mécanisme de l'exécution, de créer l'illusion d'un lien direct entre eux-mêmes et une partition donnée et qui, par conséquent, aident à créer chez l'auditeur le sentiment de participer non pas tant à l'interprétation qu'à la musique elle-même. Et personne à mon avis n'est aujourd'hui mieux représentatif de ce second type de musicien que Sviatoslav Richter.

Si je dis que ce que crée un interprète de son genre est essentiellement une « illusion », c'est qu'il n'est évidemment jamais possible à aucun musicien de faire absolument abstraction des vicissitudes mécaniques de son instrument ; ce qui est en revanche possible, et des artistes tels que Richter nous le montrent bien, c'est de parvenir à un rapport tellement parfait avec l'instrument que le processus mécanique sous-jacent, en étant placé au service exclusif de la structure musicale, cesse d'être perceptible ; l'interprète — l'auditeur aussi d'ailleurs — est dès lors en mesure de se débarrasser de toutes les considérations superficielles de virtuosité ou d'exhibitionnisme instrumental pour, au lieu de cela, diriger son attention sur les qualités spirituelles inhérentes à la musique elle-même.

Il s'agit aussi d'une « illusion » en ce qu'il n'est manifestement jamais possible à l'interprète de recréer exactement le Beethoven de Beethoven ou le Mozart de Mozart. La vie musicale serait d'ailleurs fastidieuse si l'on pouvait y parvenir, car cela voudrait dire qu'il existe une interprétation optimale susceptible d'être indéfiniment reproduite. Ce que Sviatoslav Richter accomplit en réalité consiste à insérer entre le compositeur et l'auditeur l'élément conducteur de sa propre et immensément puissante personnalité. Ce faisant, il nous procure l'avantage d'avoir l'impression que nous redécouvrons l'œuvre à partir d'une perspective différente de celle à laquelle nous étions habitués.

La première fois que je l'entendis jouer, ce fut dans la grande salle du Conservatoire de Moscou en mai 1957. Il ouvrit son programme avec la dernière sonate de Schubert, celle en *si bémol majeur*. Il s'agit d'une sonate extrêmement longue, l'une des plus longues à avoir jamais été écrites, et Richter la joua au tempo le plus lent que j'aie jamais entendu, la rendant par conséquent encore plus longue qu'elle ne l'est d'habitude. Il me paraît opportun de procéder ici à un double aveu : tout d'abord, même si cela doit sembler une hérésie à beaucoup, je suis loin d'être un mordu de Schubert, et j'ai du mal à me faire aux structures répétitives caractéristiques d'une grande partie de sa musique ; l'idée de devoir rester en place à l'écoute de ses interminables essais m'impatiente atrocement et me met au supplice. En outre, je déteste assister à des concerts et préfère écouter de la musique enregistrée dans la solitude de mon domicile où aucun élément visuel ne vient s'interposer dans le processus auditif pour le distraire.

Je confesse tout cela pour dire que lorsque j'entendis Richter commencer cette sonate à une allure aussi incroyablement retenue, je m'apprêtai à passer une heure passablement agitée à me tortiller sur mon siège.

Or, tout au long de l'heure qui suivit effectivement, je me trouvai en réalité dans un état que je ne peux décrire autrement que comme celui d'une transe hypnotique. Tous mes préjugés à l'encontre des structures répétitives de Schubert s'étaient évanouis ; tous les détails musicaux qui m'étaient apparus jusqu'alors relever du domaine de l'ornementation prenaient soudain l'aspect d'éléments organiques. J'avais le sentiment d'être le témoin de l'union de deux qualités prétendument irréconciliables : un calcul analytique intense qui se révélait par ailleurs à travers une spontanéité équivalant à de l'improvision, et je compris en cet instant — ce qui me fut confirmé ultérieurement à de nombreuses reprises tandis que j'écoutais les enregistrements de Richter — que j'étais en présence de l'un des plus puissants communicateurs que le monde de la musique ait produits à notre époque.

Gertrud Simmonds. — Sans vouloir vous forcer à y revenir en détail, car vous en avez abondamment parlé en d'autres circonstances, ce que vous dites là de Sviatoslav Richter ne s'applique-t-il pas également dans une certaine mesure à Arthur Schnabel?

Glenn Gould. — Il y a quelque chose de magique dans les enregistrements de Schnabel, surtout dans ceux qui concernent Beethoven et, à un moindre degré, Mozart. Je les ressors encore de temps à autre. Je ne les imiterais plus aujourd'hui comme je le faisais, servilement, lorsque j'avais treize ans. J'ai grandi avec les disques de Schnabel et crois, sans rien dire là de nouveau, qu'il fut le plus grand interprète de Beethoven qui ait jamais existé. Je me sens amené vers l'essence même de Beethoven par Schnabel plusque par qui que ce soit d'autre. On peut bien sûr apprécier plus ou moins certaines de ses options, mais il possédait un sens de la structure beethovénienne que personne n'a jamais réussi à égaler et qui s'exprimait entre autres par une attitude rythmique très particulière ; à son écoute, on n'est jamais vraiment conscient de l'existence d'une barre de mesure et, au même moment, la structure rythmique apparaît de manière parfaitement plastique et claire, car il laisse jouer la pulsation interne de chaque morceau dans le cadre de paragraphes entiers. Le profil psychologique est si extraordinairement dessiné qu'on a littéralement l'impression de flotter d'un paragraphe à l'autre et que, lorsqu'on arrive à la fin d'un paragraphe, l'impulsion initiale n'a pas un instant été perdue. Beaucoup ont essayé d'utiliser ce système sans vraiment y parvenir. Schnabel avait aussi d'autres particularités, dont celle qui consistait à presser de manière extraordinaire dans les passages compliqués en forme de strette. Au lieu de colorer harmoniquement les strettes, il avait tendance à accélérer presque automatiquement. Cela donnait quelque chose de saisissant, de très graphique, mais aussi de très théâtral.

Au cours des années 40, Schnabel représentait une manière de jouer du piano tout à fait unique : c'était comme s'il regardait la musique directement, en court-circuitant l'instrument. Bien sûr, il manquait pas mal de notes, mais on avait l'impression que cela n'avait pas d'importance pour lui, qu'il ne se souciait que de l'idée structurelle. Si la technologie avait été disponible à l'époque, il aurait été le premier candidat au montage.

Bruno Monsaingeon. — Nous avons souvent parlé en privé, vous et moi, d'un musicien, d'un homme, qui compte beaucoup pour nous,

Yehudi Menuhin. Vous lui avez consacré un texte extraordinairement évocateur[1], *il y a déjà longtemps. Maintenant que les années se sont écoulées, pourriez-vous y revenir ici ?*

Glenn Gould. — Il y a quelque chose de très particulier à son sujet, et qui m'a toujours beaucoup frappé, c'est que presque tous ceux qui se sont trouvés être en contact avec lui finissent la plupart du temps par dire essentiellement la même chose, à savoir que le fait de connaître l'homme constitue une expérience si riche qu'elle dépasse la somme de tous les domaines prodigieusement variés d'expression musicale auxquels il s'est attaché. Lorsqu'on y songe, il y a très peu de musiciens dont on puisse dire cela. Casals peut-être, et Schweitzer sans aucun doute, au cours des deux dernières générations, mais cela ne fait pas grand monde. Il s'agit d'un type de réaction assez différent de ce qu'on peut éprouver en face de musiciens comme Furtwängler ou Schnabel par exemple. On peut avoir l'impression d'être transformé par un enregistrement de Schnabel, de passer par une expérience extatique lorsqu'on entend Furtwängler diriger Beethoven. Mais, lorsqu'on essaie de cerner le phénomène Menuhin, il y a quelque chose en plus.

Par exemple, je me souviens d'avoir parlé assez récemment avec l'un des plus célèbres violonistes de la jeune génération — vous me permettrez de taire son identité — qui avait assisté quelques jours auparavant à un concert de Menuhin. Il commença par me dire que Menuhin n'avait pas l'air d'être très en forme, ni d'être tout à fait en prise avec ce qu'il faisait ce soir-là, qu'il avait eu quelques problèmes d'intonation au début du concert, etc., etc. — vous savez, le genre de petits potins habituels qu'on peut entendre dans la bouche des musiciens après un concert. Et puis, il s'arrêta un instant avant d'ajouter : « Et pourtant, c'était magique ; ça l'est toujours. »

C'est là une réaction très particulière qui rentre tout à fait dans ce que j'appelle le syndrome Schweitzer. Un jour du début des années 60, à New York, j'étais très en retard pour un rendez-vous. Je devais rencontrer vers 5 heures, un après-midi d'hiver, à son bureau, un homme d'affaires assez typique de Madison Avenue, qui m'avait laissé le souvenir, lors de précédentes rencontres, d'un personnage à l'ambition aussi illimitée qu'était limitée sa sensibilité. Quoi qu'il en

---

1. In *le Dernier puritain*.

soit, la circulation était telle ce jour-là que je n'arrivai guère avant 6 heures au rendez-vous. Les secrétaires étaient bien entendu déjà parties depuis belle lurette, mais tandis que je m'en approchais, d'effroyables effluves sonores me parvenaient de l'intérieur du bureau. Il s'avéra qu'il s'agissait d'un enregistrement de Schweitzer jouant du Bach, que le type écoutait en m'attendant. Manifestement, le disque en question n'avait pas été enregistré sur les grandes orgues d'une cathédrale européenne, mais sur le petit orgue portatif que Schweitzer avait avec lui à sa mission africaine de Lambaréné et pour la préservation duquel il avait dû mener une lutte constante et toujours perdue contre les éléments, l'humidité en particulier.

Je trouvai l'homme d'affaires écoutant un prélude de Choral de Bach, assis confortablement, les pieds sur son bureau, les yeux clos ; la seule lumière de la pièce provenait de l'une de ces lampes de bureau à abat-jour verdâtre que l'on trouve d'habitude dans la salle du télégraphe des gares de chemins de fer de province. Je me dis que normalement, en pleine journée, c'était un disque d'Helmut Walcha que ce type aurait dû avoir à portée de la main pour faire bien en présence de ses collègues.

Il m'indiqua un fauteuil où m'asseoir, et à la fin de l'enregistrement crachotant de Schweitzer me dit : « C'est ma musique de fin d'après-midi, vous savez ; c'est à peu près la seule chose qui m'aide à chasser les soucis de la journée. »

Ce tableau et cette phrase sont toujours restés présents à mon esprit et décrivent à mon avis de façon assez pertinente ce que l'on pourrait appeler le fief de Menuhin, un fief qui considère l'aspect strictement physique du fait de faire de la musique comme quelque chose de relativement peu important et qui, en présence d'un Schweitzer, d'un Casals, ou d'un Menuhin, est tout à fait capable d'accomplir ce que les théologiens appelleraient un « saut de la foi » pour déboucher sur une dimension autrement plus importante. Tout cela pose évidemment la question de savoir si ce genre de réaction relève d'un domaine de perception purement musicale ou si elle n'est pas plutôt le résultat de quelque phénomène médiatique. On peut répondre à mon avis de deux façons à cette question. La première est que, selon moi du moins, le grand public, pour peu qu'on le laisse juger d'après ses propres critères, réagit de manière presque toujours infaillible par rapport à l'œuvre ou au travail d'un artiste, de manière en tout cas beaucoup plus juste qu'aucun groupe de professionnels ou de critiques. Et lorsqu'on considère que, sans exagérer, des millions de gens depuis plus d'un demi-siècle, ont essentiellement eu la même réaction face à l'activité d'un musicien — car tel est bien le cas de Yehudi —, il est tout simplement impossible d'ignorer le phénomène et de se contenter de répondre en disant que son intonation a laissé à désirer sur un ré dièse lors du dernier concert.

Par ailleurs, à l'intérieur de cette mouvance globale, il est possible d'identifier une grande quantité de mouvances plus restreintes, chacune ayant d'une façon ou d'une autre un rapport avec l'environnement culturel général de l'auditeur individuel. J'ai souvent essayé d'analyser ma propre manière de réagir à la musique de Yehudi, et j'en suis arrivé à la constatation suivante : elle relève pour moi de ce qu'on pourrait appeler la disposition qui est mienne à une sorte de marxisme culturel ; ce qui veut dire en d'autres termes que je ne suis pas un adepte des théories de l'art pour l'art. L'art est pour moi quelque chose de fondamentalement dangereux ou qui, du moins, doit être surveillé de fort près, et l'artiste un être moralement douteux dans son essence, et qui a de grandes chances de mal tourner. Cette idée était d'ailleurs monnaie courante dans les sociétés puritaines, telles celle de l'Ontario des années 40 où je grandis, et même si elle paraît effroyablement rétrograde de nos jours, je la trouve dotée d'une validité psychologique certaine.

L'art, pensait-on alors, est capable d'engendrer de grandes turpitudes, et la société se porterait mieux sans lui. Cependant, puisqu'il existe — et les sociétés puritaines sont également pragmatistes — il faut bien s'y faire, mais à condition de transformer l'artiste d'antagoniste (son rôle habituel dans le milieu libéral du laissez-faire) en porte-parole, de faire en sorte que, grâce à une capacité de transformation spirituelle extrêmement rare, l'art devienne éventuellement un instrument de salut, et l'artiste un missionnaire.

Je suis forcé de penser selon ces termes inévitablement assez imprécis dès lors que je m'efforce de décrire Yehudi Menuhin, car il émane de lui, aussi gigantesque violoniste qu'il soit, quelque chose de cette même mystique extra-musicale qui ne trompe pas. De mon point de vue, il apparaît posséder les qualités qui confirment la définition puritaine de l'artiste porte-parole.

De son point de vue à lui, je soupçonne qu'il n'en irait pas de même, qu'il aurait probablement tendance à décrire son rôle de façon à la fois plus modeste et plus libérale, mais qu'importe ! *(Rires.)*

Il y a quelques années, je parvins à le persuader d'inclure la *Fantaisie pour violon et piano* de Schoenberg dans un programme de télévision que nous devions faire ensemble et qui comportait en outre des sonates de Bach et de Beethoven. Il accepta, avec d'ailleurs une certaine réticence ; pour autant que je puisse en juger, il réagit à Schoenberg plus ou moins comme je réagis moi-même à Bartok. La musique de Schoenberg a pour lui une espèce de trouble fascination intellectuelle, mais elle ne touche pas son esprit. Quoi qu'il en soit, étant donné son emploi du temps incroyablement congestionné, nous ne disposions que d'un seul jour pour répéter l'ensemble du programme, et je peux vous garantir que nous ne fîmes qu'une bouchée de pain des sonates lors de cette répétition. Tout le reste de la journée fut consacré à la *Fantaisie* de Schoenberg, que j'avais déjà jouée et même enregistrée, mais que Yehudi ne connaissait littéralement pas. A la fin de la journée, j'étais au désespoir, absolument convaincu que nous allions nous ramasser au premier tournant (et ceux-ci sont nombreux dans la *Fantaisie* !). Le jour suivant, nous arrivâmes sur le plateau de tournage et décidâmes, précisément parce qu'elle requérait une concentration tellement intense, de commencer par enregistrer la *Fantaisie*. Ce fut l'une des expériences les plus formidables de ma vie ! Yehudi avait, de façon miraculeuse, absorbé cette œuvre extraordinairement difficile en une nuit, et il la joua avec une virtuosité stupéfiante. Ce qui était plus important cependant — et évidemment plus gratifiant pour moi — c'est qu'il la joua comme si, momentanément du moins, il l'aimait profondément.

Il sait faire preuve de la plus grande curiosité à l'égard de la musique nouvelle, et c'est là un côté de son caractère que l'on ignore généralement. Il sait quelle jubilation on peut tirer d'idées nouvelles, mais aussi le danger de s'y abandonner sans discernement. Pour tout dire, mon « yehudisme » de prédilection est directement lié à notre expérience schoenbergienne commune. A un moment donné, pendant que nous répétions, je lui déclarai en m'en référant à un passage particulièrement coléreux de la *Fantaisie* : « Schoenberg devait certainement être pénétré de la moralité revêche de l'Ancien Testament. » Sur quoi, il me répondit du tac au tac : « Je n'ai jamais compris ce que notre siècle trouvait de si moral aux secondes mineures. »

Ulla Colgrass. — A part Menuhin, vous avez eu un certain nombre d'autres collaborateurs particulièrement célèbres. Que se passe-t-il dans ces cas-là ?

Glenn Gould. — Je crois que l'alchimie personnelle est quelque chose d'important. Nous avons récemment publié un enregistrement des *Lieder d'Ophélie* de Richard Strauss, chantés par Elisabeth Schwarzkopf. Il est absolument fantastique, si je peux me permettre de le dire moi-même.

C'est l'une des interprétations vocales les plus sublimes que je connaisse. J'ai bien sûr quelques préjugés à cet égard — non en raison de ma participation à l'enregistrement, mais parce que je suis un fanatique admirateur de Schwarzkopf et l'ai toujours été. J'ai écouté cet enregistrement d'innombrables fois, c'est même moi qui en ai effectué le montage, et il continue pourtant à me faire frissonner. Voilà une dame qui n'était plus exactement une jeunesse au moment d'enregistrer cette œuvre — elle n'a d'ailleurs plus fait beaucoup d'enregistrements par la suite — et qui, sans sacrifier la moindre de ses inflexions sonores naturelles qui sont, pour moi, parmi les plus grandes splendeurs vocales de notre époque, s'est transformée pour l'occasion en une adolescente. C'est vraiment à peine croyable.

Je ne vais pas vous donner le détail des complications byzantines qui expliquent pourquoi le disque est sorti seulement quinze ans après avoir été enregistré. Je n'avais jamais travaillé avec Schwarzkopf auparavant, et cet enregistrement est le résultat de deux séances extraordinaires. Par ailleurs, elle n'avait jamais préalablement chanté ces lieder, et nous n'avons pas eu le temps de répéter, car elle était très occupée au Metropolitan Opera. La première prise nous servit très littéralement de répétition. Mais, dès les premières notes, j'ai senti un frisson me remonter le long de la colonne vertébrale — nous avions le sentiment que, aussi différents et inhabituels que soient nos rubatos l'un par rapport à l'autre, l'esprit de notre approche était absolument un. En vérité, il y a encore quelques lieder qui sont restés de ces séances et qui ne sont pas publiés, mais je ne peux pas en parler...

Ulla Colgrass. — Voilà maintenant longtemps que vous n'avez pas enregistré avec orchestre, bien que vous ayez joué bon nombre de concertos à une certaine époque. Quels étaient vos rapports avec les chefs d'orchestre ?

Glenn Gould. — Je n'ai pas eu beaucoup de mauvaises expériences avec les chefs d'orchestre, et j'en ai eu beaucoup de très bonnes. Cela étant, je devrais dire en préambule que fondamentalement je n'aime pas jouer de concertos. Il y a dans le concerto classico-romantique une idée de compétition qui se manifeste par une rivalité entre le soliste et l'orchestre, et qui est étrangère à ma nature. Je ne crois pas à la compétition, sous quelque forme que ce soit, et le concerto est, métaphoriquement parlant, le système le plus compétitif qui existe dans le domaine de la musique. Mais je peux compter sur les doigts d'une seule main les mauvaises expériences que j'ai eues avec des chefs d'orchestre ; je ne citerai que l'un de ces doigts : George Szell. C'était un chef tout à fait remarquable, mais notre collaboration constitue l'exemple d'un total manque d'alchimie. L'exact opposé de Szell est Karajan ; travailler avec lui est un rêve, et c'est un homme absolument charmant, contrairement à la légende qui voudrait faire de lui un grand méchant loup.

Ulla Colgrass. — Vous avez dit quelque part que « les interprètes sont contaminés par le concert ». Votre expérience avec Szell se rangerait-elle sous cette rubrique ?

Glenn Gould. — Oh, vous savez, les dissensions entre soliste et chef d'orchestre n'ont rien de particulièrement exceptionnel. Il est assez difficile de jouer sous la direction d'une vingtaine de chefs différents au cours d'une saison sans qu'il n'y en ait deux ou trois pour lesquels vous n'éprouvez aucune sympathie ! (*rires*). Mais en ce qui me concerne, je n'ai pas eu avec les chefs le genre de rapports difficiles qui sont le lot de beaucoup de solistes, et cela est dû à mon avis à mon peu de goût pour la plupart des concertos. Il existe chez les pianistes une vieille tradition que j'aime appeler la tradition « Conservatoire de Saint-Petersbourg, années 1900 » et qui met l'accent sur le sens du conflit et de la dualité existant entre le piano et l'orchestre dans les concertos. On nous rebat les oreilles depuis toujours avec ces sornettes, avec ces idées selon lesquelles piano et orchestre devraient être constamment en guerre l'un contre l'autre. Je ne vois pas pourquoi il devrait nécessairement en aller de la sorte.

Comme vous le savez, j'ai enregistré au milieu des années soixante le *Concerto l'Empereur* avec Leopold Stokowski. Notre seule ligne de conduite pour cet enregistrement consista en ce que nous étions fermement décidés à faire sonner autant que possible leconcerto comme une symphonie héroïque, avec accompagnement de piano en déchant. Pour aboutir à cela, nous avons tout fait pour relier les choses entre elles de telle sorte que, au lieu d'entendre quatre mesures à l'orchestre ici, puis six mesures au piano là, et de nouveau quatre mesures à l'orchestre, etc., à l'instar de ce qui se produit d'habitude, on perçoive la chose comme un seul et vaste discours symphonique, le piano ne fournissant à l'occasion rien de plus qu'une décoration instrumentale à ce discours, mais n'intervenant surtout pas comme s'il s'était agi d'une faction guerrière et perturbatrice ; je crois à cet égard que nous avons réussi à faire de *l'Empereur* une œuvre quasiment nouvelle dans le contexte de ce qu'est notre époque. Non qu'il ait été mieux joué que beaucoup d'autres versions existant au catalogue ; mais simplement joué dans un style plus adapté au style de Beethoven.

Tout cela pour dire que j'ai toujours eu tendance à jouer mes parties de solo à la manière d'un obbligato, en faisant du concerto une sorte de symphonie dotée d'une partie de piano relativement importante, mais rien de plus. Inutile de préciser que cela n'affecte guère l'ego de certains chefs (*sourire entendu*). Ils aiment assez cela.

Je vous mentionnerai un moment très spécial de ma vie de concertiste. C'était avec Karajan et l'Orchestre Philharmonia à Lucerne en 1959. Nous jouions le *Concerto en ré mineur* de Bach et j'avais une forte grippe avec beaucoup de fièvre. A cause de cela et de la transpiration qui me coulait dans les yeux, je n'y voyais absolument rien. Au cours du dernier mouvement, il y eut un moment où quelque chose de tellement extraordinaire se passa que je me forçai à ouvrir les yeux pour voir ce que cet homme était en train de faire. Ce passage particulier du dernier mouvement m'avait toujours paru vaguement prosaïque, mais soudain il se produisit quelque chose. C'était un de ces moments invraisemblables, comme lorsque je jouai les *Lieder d'Ophélie* avec Elisabeth Schwarzkopf. A l'instant où je levais les yeux vers Karajan, je le vis sur le podium : il ne faisait pas le moindre geste.

Depuis combien de temps il avait cessé de diriger, je n'en avais aucune idée ; nous faisions de la musique de chambre ! A la fin de ce passage, il fit un simple geste, et l'orchestre se remit à jouer comme un orchestre. Mais la magie de cet instant n'avait rien à voir avec la présence dans la salle de deux mille cinq cents personnes, ce qui n'était là qu'un phénomène périphérique.

Jonathan Cott. — Puisque vous mentionnez « le manque total d'alchimie personnelle » existant entre George Szell et vous-même, permettez-moi de vous raconter l'histoire qui court à propos de vos rapports avec le chef de l'orchestre de Cleveland. Vous la connaissez certainement, et j'aimerais ensuite que vous y apportiez vos propres commentaires. On dit, et cela fut fréquemment rapporté dans la presse, que, au début d'une répétition du Cinquième Concerto brandebourgeois *de Bach pour votre premier concert avec George Szell et l'orchestre de Cleveland, vous avez commencé par installer un petit tapis sous votre chaise et puis que, au lieu de jouer, et totalement ignorant des regards incrédules et stupéfaits qui vous accompagnaient, vous vous êtes mis à ajuster méthodiquement les socles de métal sur lesquels reposait la chaise pliante à moitié disloquée que vous promenez partout avec vous. Une fois le réglage terminé, vous vous seriez retourné pour apercevoir le plus patriarcal des chefs d'orchestre quitter les lieux furieux et indigné. Son assistant aurait alors pris en main la répétition et dirigé le concert extraordinaire qui suivit, concert auquel Szell aurait assisté dans la salle, et à la suite duquel il aurait déclaré à votre sujet : « Ce cinglé est un génie. »*

Glenn Gould. — L'histoire est en réalité bien plus loufoque. Votre version est fausse mais respectable ; on peut au moins l'entendre raconter sans rougir. Mais, puisque vous m'en donnez l'occasion, laissez-moi vous raconter ce qui s'est passé dans les faits :

Pour ma première tournée américaine — en mars 1957 — j'avais été engagé par l'orchestre de Cleveland, et c'étaient mes débuts dans cette ville. Le programme, tel qu'il avait été conçu à l'origine, comportait le *deuxième Concerto de Beethoven* et le *Concerto pour piano* de Schoenberg. Comme vous le savez, George Szell était titulaire de l'Ordre du Mérite de l'Empire britannique — ou de quelque chose de ce genre —, qui lui avait été décerné en raison des éminents services qu'il avait rendus à la musique britannique, lesquels services n'avaient guère consisté qu'à donner quelques premières d'œuvres de William Walton. Mais il ne s'intéressait en aucune manière à

Schoenberg, non plus qu'à aucune autre figure un peu sérieuse de la musique contemporaine. Je trouvai donc assez bizarre qu'il ait retenu le concerto de Schoenberg, mais tel était bien le cas et c'était parfait. Or, voilà que, une semaine avant le concert, le directeur de l'orchestre appela mon agent pour lui dire que le docteur Szell avait un programme tellement chargé qu'il n'aurait pas le temps de faire répéter le concerto de Schoenberg... ce qui, traduit en clair, signifiait bien entendu qu'il n'avait pas étudié l'œuvre (*rires*) — en tout cas, c'est ainsi que j'interprétai la chose, de façon, à mon avis, vraisemblable — et que, par conséquent, je n'aurais à jouer que le Beethoven. Ce n'était pas moi qui allais m'opposer à Szell — je connaissais sa réputation de cyclope — et j'acceptai tout naturellement.

Quoi qu'il en soit, j'utilisais déjà à l'époque la même chaise que celle que j'utilise aujourd'hui, sauf qu'aujourd'hui elle n'a même plus de siège, mais seulement une barre transversale. A ce moment-là, elle n'avait pas encore été complètement déglinguée par les diverses manutentions des transports aériens. Elle avait d'ailleurs aussi ces petits socles en métal fixés à l'extrémité de ses pieds pour reposer sur le sol. Mais je n'avais pas encore trouvé le moyen de l'abaisser d'encore trois centimètres pour permettre de donner à mes jambes une trajectoire qui ne soit pas inconfortable. Pour aboutir à un résultat identique il me restait, en revanche, l'autre solution qui consistait à surélever le piano. J'avais déjà essayé cela à la maison de façon parfaitement satisfaisante.

Donc, lorsque j'arrivai à Cleveland, je décidai de faire fabriquer des petites cales de bois avec une encoche où les roulettes du piano puissent venir s'encastrer. Puis je me rendis sur la scène. Le docteur Szell était en train de répéter le *New England Triptych,* une œuvre de William Schuman, avec laquelle il devait ouvrir le concert. La première partie du programme comportait en outre le *deuxième Concerto de Beethoven* — ce qui donnait un couplage assez incongru d'ailleurs — puis c'était l'entracte. Dans la seconde partie, il y avait, je crois, *l'Après-midi d'un faune* de Debussy et, pour finir, *Mort et Transfiguration* de Strauss. Là encore, un assortiment très bizarre, mais après tout, le programme tout entier était complètement burlesque. Comme je l'ai dit, je faisais alors mes débuts avec l'orchestre de Cleveland et, d'une manière ou d'une autre, lorsqu'il s'agit de la première fois, lorsqu'on est encore vierge, on se souvient de tout, y compris du programme *(rires).*

Bref, j'entrai dans la salle alors que le docteur Szell répétait la pièce de William Schuman. Je demandai à un accessoiriste s'il était possible de trouver quelque part un menuisier qui puisse me faire un petit travail. On me répondit : « Oui, il y a le vieux Joe »... — sans doute était-ce un autre nom, je ne sais plus — ... « qui doit être en train de travailler dans les sous-sols. Allez donc le voir et posez-lui vous-même la question. »

Ce que je fis sur-le-champ. C'était un très brave type, et je lui expliquai que je voulais des cales de bois, que j'ai d'ailleurs toujours utilisées depuis (pas les mêmes, pas les siennes, on m'en a depuis construit de plus élaborées, mais j'utilise toujours le même système, car ma position assise n'a pas changé tout au long de ces années). Quoi qu'il en soit, le vieux Joe me dit : « Oui, je crois que je peux faire cela. Mais vous n'avez pas peur que le piano risque de rouler sur ces cales ? » Je lui répondis que j'y avais pensé, et qu'il faudrait y faire des encoches pour encastrer les pieds du piano et l'empêcher de bouger. Sur quoi il ajouta : « Je ferais bien d'aller jeter un coup d'œil sur l'instrument. »

A ce moment-là, on vint me chercher dans le sous-sol pour m'informer que le docteur Szell me réclamait en scène. Je m'adressai donc au vieux Joe et lui dis : « Il y aura certainement une pause d'ici une demi-heure, et je doute que nous ayons fini la répétition ; nous continuerons probablement ensuite. Venez me voir pendant la pause ; nous discuterons de ce qu'on peut faire et vous me direz ce que je vous dois. » Je voulais absolument le payer moi-même, parce que le travail que je lui demandais n'avait manifestement rien à faire avec l'orchestre de Cleveland.

Là-dessus, je montai en scène et nous répétâmes le premier mouvement — tout se passa à merveille —, à la suite de quoi les musiciens eurent droit à leur pause syndicale. Comme le font souvent les musiciens d'orchestre, certains d'entre eux restèrent dans la salle à se promener et à palabrer. Szell en fit autant. J'ignore si c'était là son habitude ; je ne crois pas. Il avait une loge très confortable avec un divan de couleur cramoisie, je m'en souviens fort bien. C'était curieux de la part de Szell d'avoir une chose pareille, car on aurait pu s'attendre normalement à ce que son mobilier soit plutôt du genre austère et à ce que son studio ressemble à celui de Freud, non ? (*rires*). A un moment donné, il s'approcha de la scène, du bord de la scène — laquelle, comme il se trouvait au-dessous, se situait pour lui à hauteur d'épaule — et dit : « Ke faites-fous ? ». Je lui expliquai que Joe et moi étions en train d'essayer de surélever le piano, faute de pouvoir abaisser la chaise, pour permettre à mes jambes d'être confortablement logées ; qu'en surélevant le piano, on aboutirait au même résultat, et que ce brave Joe allait me fabriquer des cales de bois qui seraient prêtes pour le concert du soir. Le Maestro murmura un « Humm ! » à peine audible.

Ce fut tout, et il repartit bavarder dans la salle avec quelques-uns des membres de son entourage. Au bout de quinze minutes, la pause étant achevée, l'appariteur de l'orchestre battit le rappel, les musiciens reprirent leur place sur scène et la répétition se poursuivit avec le deuxième mouvement du Beethoven. Au moment où Szell commençait le tutti du deuxième mouvement — qui dure en général à peu près trente-cinq secondes —, je m'aperçus qu'en montrant au menuisier ce qu'il m'était théoriquement possible de faire avec la chaise, j'avais légèrement déséquilibré l'un des petits socles de métal. Je m'accroupis donc sur le sol et, pendant que Szell dirigeait le tutti — cela ne le dérangeait aucunement —, je réajustai le socle de façon à ce qu'il soit exactement proportionné aux trois autres pieds de la chaise — rien de plus —, puis m'assis à nouveau. A partir de là, la répétition poursuivit son cours habituel.

Je devrais préciser — encore que je ne croie pas que cela ait contribué en quoi que ce soit à ce qui se passa par la suite — que, pendant le premier mouvement, j'avais joué en utilisant abondamment la pédale douce, comme je le fais très souvent dans les œuvres du Beethoven première manière (et dans Mozart), pour affiner le son. Szell n'avait pas aimé et s'était interrompu pour dire :

« Pardonnez-moi, monsieur Gould, je ne comprends pas pourquoi vous utilisez la pédale douce. Cela n'est pas nécessaire. Cela produit un son *féminin*. »

Il s'agit d'une citation exacte... je me souviens encore de cette phrase. Sur quoi, je répondis :

« Docteur Szell, je n'ai certainement pas besoin de vous dire que le piano de Beethoven était loin de pouvoir produire le genre de son du piano moderne. Et il se trouve que je préfère un son mince avec des *forte* réduits. Maintenant, si vous voulez que je sorte un peu plus, je le ferai, mais en gardant néanmoins la pédale douce appuyée. »

Il avait été évidemment légèrement froissé par ma remarque,

n'ayant pas l'habitude qu'on discute ce qu'il disait, surtout si celui qui discutait était un jeune freluquet débutant sur la scène américaine, comme c'était mon cas. Cela n'alla toutefois pas plus loin. Il se tourna simplement vers Louis Lane (alors chef assistant de l'orchestre de Cleveland) qui était dans la salle, et lui cria quelque chose du genre : « Louis, est-ce qu'on entend assez le piano ? » Louis répondit : « Non, pas tout à fait assez. » Que pouvait-il dire d'autre ? Louis était un très gentil garçon, mais il se comportait comme une sauterelle pétrifiée ! Je veux dire qu'il avait déjà passé vingt ans de sa vie auprès de ce satrape (*rires*). Donc que pouvait-il dire d'autre que « non, pas assez ». Je répliquai à mon tour :

« Je vais jouer un peu plus fort. Mais cela n'a vraiment rien à voir avec la pédale douce. En fait, on obtient un son beaucoup plus pénétrant avec la pédale douce, car elle donne de la transparence aux textures, elle les affine, du simple fait qu'on ne joue plus alors que sur deux cordes. Cela convient infiniment mieux à ce genre de musique, sauf bien sûr dans les passages culminants les plus exaltés où de toute façon j'élimine la pédale. Mais jamais je n'ai l'habitude de jouer sur trois cordes dans Beethoven, Mozart ou Bach. « En tout cas, je jouerai un peu plus fort, ne vous en faites pas. »

Ce fut là notre seul différend d'ordre musical. La série de concerts que nous donnâmes fut un grand succès, et Szell fut très élogieux. Cependant, à la fin du premier concert, il me dit à nouveau qu'il n'approuvait pas mon utilisation de la pédale douce. Il trouvait cela ridicule et revint à l'attaque : « Je suis désolé d'employer ce mot, mais cela produit un son très efféminé. » Je sentais bien qu'il voulait donner une connotation sexuelle à la question, mais fis comme si je n'avais rien remarqué et lui dis encore une fois : « J'en suis désolé, docteur Szell, mais c'est ainsi que je joue les œuvres de jeunesse de Beethoven. » Cependant, ce que je voulais lui dire en réalité était : « Pourquoi diable ne réduisez-vous pas votre maudit orchestre ? Il y a bien trop de cordes là-dedans ! » (*rires*). A part cela, il n'y eut aucun autre problème.

Depuis, je suis retourné à Cleveland à de nombreuses reprises, et jouais d'habitude sous la direction de Louis Lane pour les concerts avec orchestre. Mais un jour que je devais donner un récital, je me souviens que (pour une raison ou pour une autre) mon piano n'étant pas arrivé en temps voulu, je demandai à utiliser le piano appartenant à l'orchestre, qui était un Steinway tout à fait remarquable — et en tout cas exceptionnel pour un instrument de ce type. Je rendis même visite à Szell dans son antre de Severence Hall [1]. Je frappai à la porte avec témérité, entrai, et nous fîmes un brin de causette tout ce qu'il y a de plus plaisant.

Il y eut par ailleurs quelques autres rencontres de ce genre, dans les bureaux des disques Columbia en particulier, et il fut toujours parfaitement agréable. Il n'y eut plus jamais aucun incident malencontreux entre nous.

Cela dit, comme vous vous en souvenez certainement, au cours des années cinquante et soixante, Szell et l'orchestre de Cleveland enregistraient pour Epic, et non pour Columbia. Bien entendu, Epic et Columbia, c'était juridiquement la même chose, mais Epic était une étiquette réservée aux disques d'importation et à la musique pop. A l'époque, le Quatuor Juilliard enregistrait sous label Epic, de même que Leon Fleischer, de même aussi que Szell. Initialement, Szell voulait enregistrer pour Epic parce que, du coup, il avait le droit d'enregistrer, par exemple, les neuf *Symphonies* de Beethoven, ou un répertoire de ce genre, qui aurait été en compétition directe avec ce que Bernstein ou Ormandy voulaient faire au même moment. Or, en dépit du fait que Szell était un bien plus grand chef d'orchestre que ces gens-là (pour moi, Szell était encore plus accompli que Toscanini, dans la tradition duquel il se situait), il se trouve que ses disques ne se vendaient pas. C'est aussi simple que cela, ils ne se vendaient pas. De sorte que Columbia poussait à la roue avec une fantastique énergie pour populariser le nom de George Szell. L'hiver 1963, ils réussirent ainsi à persuader *Time* de faire un reportage d'importance majeure sur lui, avec photo de couverture et tout le bataclan. Je me trouvais à Chicago à l'époque et achetai par hasard *Time* au kiosque du coin. La photo de George Szell s'étalait en couverture ; cela attisa naturellement ma curiosité et je lus le reportage. Je découvris soudain avec horreur dans l'un des paragraphes quelque chose du genre de ce qui va suivre (ce que je vais vous dire n'est qu'une paraphrase, mais n'est pas très éloigné de l'original) : « L'un des traits légendaires du maestro est son mauvais caractère qui, sans pouvoir se comparer vraiment à celui de Toscanini, en est néanmoins assez voisin. » Je paraphrase, mais c'est le sens. L'article poursuivait : « Ainsi, depuis vingt ans, le vio-

---

1. La salle de concert de Cleveland.

loniste Isaac Stern refuse de jouer avec Szell. Glenn Gould, le pianiste canadien, n'a joué qu'une fois avec lui et, lors de ses nombreux concerts ultérieurs avec l'orchestre, le maestro a toujours insisté pour que ce soit un chef invité qui dirige. L'incident Gould est typique d'un autre aspect de la personnalité remarquable de Szell — son étincelant sens de l'humour... » (*rires*). D'après ce que je connaissais de lui, ce n'était pas exactement là l'un de ses traits fondamentaux. ... « Pendant leur répétition, M. Gould, un excentrique notoire qui aime créer des embarras avec une chaise ridiculement basse, se mit à faire perdre tellement de son temps précieux à l'orchestre que le maestro, jetant des regards furibonds, lui dit : " Veuillez, s'il vous plaît, cesser ces enfantillages, sans quoi je vais personnellement raboter un demi-centimètre à votre derrière, et vous permettre ainsi d'être assis plus bas ". » C'est à peu près la citation — « un demi-centimètre de votre derrière ». Puis l'article ajoutait : « Lors de ses visites ultérieures, M. Gould fut évidemment toujours accompagné par un chef invité, mais le docteur Szell assistait souvent à ses concerts et, après l'un d'entre eux, on l'entendit déclarer : « Ce cinglé est un génie. » Fin de paragraphe. Et ensuite, le reportage embarquait sur une autre histoire.

J'étais absolument estomaqué. Ce qui me choquait dans toute cette affaire, c'était que rien de la sorte ne s'était jamais produit. Comme je le connaissais assez bien, j'appelai Louis Lane au téléphone : « Qu'est-ce que c'est que toute cette histoire ? » Je m'entendis répondre : « Le maestro est contrarié à un point que vous ne pouvez imaginer. » Louis est un très brave type, je l'aime vraiment beaucoup et j'ai toujours trouvé qu'il était très sous-estimé en tant que chef d'orchestre. C'est un excellent chef, mais il était tellement sous l'emprise de Szell que j'avais l'impression qu'en se précipitant ainsi à sa défense, il agissait comme par réflexe conditionné. J'insistai :

« — Qu'est-ce que c'est que cela ? Vous savez très bien, Louis, qu'il n'y a rien de vrai là-dedans.

— Bien sûr, me répondit-il, j'étais présent ; il n'y a jamais rien eu de tel. »

Je poursuivis :

« — Je n'arrive pas à comprendre. Ce qui est dit sur l'ajustement de la chaise est manifestement vrai. L'histoire du " cinglé etc. ", vous me l'avez racontée vous-même des années plus tard ; c'est donc vrai. Il y a ainsi beaucoup de choses qui sont proches de la réalité. Mais comment se fait-il que l'histoire du " Je vais raboter un demi-centimètre de votre derrière " ait fait son apparition ?

— Je n'arrive pas à imaginer, me dit-il ; mais vous savez ce que c'est que *Time,* et tous ces journaux. Ils sont prêts à inventer n'importe quoi.

— Justement, dis-je, cela ne correspond pas du tout à ma propre expérience. En ce qui me concerne, *Time* n'a jamais inventé quoi que ce soit. Ils vérifient tout avec énormément de scrupules. Ils ont même des vérificateurs qui vérifient les vérificateurs. Ils ont toujours été scrupuleusement exacts dans tout ce qu'ils ont pu écrire à mon sujet. Je suis vraiment très surpris. »

Et Louis de répliquer :

« — Je puis vous assurer que si le maestro était là, il se confondrait en excuses, et ni lui, ni moi, n'arrivons à saisir comment cela a pu se produire. Il est effroyablement contrarié ; voilà une semaine qu'il ne parle que de cela ; il ne parvient pas à croire comment on a pu imprimer quelque chose d'aussi ignoble et d'aussi totalement faux. »

Dont acte. Mais voilà qu'un mois plus tard, Columbia me demande si j'autoriserais le critique musical de *Time,* Barry Farrel, qui avait écrit le reportage sur Szell, à assister à l'une de mes séances d'enregistrement. Je le fis avec beaucoup de réticences, car je ne laisse normalement personne entrer dans les studios où j'enregistre. La séance finie, nous sortîmes prendre un thé, et puis je le reconduisis à son bureau en rentrant à l'hôtel. Personne n'avait fait la moindre allusion à l'histoire Szell, même si cela ne faisait que deux mois qu'elle avait été publiée. A la fin, ne pouvant résister davantage, je lui dis :

« — Peut-être ma question manque-t-elle de tact et vous pouvez bien entendu refuser de me répondre — refuser de dévoiler vos sources — mais, comme vous l'imaginez sans peine, je suis très curieux de savoir comment vous avez entendu parler de cette chose à propos de George Szell.

— De quoi s'agit-il ? », me dit-il.

Je lui donnai alors un bref résumé de ce à quoi je faisais allusion et lui dis qu'il y avait dans l'histoire, telle qu'elle avait été imprimée, certains éléments de vérité : je m'étais effectivement livré à diverses manipulations sur la chaise ce jour-là, sans pour autant interrompre d'une seule seconde la répétition. L'anecdote de « Ce cinglé est un génie » m'avait été citée par Louis Lane ; que cela soit juste ou non, peu importe, je ne pensais pas que Louis ait pu l'inventer. Il y avait donc là pas mal de choses qui sonnaient vrai. Mais ce qui était absolument faux, c'est qu'il y ait eu la moindre scène, accompagnée de commentaires vaguement obscènes, en présence de l'orchestre.

« Vraiment ? dit-il.

— Tout à fait, répondis-je, et par conséquent j'aimerais beaucoup savoir quelle fut votre source. Il doit bien y avoir eu quelqu'un derrière tout cela pour vous souffler cette phrase.

— Eh bien, j'imagine que je peux vous le dire. C'est George Szell en personne, m'annonça-t-il.

— Vous plaisantez ! m'exclamai-je.

— Non, me dit-il. Lors du dernier après-midi que je passai avec lui, je lui dis : " Docteur Szell, je suis un peu à court d'anecdotes qui puissent donner à nos lecteurs une idée un peu percutante de votre sens de l'humour. Y en aurait-il une qui vous vienne à l'esprit ? " Et c'est celle-là qu'il choisit de me raconter » *(rires).*

Sur ce, lorsque Szell mourut en 1970, *Time* publia une notice nécrologique. Disposant toujours de cette anecdote dans leurs dossiers, ils la reproduisirent intacte. *Newsweek,* de son côté, se devait de publier également un article nécrologique ; comme ils ne voulaient pas paraître copier *Time* mot pour mot, ils utilisèrent la même anecdote, mais en brodant légèrement. Je ne me souviens pas du détail de la variation, mais c'était quelque chose du genre : « Je vais raboter un demi-centimètre de votre derrière avec l'un des pieds de votre maudite chaise. » Voilà pour ce qui fut ajouté, pour faire original et pour brouiller les pistes, tout en faisant croire qu'on tenait l'histoire directement de la gueule du lion.

Trois mois plus tard, il y eut un numéro du magazine *Esquire* qui contenait une rubrique nécrologique sur Szell. Manifestement, *Esquire* ne se sentait pas lié par les mêmes considérations de bon goût que *Time* et *Newsweek.* L'article commençait donc par répéter l'anecdote inexacte qui racontait comment j'avais soi-disant interrompu la répétition, et cetera, et cetera. Puis il poursuivait par des commentaires sur l'incroyable générosité de Szell qui, malgré l'aversion personnelle qu'il éprouvait à mon égard, m'avait réinvité d'année en année. Cela ne faisait que souligner à quel point il était honnête et policé, en dépit de ses manières européennes et grincheuses. Cependant, au moment d'en arriver à l'épisode fameux — qui se produisait bien entendu en présence de l'orchestre, comme d'ailleurs dans toutes les versions précédentes — l'auteur de l'article ajoutait que le docteur Szell avait jeté du podium un regard mauvais et qu'il avait déclaré : « M. Gould, zi fous n'arrêtez pas zes abzurdités zur le champ, che m'en fais... — je ne me souviens pas de la formulation exacte, mais peu importe — « ... fous enfoncer un des pieds de la chaise dans le terrière. »

Il se trouve que le rédacteur en chef d'*Esquire* était un ancien Torontois et que je le connaissais. Je me décidai donc à lui écrire en ces termes : « J'ignore quelles sont les dispositions légales à l'égard de ce genre de choses et n'ai pas envie de les connaître, parce que cela n'en vaut pas la peine ; vous trouverez ci-joint une lettre que je vous saurai gré de bien vouloir publier intégralement dans le prochain numéro de votre journal. Elle ne comporte que quatre phrases et je vous saurais gré de ne pas en retirer un mot ! Ni une seule virgule ! » (*rires*).

La lettre fut publiée. C'était, si je puis me permettre de le dire, un chef-d'œuvre en quatre phrases, qui consistait à déclarer que l'histoire, telle qu'elle avait été rapportée sous forme de variation par le journaliste de *Esquire*, n'était pas de première main et s'appuyait sur des sources plus anciennes. Sans m'astreindre à établir toutes ces sources, je disais qu'elle avait été reproduite avec toutes les erreurs déjà contenues dans les autres magazines. J'affirmais ensuite être conscient de la perte de génération (comme on dit dans le vocabulaire du montage) qui s'était produite, et que l'histoire était certainement parvenue jusqu'aux oreilles du journaliste sous cette forme-là. Comme il me semblait cependant que la notice nécrologique avait les meilleures intentions du monde à l'égard du docteur Szell, et qu'il s'agissait d'un texte tout à fait admiratif, il était très dommage qu'on eût choisi de commémorer le docteur Szell à l'aide de cette seule et unique vertu, le sens de l'humour, comme si le chef d'orchestre n'en avait pas possédé d'autres en tant qu'être humain et que musicien. Et qu'en outre, le journaliste avait, ce faisant, répété quelque chose qui était entièrement faux et totalement dépourvu de goût. Et j'ajoutais qu'il était bien entendu tout à fait possible que ce genre de réplique apparemment brillante ait été classée dans les dossiers du docteur Szell sous la rubrique : « Réponses que j'aurais aimé être capable de décocher, mais pour lesquelles j'ai, sur le moment, manqué de présence d'esprit. » Et que, les années s'écoulant, elle aurait bien pu prendre la couleur de la réalité dans son esprit, comme s'il l'avait en effet proférée. Mais, concluais-je, tout ce que je peux vous affirmer est que, s'il l'avait effectivement dite, en présence de l'orchestre ou à moi directement, il ne serait plus resté à l'orchestre de Cleveland qu'à chercher un autre soliste pour le concert du soir, car j'aurais quitté les lieux sur-le-champ.

En tout cas, la lettre avait beaucoup plus de punch que la description que je vous en donne, mais c'était là l'essentiel de son contenu. *Esquire* la publia. Et l'incident fut clos, tout au moins jusqu'à ce que vous arriviez à votre tour avec votre propre variante *(rires)*. Maintenant que vous connaissez toute l'histoire, vous pouvez en faire l'usage que vous voulez.

Acte III
La musique, le concert, et l'enregistrement

Dale Harris. — Quand avez-vous décidé que vous alliez cesser de donner des concerts ?

Glenn Gould. — Dès mes premières tournées de concerts, je savais qu'un jour ou l'autre je romprais avec ce genre de vie qui consistait à aller de ville en ville répéter indéfiniment les mêmes œuvres. C'était quelque chose que je trouvais lamentable et déprimant. Lorsque je repense à ces années, j'ai l'impression que ce n'est pas moi, mais quelqu'un d'autre qui s'y est prêté. En interrompant cette existence absurde, j'ai cependant pris garde de ne pas brandir un étendard pour aller clamer sur les toits : « Ça y est ! je viens de donner mon dernier concert. » Je savais bien au fond de moi-même que c'était le cas, mais ne voyais aucune raison d'en faire état à tous vents. En fait, pendant les mois qui suivirent ma dernière tournée, j'acceptai encore de donner des conférences dans quelques universités, conférences qui comportaient des exemples musicaux substantiels — comme ma transcription de la *Huitième Symphonie* de Bruckner — destinés à servir d'illustrations à mes analyses. Donc, en un sens, je continuai de me produire en public pendant presque un an, mais mon dernier concert officiel eut lieu le dimanche de Pâques 1964.

Ulla Colgrass. — Est-ce que la question de savoir si vous alliez pouvoir tirer des revenus suffisamment confortables de vos enregistrements vous a jamais traversé l'esprit ?

Glenn Gould. — Au moment où j'ai cessé les concerts, je n'en savais trop rien et, en tout cas, les pays qui constituent aujourd'hui de merveilleux marchés pour moi — le Japon, l'Allemagne, la France, etc. — étaient à l'époque loin de ce qu'ils sont devenus maintenant. Mais j'avais le vague soupçon que je pouvais raisonnablement compter là-dessus et que, de toute façon, c'était un pas qu'il me fallait franchir pour parvenir à faire de la musique comme je l'entendais. Il m'était impossible de continuer plus longtemps dans cet environnement totalement contre-productif.

Bruno Monsaingeon. — Nous en arrivons maintenant, semble-t-il, au cœur de la question centrale et obligée dès lors qu'on parle de vous, au cœur de la controverse la plus spectaculaire qu'ait jamais suscitée un musicien, parce qu'elle remet en cause la structure même de mœurs musicales aujourd'hui séculaires, parce que ses implications morales et philosophiques représentent une formidable menace pour l'ordre établi du monde musical, parce qu'enfin, en la déclenchant par un acte de renoncement, vous avez anticipé sur un mode de communication musicale à venir. Quelles sont les raisons qui vous ont amené à quitter la scène publique ?

Glenn Gould. — Il s'agit tout d'abord de savoir si vous voulez une réponse bienséante ou si vous êtes prêt à entendre les raisons véritables.
Les vraies raisons ? D'accord.
Eh bien, parce que la vie des concerts était pour moi une vie de faramineux gaspillage, pour moi à coup sûr, mais aussi à mon avis pour la plupart des gens qui pratiquent ce mode de vie. J'avais le sentiment de mener une existence extrêmement creuse et improductive. C'est d'ailleurs une existence à laquelle je ne me suis pas soumis très longtemps. Je n'ai jamais vraiment *voulu* devenir un musicien-interprète : cela n'était que secondaire par rapport à une passion qui s'est manifestée chez moi à un très jeune âge pour la musique sous toutes ses formes. Mais l'idée qu'il pourrait s'avérer assez commode pour gagner sa vie en tant que musicien de devenir interprète, et de donner des concerts, me répugnait déjà alors que j'étais encore adolescent. Je m'y suis cependant prêté suffisamment

longtemps pour affirmer ce préjugé. Car il me semblait qu'il y avait là quelque chose par quoi il fallait bien passer pour asseoir une certaine réputation qui permette par la suite d'aller au-delà, et dès qu'il me parut possible de mettre un terme à cette vie effroyable — une vie vraiment effroyable, sauf peut-être pour les gens dotés de formidables tendances exhibitionnistes —, je le fis sans la moindre idée de retour.

Je dois dire en premier lieu que je ne fus pas un enfant prodige, au sens où le fut Menuhin par exemple, ce qui d'un côté fut un atout, mais aussi un inconvénient, et ce qui est certainement à la base de l'état d'esprit qui est devenu le mien vis-à-vis du concert. Je fus néanmoins un enfant prodige en ce sens qu'à un âge très tendre j'avais à mon répertoire toute une série de fugues de Bach ou de sonates de Beethoven, mais je ne les promenais pas de New York à Hambourg et de Paris à Berlin. Même si j'avais bien conscience que c'était là la manière la plus commode de faire de l'argent — et je n'étais pas immunisé contre la perspective du gain —, ni moi, ni heureusement surtout mes parents, n'avons jamais envisagé cela comme quelque chose dont on pourrait tirer profit. Je ne fis en réalité aucune tournée internationale avant l'âge de vingt-trois ou vingt-quatre ans, et même au Canada où je jouais à l'occasion, je ne fis pas de tournée avant d'avoir vingt ans, de sorte que de ce point de vue-là, je n'étais pas vraiment préparé à apprécier l'expérience du public, ce genre d'atmosphère étrange de sport sanguinaire pratiqué dans les arènes que constituent les salles de concert. Et lorsque tout d'un coup je fus projeté dans l'arène, je trouvai que c'était une expérience épouvantable et fondamentalement antimusicale. Je me suis dit alors qu'il fallait malgré tout lui donner sa chance et lui consacrer quelques années, mais je continuai de trouver cela épouvantable.

Bruno Monsaingeon. — Donc, déjà à l'époque, vous auriez préféré vous en passer ?

Glenn Gould. — Oh oui ! J'avais fait une prédiction un peu folle à l'âge de vingt-cinq ans : j'avais prévu de prendre ma retraite à trente, mais je n'y suis pas arrivé ; j'avais trente-deux ans lorsque je me suis retiré !

Bruno Monsaigeon. — *Il a dû y avoir de bonnes raisons à cela, en dehors des raisons d'inconfort personnel.*

Glenn Gould. — Je ne crois pas qu'il y ait de raison plus forte que l'inconfort personnel ; il n'y a pas de motivation meilleure que de se sentir mal dans sa peau. Tout le reste est de l'échafaudage rationnel a posteriori, me semble-t-il. Or, il se trouve que les raisons logiques sont très importantes, très impressionnantes. Il m'est arrivé à l'occasion de développer des thèses assez élaborées où j'expliquais pourquoi non seulement moi-même mais les autres devraient s'y plier [1]. J'ai eu pendant longtemps une sorte de zèle missionnaire à ce sujet. Je pense que le concert est quelque chose de totalement archaïque et le pensais déjà à l'époque où j'en donnais ; je suppose donc que ce ne devait pas être des concerts très honnêtes.

Ceci posé, je maintiens que si j'avais jamais inventé le remède-miracle qui guérisse tous les maux de gorge tels que celui que j'ai aujourd'hui, il ne me viendrait pas à l'esprit de dire obligatoirement que le remède représente l'avenir et le mal de gorge le passé. Le remède ne sera jamais que le moyen d'apaiser le mal de gorge. Eh bien, le fait d'arrêter de donner des concerts ne fut qu'une façon de mettre un terme à une expérience extrêmement désagréable. Tout cela revient donc à un dégoût profond pour un mode de vie qui me semblait être — permettez-moi d'utiliser un terme qui dans mon vocabulaire représente le comble de ce qui est péjoratif — très hédoniste, et je crois que c'est avant tout pour cette raison que j'ai décidé de cesser de m'y prêter.

Ulla Colgrass. — *Se retirer de la scène équivaudrait pour beaucoup de concertistes à couper le cordon ombilical...*

Glenn Gould. — En ce qui me concerne, donner des concerts avait si peu d'intérêt qu'il me fut très facile de couper le cordon ombilical après huit ans de ce genre d'activité. Pour moi, c'était une libération ; je devenais libre de faire ce que j'entendais, et je n'avais plus besoin de perdre mon temps en m'adonnant à cette activité totalement inutile. Je me trouve désormais dans une situation où le fait d'être interprète me donne des satisfactions que je n'avais pas

---

1. Cf. *Le dernier puritain* : L'enregistrement et ses perspectives.

auparavant, car en studio, je peux m'atteler à des projets d'une ampleur gigantesque : je peux enregistrer toutes les sonates de Beethoven, toutes les sonates de Mozart, l'intégralité de l'œuvre pour clavier de Bach, l'intégralité de l'œuvre pour clavier de Schoenberg, celle de Hindemith, etc., tandis que si j'étais resté un singe voyageur dans le circuit du cirque des concerts, j'aurais sans doute dû me limiter à jouer et à rejouer un maximum de trois ou quatre sonates de Beethoven par saison — un incroyable conservatisme s'empare du musicien de concert qui a terriblement peur de laisser apparaître qu'il n'a peut-être pas travaillé assez longtemps tel ou tel morceau, et qui a par conséquent tendance à s'en tenir à quelques œuvres solides dont il est sûr qu'elles lui obtiendront le succès où qu'il les présente.

Bruno Monsaingeon. — N'avez-vous jamais été sensible à l'éclat, à l'aspect prestigieux du concert ?

Glenn Gould. — C'est là effectivement le stimulant le plus puissant pour la plupart des artistes qui, jusqu'à leur lit de mort, semblent éprouver le besoin de se frotter au public. A quelques exceptions près lors de mon adolescence, je crois pouvoir dire honnêtement n'avoir pas été sensible à ce genre de chose.

Il y avait bien un sentiment de puissance qui ne me déplaisait pas tellement quand j'avais quatorze, quinze ou seize ans. C'était plutôt drôle de dompter un public vivant, exalté et féroce, auquel je donnais le meilleur de ce que je pouvais et pour lequel je m'étais préparé pendant des mois. Mais ce sentiment s'use très rapidement et ne tarde pas à disparaître. Ce n'est qu'une pellicule fort mince, et quand vous commencez à vous prêter à ce genre de choses trois fois par semaine dans des lieux éloignés les uns des autres et qui vous sont complètement étrangers, le charme, les séductions et l'éclat de tout cela ne durent pas bien longtemps. En tout cas, cela n'a pas duré pour moi. Non seulement cela m'a très vite lassé et dégoûté, mais je me rendis compte qu'il s'agissait de quelque chose de tout à fait improductif et que, au mieux, je ne faisais que rivaliser avec moi-même.

Lorsque je commençai à faire des enregistrements, je n'espérais rien de plus que de faire en sorte que mes interprétations en public soient aussi bonnes que l'enregistrement équivalent de la même œuvre, pour peu bien sûr que je l'aie déjà enregistrée, ce qui était d'ailleurs souvent le cas : on triche lorsqu'on donne des concerts ; on n'explore guère de nouveaux répertoires, on se contente de rejouer les mêmes vieux morceaux fatigués que l'on essaie devant son public d'enregistrement aussi bien que devant son public public. On fait tout pour s'en tirer avec le moins de travail possible et on rejoue presque toujours tout à peu près de la même manière. L'absence d'imagination règne. On n'éprouve même plus la nécessité d'exercer son imagination et on vieillit à toute allure. C'est vraiment une existence épouvantable !

D'une certaine manière, j'ai inversé le cycle normal d'une vie d'artiste. On est ordinairement supposé commencer sa carrière en donnant des concerts et l'achever dans les studios d'enregistrement à essayer de rendre permanent ce que l'on a fait à son époque la meilleure. C'est une notion très curieuse et essentiellement européenne de ce que représente le cycle d'une vie : plus on va vers l'est, plus le public intéressé par la musique semble être conditionné à penser selon une idée du caractère mystérieux d'un moment ou d'un événement sacré. Cela est déjà vrai du public très grégaire de l'Angleterre, mais encore plus sensible en Allemagne, où l'on trouve aujourd'hui des gens d'avant-garde comme Stockhausen qui se font les avocats d'expériences collectives en matière d'écoute, ce qui m'apparaît à moi comme une incohérence philosophique par rapport au type de musique qu'ils produisent.

Et puis si l'on va derrière le rideau de fer, on trouve un public qui n'achète carrément pas de disques, à moins qu'ils ne témoignent d'un événement particulier ; et voilà quelqu'un tel que Sviatoslav Richter, qui est certainement l'un des plus grands artistes de notre siècle, dont les disques sont de plus en plus fréquemment enregistrés en concert, comme s'il s'agissait de geler un événement, d'épingler des papillons sous verre pour en faire collection. Cela me paraît consternant, car il n'existe pas vraiment de procédé scientifique, acoustique, humain, grâce auquel ces événements, aussi séduisants, aussi dramatiques qu'ils puissent être, pourraient égaler ce qu'il est possible d'accomplir dans l'intimité hermétiquement close d'un studio.

La musique la meilleure n'est pas faite pour le concert ; elle est faite pour le salon, pour le micro, pour la caméra. Elle n'est pas un acte de représentation théâtrale ; elle ne requiert pas ce traitement et ne le mérite pas ! Si vous jouez dans la salle Tchaïkovsky à Moscou, vous êtes obligé de faire des concessions pour parler aussi bien aux gens qui sont assis au premier rang qu'à ceux du dernier balcon. Je sais parfaitement bien par exemple qu'à l'époque où je donnais des concerts, je jouais les mêmes œuvres de façon fort différente selon la taille de la salle, la distance entre la scène et le dernier balcon et que, du moins pour l'essentiel du répertoire classique, ma manière de traiter les choses était tout à fait inappropriée. Elle était tout à fait inappropriée pour Bach, entre autres, qui, lorsqu'il pensait à un public (ce qui n'a rien de certain), pensait tout au plus au public extraordinairement restreint d'un salon.

Or, visitant l'Europe pour la première fois en 1957, j'emmenai en tournée la *Cinquième Partita* de Bach, que j'aime tout particulièrement, et qui figura dans presque tous les programmes de récital que je donnai en Union soviétique, en Allemagne et en Autriche ; et même lorsqu'elle ne figurait pas au programme, je jouais la Sarabande ou un autre de ses mouvements en bis ; en quelques mois, j'avais donc joué tout ou partie de cette œuvre littéralement des douzaines de fois. Dès mon retour en Amérique, je l'enregistrai.

Je crois que si je pouvais rappeler tous les exemplaires disponibles de cet enregistrement — ainsi que le font certaines firmes automobiles lorsqu'elles détectent un défaut majeur dans l'un de leurs modèles — sans mettre en péril mes royalties, et le republier par la suite, après révision, je le ferais très volontiers. C'est vraiment un enregistrement effroyable. Non pas qu'il ait été mauvais pianistiquement parlant ; il est même probablement plus pianistique qu'aucun autre de mes enregistrements de Bach. Mais c'est précisément pour cette raison qu'il est mauvais : ce n'est pas du Bach, c'est du piano. J'ai toujours eu le sentiment que cet enregistrement avait terriblement pâti du fait que j'avais malheureusement essayé cette œuvre sur des publics divers. Toutes sortes d'inflexions étranges y font leur apparition, qui n'ont rien à voir avec Bach mais sont le résultat de l'espèce de projection théâtrale qui s'était peu à peu, et sans que j'en sois vraiment conscient, insinuée dans ma conception.

Au moment de le faire, j'étais resté conditionné par le réflexe du professionnel de l'estrade qui se pose avant tout la question de savoir comment il va réussir à projeter l'œuvre jusqu'au troisième balcon. (D'où la méthode traditionnellement adoptée par la plupart des pianistes qui jouent Bach en concert, et qui consiste à exagérer les cadences pour mieux souligner la séparation des phrases et des paragraphes, à faire intervenir toute une série de crescendos, de diminuendos, de légères fluctuations du tempo auxquelles Bach n'aurait jamais pensé, qu'il ne voulait pas, qui ne faisaient partie ni de son langage, ni de sa manière de concevoir la musique.) En d'autres termes, mon interprétation contenait toute une rhétorique inutile, qui était la simple conséquence de mon effort pour projeter l'œuvre dans un espace acoustique très vaste ! Dès que cela fut transféré dans l'environnement merveilleusement hermétique dans lequel le microphone fonctionne au mieux, le studio d'enregistrement, dans lequel on ne permet pas à l'œil d'agir comme un généreux collaborateur, je m'aperçus que toutes ces volutes expressives étaient des fioritures dépourvues de signification.

Trois années avant qu'elle n'ait été contaminée par cette expérience de la salle de concert, j'avais d'ailleurs déjà enregistré la *Cinquième Partita* de Bach, non pas pour une marque commerciale, mais pour les services étrangers de la CBC. Ce premier enregistrement n'est pas techniquement meilleur que celui de 1957 mais, musicalement, il s'agit d'une conception beaucoup mieux intégrée que la version ultérieure.

Autre chose curieuse, à mon retour d'Europe et en même temps que la *Cinquième*, j'enregistrai également la *Sixième Partita*, que je n'avais que très rarement jouée en public, une fois en Union soviétique et peut-être à une ou deux reprises au Canada et aux États-Unis. C'est un bon enregistrement. Pas d'effets, pas de trucs !

Bruno Monsaingeon. — Vous n'éprouvez donc pas le besoin d'avoir une communication directe avec le public ?

Glenn Gould. — Non, ou plutôt en fait, si, car, dans la mesure où il est à ma disposition, je trouve que j'ai des moyens de communication beaucoup plus directs avec l'enregistrement ou la caméra. L'œil est très généreux et on peut facilement tricher avec lui, tandis que si l'oreille est également parfois assez généreuse, on ne parvient pas à tricher avec elle aussi facilement, surtout lorsque l'œil n'y collabore pas. De sorte que l'enregistrement exige de vous quelque chose de définitif — définitif en tout cas en ce qui concerne le moment particulier de votre existence où vous l'avez réalisé. Un enregistrement ne sera jamais rien d'autre. Au moins n'est-on pas sollicité de le compromettre par des gestes, par une représentation. La caméra, le micro, sont fondamentalement des véhicules de proximité. Bach écrivait pour des oreilles qui étaient proches de l'instrument, et même si la splendeur symphonique, née au XVIIIe siècle avec tout l'appareillage de l'allegro de sonate, puis devenue de plus en plus énigmatique et ambivalente au fur et à mesure qu'elle adopta les formes gigantesques du XIXe siècle, fut conçue pour s'épanouir dans la salle de concert, même si l'on peut faire quelques exceptions évidentes pour Wagner et Bayreuth, pour des salles destinées à abriter des œuvres spécifiquement conçues pour elles, le concert me semble totalement mort comme moyen de présenter la musique de façon créatrice ou re-créatrice.

Bruno Monsaingeon. — Si je comprends bien, nous sommes loin des questions de confort ou d'inconfort personnel.

Glenn Gould. — Oui, heureusement, j'ai fini par élaborer une esthétique qui est venue donner un fondement logique à ce que je voulais faire !

Tim Page. — Voilà aujourd'hui environ dix-sept ans que vous avez abandonné la scène des concerts. A l'époque, vous affirmiez — et vous venez de confirmer ce pronostic — que la salle de concert était morte, que c'était dans l'enregistrement que se situait l'avenir de la musique. Depuis 1964, pourtant, on a pu assister à une fantastique résurgence de l'intérêt pour les concerts, tandis que l'industrie phonographique semble en pleine crise. Avez-vous révisé votre opinion en fonction de cet état de fait ?

Glenn Gould. — N'oubliez pas tout d'abord que je m'étais donné un certain volant, en précisant qu'il faudrait sans doute attendre l'an 2000 pour pouvoir dresser l'acte de décès du concert. Il nous reste par conséquent une vingtaine d'années à courir ; d'ici là, je serai de toute façon trop vieux pour qu'on vienne m'importuner avec des interviews, et on ne me tiendra plus pour responsable de mon mauvais pronostic !
Quant à la crise de l'industrie phonographique, je demeure assez optimiste. Je crois sérieusement qu'il s'agit d'un phénomène cyclique ; l'enregistrement n'est pas vraiment en crise dans les pays où la

musique signifie quelque chose de profond, comme l'Allemagne, par exemple. La crise est dans une large mesure spécifiquement américaine ; elle s'est développée très progressivement depuis un bon nombre d'années. Qu'on en sorte ou non un jour, personne ne saurait le dire. Mais si elle devait se prolonger indéfiniment, cela voudrait simplement dire que les Américains ne s'intéressent pas vraiment à la musique classique. En revanche, il ne semble pas que le concert disparaisse aussi vite que je l'aurais souhaité... pour le bien de toute l'humanité. Il s'est cependant transformé. Je n'ai assisté à aucun concert depuis 1967, année où je fus quasiment contraint de me rendre au récital d'un ami, mais j'ai l'impression que beaucoup de concerts contemporains se mettent à ressembler à une variante réincarnée des spectacles que quelqu'un comme Hans von Bülow donnait à Toronto il y a une centaine d'années, jouant la sonate *Appassionata* de Beethoven immédiatement après une séance de dressage de chevaux !

Tim Page. — Une sorte de vaudeville contemporain ?

Glenn Gould. — Tout à fait. Il y a un retour à ce type de concert « dressage de chevaux », où un petit peu de ceci suit un petit peu de cela, avant d'en arriver à un petit peu de quelque chose d'autre — ce que je trouve d'ailleurs très plaisant. Ne serait-ce qu'il y a une quinzaine d'années, les concerts de chambre étaient effroyablement rigides ; il fallait écouter un quatuor à cordes jouer du Beethoven pendant toute une soirée, sans les modules interchangeables qui existent aujourd'hui. Tout cela est complètement transformé désormais : j'ignore s'il s'agit d'un signe de lassitude — si on est encore en mesure de supporter un récital soliste pendant une soirée entière — ou s'il s'agit plus simplement d'une manière plus imaginative de penser les choses, ou encore d'un retour complet à la pensée musicale de 1880. J'ignore la signification de tout cela.

Tim Page. — Je me souviens d'une phrase de vous qui a été rapportée par le New York Times, *et qui donne une bonne idée de la manière négative dont vous considérez les concerts. Je cite : « On ne devrait pas être autorisé à observer en voyeur son prochain dans des situations d'épreuves qui n'ont pas besoin d'être pragmatiquement éprouvées. »*

Glenn Gould. — Oui. J'avoue avoir toujours eu des doutes très sérieux quant aux motivations des gens qui se rendent au concert, au théâtre, à tout ce qui est manifestation publique... Dans le passé, j'ai sans doute été coupable de quelque généralisation lorsque je disais que, pour moi, toute personne qui se rendait à un concert était au mieux un voyeur, et plus probablement un sadique. Cela n'est probablement pas tout à fait vrai ; il existe peut-être des gens qui préfèrent l'acoustique de la Salle Pleyel à celle de leur propre salle de séjour. Toujours est-il que je persiste à penser que le fait de demander à des individus de s'éprouver dans des situations qui ne requièrent aucunement ce type d'épreuves est amoral, aussi bien d'ailleurs que cruel et dépourvu d'objet.

Je dois dire que le syndrome du « Montons au sommet de l'Éverest pour la simple raison qu'il existe » me laisse de glace (il doit y avoir un jeu de mots quelque part là-dedans). Cela n'a pas de sens de réaliser quelque chose de difficile dans le seul but de prouver que c'est faisable. Pourquoi faire l'ascension de montagnes, les redescendre à ski, faire de la chute libre ou de la course automobile si cela ne répond pas à un besoin manifeste ?

Je suis tout à fait réfractaire à l'idée selon laquelle la difficulté est en soi quelque chose d'honorable et de bon. L'idée d'approcher la musique par l'expérience du concert sous prétexte que c'est là la manière vraie, éprouvée et très certainement éprouvante de faire de la musique est complètement erronée.

Le concert a effectivement été remplacé, et sans vouloir énumérer dès maintenant tous les avantages qu'apporte à mon avis la technologie par rapport au concert, j'aimerais tout de même insister ici sur l'un de ces avantages : la technologie est en mesure de créer un climat d'anonymat et de donner à l'artiste le temps et la liberté de préparer sa conception d'une œuvre au mieux de ses facultés, de perfectionner ce qu'il a à dire sans avoir à se soucier de trivialités telles que le trac ou une éventuelle fausse note. Elle est en mesure de supprimer les incertitudes effroyables et humainement dégradantes que le concert porte en lui. Savoir si, en cette occasion particulière, l'interprète va faire l'ascension d'un Éverest musical est désormais dépourvu d'importance. Et c'est là que le terme « amoral » entre en jeu. C'est un domaine très délicat, où l'esthétique touche en réalité à la théologie, mais je suis persuadé que de disposer de tout l'appareil technologique sans le mettre à profit pour s'efforcer de créer un climat de contemplation est quelque chose d'amoral !

Ulla Colgrass. — Trouvez-vous que la musique enregistrée produit sur l'auditeur un effet esthétique et physique analogue à celui de la musique en direct ?

Glenn Gould. — Non, et je crois qu'il ne le faut surtout pas. A mon avis, et pardonnez-moi à l'avance de le dire, la musique enregistrée devrait en réalité avoir un effet analogue à celui d'un tranquillisant ; elle ne devrait pas produire l'espèce d'excitation viscérale que les auditeurs vont apparemment chercher dans la salle de concert. La musique enregistrée devrait s'efforcer de créer un rapport *de un à un* entre l'interprète et l'auditeur. Et, quant au type de son auquel on essaie de parvenir dans l'enregistrement, on devrait y penser en termes de direction et d'immédiateté. Le son d'un piano n'a pas besoin d'être projeté jusqu'à la dernière rangée du balcon lorsqu'on s'adresse à un micro placé à une distance de deux mètres. Après tout, c'est exactement la même chose qui se passe pour le cinéma : on ne joue pas un rôle de la même manière pour un film ou pour le théâtre. Or, il y a là un ajustement auquel beaucoup de gens ont du mal à se prêter.

Ulla Colgrass. — Comment définiriez-vous l'artiste d'enregistrement par opposition à l'artiste de concert ?

Glenn Gould. — Difficile de répondre mais, étant donné qu'il fut une époque où j'étais moi-même l'une de ces créatures, je vais quand même tenter de le faire. Je crois que l'artiste de concert est quelqu'un pour qui le moment particulier compte davantage que la totalité. On pourrait croire qu'il s'agit là d'un paradoxe, car tout artiste de concert qui se respecte vous jurera ses grands dieux qu'il sacrifie le momentané au bénéfice du tout, qu'il s'efforce d'exprimer cette fameuse grande ligne magique qui fonctionne de la première à la dernière ligne, et que même s'il accroche quelques notes au passage, cela n'a aucune importance, car il parvient à créer une ambiance spéciale et à établir la communication entre l'estrade, la première et la dernière rangée de la salle, et tout le blablabla ! Je n'en crois pas un mot et, ayant donné beaucoup de concerts moi-même, je sais que ce qu'on fait en réalité pendant un concert consiste à se concentrer sur une série d'instants particuliers, et à essayer de les relier entre eux pour créer l'illusion superficielle d'un résultat cohérent.

Quoi qu'il en soit, je n'ai personnellement jamais ressenti ce genre de contact avec un auditoire. Tout au contraire, j'avais le sentiment que le public était un obstacle sur la voie de ce à quoi je voulais parvenir ; à chaque occasion, j'avais envie de dire : « Je crois que je vais recommencer, parce que je n'ai pas aimé ce que j'ai fait la première fois. » J'étais très frustré de ne pas pouvoir le faire, et même si une petite voix à l'intérieur me soufflait parfois : « C'est le moment de le dire, vas-y ! », je n'ai effectivement jamais eu le culot de le faire (*rires*).

Le véritable artiste d'enregistrement, celui qui comprend réellement les implications et les valeurs de l'enregistrement, est quelqu'un qui envisage la totalité, qui la voit avec tant de clarté qu'il peut aussi bien commencer au milieu d'une mesure, au milieu d'un mouvement, procéder à reculons comme s'il était un crabe, entrer instantanément dans la peau de la partition, et faire surgir du fond de lui-même, à volonté, la juste teneur émotionnelle de celle-ci. La marque d'un véritable artiste d'enregistrement réside dans la faculté de pouvoir s'arrêter ou redémarrer à n'importe quel moment et de dire : « Cela fonctionne d'une manière spécifique et qui ne s'adapte à rien d'autre qu'à un enregistrement. »

Au cours des dernières années, on a assisté à un retour en force de la mystique selon laquelle il y a, dans le concert public, quelque chose de magique, qu'il faudrait pouvoir préserver sur disque. Pendant les années soixante, on n'en parlait même plus, mais voilà qu'aujourd'hui, l'idée d'une réalisation de la première à la dernière note revient à la mode. C'est complètement absurde ; comme si l'on pouvait demander à un cinéaste de filmer l'intégralité d'*Antoine et Cléopâtre* en un seul plan ! Il est vraiment dommage de ne pas tirer parti de tout ce que les techniques de studio nous offrent. Jamais un concert ne pourra parvenir à l'intimité que procure un film parfaitement homogène, dans lequel la caméra ne fait qu'un avec la musique, dans lequel la caméra et le microphone se substituent à l'auditeur.

A l'époque où je donnais des concerts et où j'étais obligé d'inventer toutes sortes de trucs pour faire passer le message jusqu'au balcon, j'avais l'impression d'être un étudiant qui venait d'obtenir son diplôme de chez Barnum. M'adresser à la caméra ou au micro m'est au contraire quelque chose de parfaitement naturel, et tout autre essai de projection me semble désormais totalement incongru, alors qu'au tout début de ma carrière, j'étais assez décontenancé et timide devant le micro, parce que le monde de l'enregistrement m'était encore relativement étranger ; j'étais avant tout un artiste de concert, et il s'ensuivait que je m'efforçais de reproduire en studio ce que je pouvais faire de mieux en concert. J'arrive encore aujourd'hui à trouver certains charmes à mon ancien enregistrement des *Goldberg*, mais j'envisage maintenant l'acte d'enregistrement comme quelque chose de tout à fait spécial qui n'a plus rien à voir avec la reproduction d'aucun autre acte.

La différence entre mon premier enregistrement des *Variations Goldberg* et le second, qui a été fait pour un film, se manifeste particulièrement dans des choses comme la quinzième variation, très longue et très lente, qui est un canon inversé à la quinte. Il y a vingt-six ans, je lui avais donné l'allure d'un Nocturne de Chopin. Je ne reconnais plus la personne qui a fait cela, car aujourd'hui cette pièce est possédée pour moi d'une intensité dépourvue de tout effet extérieur.

Ulla Colgrass. — Est-ce que la manipulation technique permet de faire sortir d'une séance d'enregistrement moins que parfaite un enregistrement de bonne qualité ?

Glenn Gould. — Oh, oui, il y a toutes sortes de choses qu'on peut faire. Je pourrais vous raconter des histoires de manipulation qui vous feraient dresser les cheveux sur la tête. Je vais vous en raconter une, mais je ne vous dirai pas l'endroit dont il s'agit — vos lecteurs pourront toujours essayer de chercher si le cœur leur en dit. Dans un très récent enregistrement de moi de sonates de Beethoven, deux pianos différents furent utilisés. Trois mouvements de l'une de ces sonates furent enregistrés en 1976 sur un premier piano, tandis que le mouvement restant fut enregistré en 1979 sur un autre piano. Il est impossible d'imaginer des pianos à la sonorité plus différente. Je savais que cela allait poser un problème, parce qu'il allait se produire un changement dramatique d'ambiance au milieu du disque. Au moment du montage final, nous fîmes quelques essais préliminaires et mîmes les deux pianos sur une fréquence sonore à peu près équivalente, mais nous nous aperçûmes que cela ne suffisait pas. Nous décidâmes alors de louer un appareil d'égalisation graphique très spécial, dont la console était aussi riche en jeux que celle d'un orgue, et grâce auquel nous réussîmes à faire sonner le second piano comme s'il s'était agi du premier. Personne ne semble avoir détecté la moindre différence sonore (*rires*).

Theodora Shipiatchev. — Vous ne vous êtes pas privé à l'occasion de divulguer le nombre exact de collures utilisées dans la « construction » de tel ou tel de vos disques. Vous déclarez volontiers que, tandis qu'un mouvement pouvait avoir été fait sans montage et ne comporter aucune collure, le suivant pouvait en contenir deux ou trois douzaines. Ne trouvez-vous pas franchement que cela soit dérangeant, que cela détourne l'attention de l'auditeur sur le processus de ce que vous faites, et la distrait de l'essentiel : le résultat final dans sa totalité ?

Glenn Gould. — Il me semble important de déboulonner le mythe du virtuose démoniaque qui engloutit des sonates entières d'un seul bond, qui joue tout d'un trait, qui refuse de profiter des options ouvertes par la post-production et qui, ce faisant, est estimé s'être comporté de façon vertueuse, honnête et intègre, ou, pour le cas où il aurait laissé une pelletée de fausses notes dans son sillage, avoir révélé la fragilité bien humaine de sa nature. Confondre comme on le fait toujours le fait d'être capable de jouer une œuvre — ou de vouloir le faire — de la première à la dernière note, confondre cela avec la notion d'intégrité musicale, est une idée qui m'exaspère. L'imagination de l'interprète ne peut être autre que limitée au moment de l'action, au moment où il se trouve sous la mitraille, pourrait-on dire, tandis qu'il peut libérer toute son invention dès lors qu'il s'autorise le loisir de réfléchir aux prises et inserts variés qui lui fournissent le matériau brut à partir duquel il pourra rassembler ses pensées les meilleures et en tirer un enregistrement. S'il ne sait faire cela, s'il lui faut absolument relire les deux premiers actes de Hamlet pour arriver à trouver le ton juste qui lui permette de dire « To be or not to be » de façon inspirée et cohérente, c'est qu'il n'est pas un artiste d'enregistrement, mais seulement un artiste qui fait des disques. Ainsi, toutes mes confessions statistiques ont un seul but, qui est de dire à l'auditeur hypothétique : « En matière d'art, la fin justifie tous les moyens éditoriaux, aussi biscornus soient-ils. Peu importe la quantité de prises et d'inserts, du moment que le résultat a l'apparence d'un tout cohérent. »

Oui, c'est vrai, j'utilise les statistiques et n'hésite pas à dire de combien de prises est composé tel ou tel de mes enregistrements. Cela dit, rien ne me semble moins important que de savoir si Élisabeth Schwarzkopf et moi avons utilisé une seule prise ou vingt-trois pour enregistrer une mélodie ; ce qui est en revanche très important, c'est de faire accepter le processus dans toute sa complexité, c'est de convaincre les non-croyants que l'enregistrement est un art en soi, qu'il possède ses propres critères et qu'il faut les respecter. Lorsque cela sera fait, je serai le premier à jeter toutes les statistiques au panier ; croyez-moi, ce sera une grande joie.

Bruno Monsaingeon. — Ce que vous disiez il y a un instant en affirmant que l'activité de studio et l'activité de la salle de concert s'excluaient mutuellement, que l'objet enregistré n'était pas ou ne devait pas être la reproduction de ce qui peut se passer en concert, revient donc à revendiquer pour l'enregistrement la qualité d'art autonome. Quel objectif poursuivez-vous lorsque vous réalisez une telle « œuvre d'art » et, subsidiairement, comment croyez-vous que puisse la recevoir son consommateur, l'auditeur ?

Glenn Gould. — Je pense que cela peut être résumé par un très mauvais jeu de mots paraphrasant M. Nixon lorsqu'il disait : « Permettez-moi d'éclaircir les choses » ; parce que s'il y a une chose qu'on essaie de faire lorsqu'on réalise un enregistrement, c'est de faire que les choses soient claires, perpétuellement claires pour ceux qui vous écoutent : en d'autres termes, votre conception de l'œuvre.

Je crois que ce qu'il y a de plus curieux dans l'enregistrement et dans la manière dont les gens réagissent à son sujet — je ne veux pas simplement parler des réactions des auditeurs mais de l'attitude de ceux qui participent à sa confection — c'est qu'il y a là un mélange assez étonnant de démocratie et d'autocratie.

L'enregistrement est évidemment autocratique dans le sens où, lorsque son produit final sort du studio, il a été si l'on peut dire mis en boîte, monté par moi-même, et orienté selon mon humeur du moment, ce qui veut dire qu'il ne serait pas forcément monté de la même manière la semaine suivante. Lorsque l'enregistrement est lancé dans le monde, il porte le sceau d'une conception qui m'appartient entièrement.

Il acquiert cependant un caractère démocratique si l'on songe que, une fois sorti du studio, il ne sera jamais entendu de la façon dont je l'ai moi-même entendu.

Je souhaiterais très ardemment que cette différenciation et que les possibilités de différenciation pour l'auditeur soient infiniment plus grandes qu'elles ne le sont actuellement. Mais elles le deviendront, c'est vers cette tendance que nous nous dirigeons. La meilleure illustration que je puisse vous donner de tout cela est que je n'écoute jamais moi-même, et cela par choix, mes propres enregistrements dans l'état qui était le leur lorsqu'ils sortent du studio. Ayant horreur des basses mais adorant les hautes fréquences, j'ai tendance à régler mes amplis chez moi de manière à ce que mon jeu soit plus brillant — je ne veux pas dire brillant dans le sens de la virtuosité mais dans celui de la finesse du son — et cherche par conséquent à obtenir de mes appareils de reproduction une sonorité différente de celle que j'ai en réalité créée au moment de l'enregistrement.

Dans ce cas, me direz-vous (et je suis sûr que vous me le diriez si je vous en laissais l'occasion !), pourquoi n'enregistrez-vous pas de cette façon ? La raison en est que de nos jours il existe certaines orientations dans l'industrie phonographique — et je pense que c'est fâcheux — mais il existe certains interdits, certains commandements qui décrètent quelles sont les normes acceptables en matière de son. Aucun ingénieur du son n'acceptera de voir les aiguilles du potentiomètre pénétrer dans la partie rouge du cadran, ou de supprimer les basses fréquences. Mais moi, en tant qu'auditeur, je vois les choses de façon différente. Nous en arrivons là au point où démocratie et autocratie se rejoignent. En effet, une fois que j'ai quitté le studio, j'espère profondément que personne n'écoutera l'enregistrement en ayant l'impression que j'ai voulu imposer une conception personnelle intouchable. Je lui ai bien entendu donné certaines caractéristiques sur lesquelles il est impossible de revenir, car je ne détiens pas encore la technologie indispensable pour pouvoir dire à l'auditeur : « Voilà les seize prises que j'ai enregistrées ; prenez-les telles quelles et assemblez-les comme bon vous semble. » Cela serait l'idéal, à supposer que l'auditeur ait lui-même une conception minimale de ce qu'il souhaite. Il faudrait pouvoir simplement créer les éléments du produit et les rendre disponibles au monde en disant : « Voilà mon enfant ; élevez-le selon vos goûts, vos souhaits et votre foi. »

Nous ne détenons pas encore la technologie qui nous permettrait d'aboutir à cela. On y vient peu à peu cependant ; il existe par exemple depuis quelque temps un procédé technique — et je suis sûr qu'il se frayera un chemin jusqu'à la Maison-Blanche — qui permet de changer le tempo d'un enregistrement sans que la tonalité en soit affectée. On pourrait a priori penser que c'est le genre de choses qui n'intéresse que les laboratoires, mais cela ouvre en réalité des perspectives beaucoup plus intéressantes, car cela veut dire que si vous, Bruno, enregistrez le *Concerto pour violon* de Beethoven selon le tempo qui vous semble souhaitable au moment où vous le gravez, mais qu'il se trouve que moi, auditeur, suis d'humeur plus gaie et souhaite l'entendre plus vite mais toujours joué par vous, grâce à ce procédé technique, je serai en mesure de le faire. Je serai devenu ainsi un auditeur participant.

Et c'est précisément ce curieux mélange de démocratie et d'autocratie qui est mal perçu pour la plupart des gens. J'entends très souvent dire par nombre de mes collègues — et pas seulement par ceux de la génération précédente, mais aussi chez des jeunes loups de vingt ans dans la bouche desquels, soit dit en passant et tristement, revient la même vieille rengaine selon laquelle le micro serait « un instrument hostile, un destructeur d'inspiration, dépersonnalisant, incapable de réaction » : « L'enregistrement est quelque chose d'intéressant ; il est une source de revenus supplémentaires, il permet d'élargir son activité, il permet de léguer quelque chose à la postérité, il peut devenir objet de collection », comme s'il s'agissait de timbres sur lesquels on puisse apparaître en effigie. Ce n'est évidemment pas ainsi que j'envisage le phénomène. Mais je crois surtout que ce qui manque à cette vision des choses, c'est l'humilité, c'est l'idée qu'avec l'enregistrement l'artiste doit abandonner une partie de son pouvoir, que la hiérarchie supposée intangible des valeurs artistiques est susceptible d'être remise en cause.

D'ailleurs, la plupart des interprètes — des gens parfois très distingués et très fameux — se déclarent convaincus qu'il faut tout jouer d'une traite, deux ou trois fois si nécessaire, et qu'il suffit ensuite de choisir ce qu'il y a de meilleur. L'idée qu'il puisse exister une sorte de moralité de type Watergate ne vient à l'esprit de personne. Tout ce monde vit dans l'illusion du caractère sacré du souvenir de moments isolés, d'instants de l'histoire qu'on aurait pu pour ainsi dire immobiliser. C'est charmant, mais c'est illusoire. La vie n'est pas si simple, ni la musique, Dieu merci.

Ulla Colgrass. — Depuis quand participez-vous au montage de vos enregistrements ? Depuis quand êtes-vous votre propre directeur artistique ? Est-ce qu'on vous a sollicité d'aller au-delà de votre rôle de pianiste, ou bien est-ce vous qui avez été demandeur ?

Glenn Gould. — Je n'ai pas particulièrement insisté là-dessus. Cela s'est passé tout naturellement et progressivement, mais une fois que c'était là, je n'ai bien entendu rien rejeté. En ce qui concerne le montage, c'est vers le milieu des années soixante que j'ai commencé à m'intéresser très sérieusement à ce qui se passait au cours de la post-production, et je me suis aperçu que ce travail était loin d'être mené avec suffisamment de soin — je ne porte d'ailleurs pas là de jugement critique à l'égard des gens avec lesquels je travaillais, car le problème résidait en moi. Tant que je voyageais pour donner des concerts — jusqu'en 1964 —, je n'avais tout simplement pas le temps de me concentrer véritablement sur le montage et de décider le détail des prises et des inserts, etc., ce qui n'a rien d'inhabituel pour un concertiste, et est en fait la norme. Il en résulte que je trouve beaucoup de mes premiers enregistrements irritants à écouter, même s'ils possèdent très souvent une grande vitalité.

Une fois après m'être libéré du pesant fardeau des concerts, je me suis mis à faire moi-même un prémontage de mes enregistrements ; je commençai alors à me rendre compte des possibilités ouvertes par le montage et élaborai certaines théories sur la manière dont on pouvait tirer parti de l'idée de temps dans le studio d'enregistrement. Un jour, Schwarzkopf m'a raconté, presque en s'excusant, que pour chaque heure passée en studio, elle enregistrait rarement plus de trois minutes de musique, et à l'époque cela me parut très surprenant, étant donné que j'avais l'habitude d'en engranger au moins six ou sept. Aujourd'hui, le maximum auquel j'arrive ne dépasse jamais deux minutes, ce qui fait que je suis maintenant encore plus lent qu'elle. Ce n'est pas que je fasse un nombre incalculable de prises. En réalité, bien que j'enregistre généralement pendant huit heures d'affilée, je ne passe guère plus d'une heure au piano, et sur une séance de huit heures, il est rare qu'on aboutisse à plus de trente minutes de bobines de travail.

Tout cela est fort différent de la méthode qui était la mienne il y a vingt ans, et qui consistait à passer l'essentiel du temps au piano et à écouter plus ou moins soigneusement les prises les plus prometteuses avant de filer à l'aéroport en espérant que le montage se passerait bien.

Aujourd'hui, le temps est en réalité presque entièrement passé en régie, à réécouter les prises autant de fois qu'il est nécessaire pour décider très précisément des inserts destinés à couvrir telle ou telle chose dans une prise de base ou dans un insert préalable. Pour faire cela, j'utilise un chronomètre digital qui est capable de travailler au centième de seconde. Aujourd'hui, je suis heureux de pouvoir affirmer que rares sont les points de montage décidés qui ne fonctionnent pas, alors que dans le bon vieux temps, il y en avait un effroyable pourcentage.

J'essaie d'utiliser le studio de la même façon qu'un cinéaste utilise la salle de projection. Pour parler en termes de cinéma, disons que j'exige de voir tous les « rushes » dès après le tournage.

Bruno Monsaingeon. — De tous les musiciens que je connaisse, vous êtes celui, et de loin, qui apportez le plus de minutie à la réalisation de ses enregistrements. Vous ne vous contentez pas de jouer et d'approuver ou de rejeter le produit final que vous propose un directeur artistique, mais vous effectuez le montage vous-même et vous surveillez le mixage de telle sorte que celui-ci réponde très exactement à vos instructions. C'est tout juste si vous n'allez pas jusqu'à mettre le disque dans sa pochette.

Glenn Gould. — Oui, le sevrage est presque insupportable. Cela a sans doute à voir avec l'ego, j'imagine. Étant donné que je laisse partir mes disques en liberté dans le monde pour qu'ils y mènent la vie démocratique dont je parlais il y a un instant, je veux les couver jusqu'au dernier moment et leur donner mon ultime bénédiction : « Allez, mais conduisez-vous bien, soyez sages... »

Non, en fait, il y a quelque chose de plus pratique que cela, à savoir que, lorsque je sors d'une séance d'enregistrement, j'ignore en général ce que le produit va donner par la suite. Je ne le sais que lorsque j'arrive en salle de montage.

Bruno Monsaingeon. — Vous n'avez pas opéré de choix avant de...

Glenn Gould. — Si, j'ai choisi en ce sens que je me suis couvert. J'ai rejeté ce qui était abominable ou tout simplement médiocre. Je me suis couvert avec quelque chose de respectable et de décent qui ne sera pas en fin de compte un objet d'embarras. Je sais qu'il n'y a pas la moindre fausse note dans la prise principale, parce que j'ai tout fait pour m'en assurer. Cependant, arrivé à ce stade, je n'ai pas déterminé dans le détail le caractère de l'œuvre. Cela dépend ; une fois ou deux, on fera quelque chose du premier coup. Je m'assieds au piano, le directeur artistique dit « Première prise », et il en sortira une première prise qui sera la prise finale et la seule. Néanmoins, en ce qui me concerne, le processus plus normal consiste à trouver ma voie au fur et à mesure. De plus, comme vous le savez, je ne travaille pas le piano avant d'arriver au studio, et cela fait partie du secret ; lorsque j'en arrive à la prise dix-sept, je commence évidemment à jouer à peu près correctement ! Je plaisante, mais à peine.

Il est périlleux, pour moi du moins, d'approcher le médium de l'enregistrement de façon trop préparée. Je récuse tout ce qui pourrait être facteur de pression au moment d'agir. C'est pour cette raison que, très souvent, j'arrive au studio sans grande préparation. Si j'ai bien sûr une notion très précise du morceau au moment de quitter le studio, rien n'est encore figé en moi au moment d'y pénétrer. Les choses prennent progressivement forme, au fur et à mesure que nous opérons le tri de ce qui est disponible dans ce gigantesque puzzle constitué par le mélange des prises 11, 9 ou 17, qui nous permettra avec un peu de chance d'élaborer une interprétation. Si on arrive au studio avec un état d'esprit de « fait accompli » trop prononcé, on a toutes les chances d'être déçu, car ce n'est pas ainsi que se fabrique un enregistrement.

Il m'est donc impossible d'appeler mon directeur artistique pour lui dire : « Nous allons enregistrer la *Troisième Suite anglaise* de Bach qui durera vingt minutes. » Je ne peux pas le faire pour la bonne raison que dans ma salle de musique je joue environ 20 ou 25 % plus vite que dans l'auditorium où j'enregistre à Toronto, ou dans le studio de New York, car à partir du moment où je mets les pieds dans une telle ambiance, quelque chose me dit : « Sois expansif, fais ressortir des niveaux et des détails que l'acoustique de la salle de séjour avec la moquette et les meubles ne permet pas d'entendre. » Il y a là une différence si importante qu'inévitablement elle transforme de façon radicale la conception du morceau. Il serait donc fou de ma part d'essayer de reproduire ce que je fais à la maison.

Bruno Monsaingeon. — *En quelque sorte, vous faites intervenir l'idée de temps dans le processus?*

Glenn Gould. — Oui, absolument, et cela non seulement dans le sens de l'allongement des tempi, mais aussi dans le sens beaucoup plus profond où il s'interpose entre aujourd'hui, hier et demain, entre l'acte physique qui consiste à jouer, le moment de la conception initiale et celui de la mise en forme définitive. Je crois vraiment que c'est là le secret de l'enregistrement.

Theodora Shipiatchev. — *Votre premier disque pour CBS remonte à 1955; il est aujourd'hui devenu historique. Vous a-t-on toujours laissé libre d'enregistrer le répertoire que vous souhaitiez?*

Glenn Gould. — La tradition littéraire occidentale nous a conditionnés à penser que, pour faire un bon papier, quelles qu'en soient les dimensions, il était indispensable d'élaborer une structure dramatique qui décrive des positions antagonistes, des heurts d'opinion, des conflits d'intérêts et d'énergies. Il se trouve que je considère que c'est là une tradition moralement détestable, et que le quart de siècle que j'ai passé à travailler pour CBS a été presque entièrement dépourvu de ces polarisations et de ces antagonismes, de ces tensions et de ces périodes de détente de la dynamique humaine — le va-et-vient des projets amorcés puis contrariés — qui, pour l'écrivain, apportent une solution aux problèmes de structure, et pour le lecteur, à ceux d'une attention soutenue.

Tout cela pour dire que mes relations avec CBS se sont déroulées sans que pratiquement aucun conflit surgisse quant à la politique d'enregistrement. A l'occasion, quelques patrons du groupe ont bien fait pression pour que j'enregistre un répertoire qui m'était antipathique ; il y a dix ans, on a beaucoup insisté pour que je fasse un disque Chopin. Il m'a suffi de dire qu'il n'en était pas question pour que tout soit résolu de la façon la plus amicale. A dire le vrai, je n'arrive à me souvenir que d'une seule occasion où une modeste objection ait été mise en avant à l'encontre d'une œuvre que je voulais absolument enregistrer. Voudriez-vous essayer de deviner de quelle œuvre il s'agissait ?

Theodora Shipiatchev. — *Étant donné que vous avez enregistré des centaines d'œuvres, je préfère donner ma langue au chat.*

Glenn Gould. — Bon, eh bien, c'étaient les *Variations Goldberg*!

Theodora Shipiatchev. — *!!!*

Glenn Gould. — Oui, et l'objection n'était pas tellement illogique après tout. En 1955, j'étais totalement inconnu hors des frontières du Canada, et même à la maison, mon nom était loin d'avoir pénétré dans les chaumières. De surcroît, les *Variations Goldberg* étaient considérées à l'époque comme la propriété privée de Landowska, ou de quelques autres artistes de cette génération et de cette stature, et me voilà, jeune blanc-bec de vingt-deux ans qui n'avait aucun enregistrement commercial préalable à son actif, qui avait en tout et pour tout joué deux fois les *Goldberg* — une fois en concert et une fois à la radio — et qui avait la prétention d'utiliser cette œuvre comme véhicule pour ses débuts au disque. Dans ces conditions, il n'est pas tellement difficile de comprendre le point de vue des gens qui émettaient quelques doutes quant à la viabilité de l'entreprise. Or, voilà à quoi s'est résumée la discussion entre le directeur de CBS avec lequel je venais de signer un contrat et moi :

Lui. — « Que voulez-vous enregistrer comme premier disque ?
Moi. — Les *Variations Goldberg*.
Lui. — Croyez-vous que cela soit vraiment raisonnable ? Ne pensez-vous pas que les *Inventions à deux et trois voix* seraient un choix plus indiqué ?
Moi. — Non, je préférerais faire les *Goldberg*.
Lui. — Dans ce cas, puisque vous insistez, allons-y. »

Et ce fut tout. C'est resté pour moi ce que j'appellerai l'obstruction style CBS, et cela illustre à mon avis mieux que quoi que ce soit le problème littéraire particulier dont je parlais plus haut.

Ulla Colgrass. — Est-ce que cette liberté s'étend à la collaboration que vous pouvez avoir avec d'autres artistes ?

Glenn Gould. — J'ai certainement un droit de veto à cet égard ; CBS suggère certains noms, et je réponds simplement par oui ou par non. Il faut vous dire que je suis l'un des plus anciens là-bas — seuls Rudolf Serkin et Isaac Stern sont dans l'écurie depuis plus longtemps que moi. Cela me donne l'impression d'être déjà très vieux *(rires).*

Il arrive que certains projets soient abandonnés puis repris dix ans plus tard. J'ai plusieurs choses qui traînent dans les boîtes depuis le milieu des années soixante et qui ne verront probablement jamais la lumière du jour — à moins qu'on ne les sorte sous un assemblage spécial — parce qu'elles ne répondent pas aux critères économiques d'aujourd'hui ; il y a toujours une certaine politique d'enregistrement à long terme en ce qui concerne ce que je voulais faire pour CBS — comme par exemple l'intégrale de l'œuvre de Bach —, mais ceci posé, on me laisse libre d'expérimenter comme je l'entends. Nous avons bâti un type de relations qui est, je crois, tout à fait unique.

Ulla Colgrass. — Travaillez-vous toujours avec la même équipe ?

Glenn Gould. — Pas vraiment. Il y a un groupe de techniciens qui travaillent avec moi en fonction de leur disponibilité. J'essaie d'en garder un ou deux sur toute la durée d'un même projet, de sorte qu'ils puissent conserver à l'esprit le rythme de ce qui se passe.

Ulla Colgrass. — Je sais que vous ne portez pas tellement dans votre cœur le répertoire romantique, et que vous avez des sympathies et des antipathies très prononcées. En toute objectivité, croyez-vous que deux personnes différentes écoutant une même musique entendent la même chose ?

Glenn Gould. — Je l'ignore ; je n'ai jamais vraiment réfléchi à la question. Il est probable que, si nous nous installions vous et moi pour écouter un enregistrement quelconque, il se dégagerait un certain vocabulaire commun. Il se pourrait que vous aimiez telle chose que moi je n'aimerais pas, mais il me semble que nous pourrions trouver un certain type de langage pour décrire l'expérience que nous partagerions. Malgré tout, on devrait pouvoir espérer de la part de chaque auditeur une réaction complètement individuelle.

Ulla Colgrass. — Personnellement, je n'éprouve que rarement la même chose en écoutant deux fois la même œuvre. Si donc les réactions peuvent tellement varier chez une seule personne, je me demande...

Glenn Gould. — Vraiment ! Eh bien, je vais vous dire ce qui se passe en ce qui me concerne, en tant qu'auditeur. A chaque époque de mon existence, il y a peut-être une demi-douzaine d'enregistrements que j'écoute et que je réécoute sans cesse. Il en va d'ailleurs de même pour les films. J'enregistre des films sur mon magnétoscope, et je suis la seule personne que je connaisse qui regarde un seul et même film jusqu'à quarante ou cinquante fois. J'en étudie littéralement chaque plan.

Ulla Colgrass. — Quel genre de films ?

Glenn Gould. — Oh, *Woman in the Dunes*[1] est l'un de mes préférés... Mais ce que je voulais dire est que je me satisfais parfaitement de quelque chose que je connais à fond, et que je ne suis pas sans arrêt en train de courir après de nouvelles expériences musicales ou cinématographiques.

Ulla Colgrass. — Cela veut-il dire que, lorsque vous aimez une œuvre, votre fascination pour elle entre dans un cycle d'expansion ?

Glenn Gould. — Absolument. J'ai beau avoir une vaste collection d'enregistrements, il semble qu'à certaines périodes de mon

---

1. *La Femme de sable,* film de Teshigahara, 1964

existence, un besoin irrésistible pour une œuvre particulière se manifeste en moi, et cela pendant de longs mois, un peu comme quelqu'un qui aurait besoin de valium (*rires*). Pour vous donner un exemple, il fut une époque, il y a environ deux ans, où, travaillant à mon documentaire sur Richard Strauss, je devins si intoxiqué par les *Métamorphoses* qu'il me fallait absolument les entendre au moins une fois par jour. Cela dura plusieurs mois — l'œuvre me pétrifiait et m'émouvait à tel point qu'elle était littéralement devenue une partie de moi-même.

Ulla Colgrass. — A quoi attribuez-vous l'intensité qui est la vôtre dans tout ce que vous entreprenez, que ce soit jouer, écrire, ou faire des programmes de radio et de télévision ?

Glenn Gould. — Si c'est vrai, vous dites là quelque chose de très flatteur. Je crois que cela est dû au fait que je ne m'occupe que de choses que je veux réellement faire et qui ont une profonde résonance en moi. Cela vous empêche de travailler à ras de terre ; vous vous impliquez au contraire passionnément dans chaque projet.

Ulla Colgrass. — Vous êtes essentiellement intellectuel, mais on trouve dans vos interprétations davantage que de l'intellect. Quel est à votre avis ce qui donne sa forme distinctive à l'expression « gouldienne » ?

Glenn Gould. — C'est très compliqué. J'aimerais croire qu'il existe — surtout depuis ces dernières années — une sorte de paix automnale dans ce que je fais, de telle sorte qu'une bonne part de la musique devient une expérience tranquillisante, à la manière de ce que les *Métamorphoses* sont devenues pour moi. Je ne dis pas que mes enregistrements y parviennent absolument, encore que je serais très heureux qu'il en soit ainsi. Ce serait merveilleux si ce que nous réalisons sous forme enregistrée contenait la possibilité d'un certain degré de perfection, d'un ordre non seulement technique, mais aussi et surtout spirituel. On espère toujours au début que cela sera le cas, et si l'on est manifestement limité par les imperfections spirituelles éventuelles de la musique qui fait l'objet d'un enregistrement, ainsi d'ailleurs que par nos propres imperfections, je crois qu'on trouve dans tout cela bien davantage que la simple exploration des dimensions techniques de l'interprétation et de l'électronique.

Acte IV
Les compositeurs

Theodora Shipiatchev. — Vous nous avez apporté quelques éclaircissements sur la manière dont vous envisagiez vos rapports avec le monde, sur votre conception de l'interprétation, du concert et de l'enregistrement. Peut-être ne serait-il pas inutile d'ouvrir maintenant un chapitre dans lequel vous pourriez préciser ou résumer votre pensée à l'égard d'un certain nombre de compositeurs, compte tenu du fait que vos goûts en la matière sont loin d'être un décalque exact de ceux de la plupart des pianistes.

Et tout d'abord, à tout seigneur, tout honneur, Jean Sébastien Bach.

Pouvez-vous vous souvenir des premières fois où vous avez entendu du Bach ?

Glenn Gould. — Humm, ce durent être mes propres interprétations ! (*rires*). Non, ce n'est pas sûr ; d'ailleurs, je n'étais pas si précoce et n'ai guère éprouvé d'attrait pour la polyphonie avant dix ans. Jusqu'à cet âge, j'étais plutôt enclin aux choses harmoniques, mais à dix ans, j'ai tout d'un coup capté le message. Bach a fait irruption dans mon monde et ne l'a plus quitté depuis. Toutefois, ce n'est pas avec une fugue de Bach que tout cela a commencé, mais avec une fugue de Mozart, celle en *ut majeur, K.394*, qui est une merveilleuse étude académique sur comment-écrire-une-fugue-en-obéissant-scrupuleusement-aux-instructions-du-manuel-sans-jamais-vraiment-parvenir-à-lui-faire-prendre-de-lahauteur. Toujours est-il que je l'aimais bien, et que j'étais en train de la travailler (j'ai d'ailleurs maintes fois rapporté cette anecdote) lorsqu'on a fait démarrer un aspirateur près du piano. Il y avait à l'époque une espèce de conflit larvé entre moi et la femme de ménage, laquelle cherchait exprès la moindre occasion pour me déranger. Or, voilà qu'à cause du vacarme de l'aspirateur, je n'arrivais plus à bien m'entendre jouer, mais que je me mis à sentir ce que je faisais, la présence tactile de la fugue telle qu'elle était représentée par la position des doigts. C'était la chose la plus excitante et la plus lumineuse qu'on puisse imaginer. Cela évacuait tout ce que Mozart n'était pas complètement arrivé à faire et que je faisais à sa place, et je me rendis soudain compte que cet écran que j'avais érigé entre moi-même, Mozart et sa fugue était exactement ce dont j'avais besoin, qu'un processus mécanique pouvait intervenir entre moi-même et l'œuvre d'art qui était l'objet de mon attention.

Ce fut là un grand moment ; sans être une expérience qui se rattachait à Bach, ce fut pourtant ma première prise de conscience de ce qu'est véritablement l'expérience contrapuntique, à quel point elle est absorbante et quelle quantité d'étages superposés la constitue. Ce fut bien entendu une expérience extraordinairement intime, car elle avait abouti à apposer des scellés sur les différentes aires de la pièce, en m'isolant de celles-ci. L'aspirateur était devenu le vide dans lequel je travaillais, la fugue et la relation que j'entretenais avec elle étant la seule chose qui existât. Je m'étais enfin éveillé au véritable phénomène contrapuntique. Et cela était bien sûr indispensable pour que Bach entre enfin dans ma vie.

S'il est un seul homme de musique (comme on parle d'hommes de lettres) dont on puisse dire qu'il soit universel, qu'il ait pu être perçu à partir des points de vue les plus divergents d'une génération à l'autre en étant capable de soutenir tous les jugements, toutes les idées de progrès et d'évolution du langage au cours des deux cents années qui se sont écoulées depuis sa mort, tout en continuant d'exercer une fascination toujours plus complexe, plus contemporaine et pourtant plus mystérieuse que jamais, c'est bien Sébastien Bach.

Il est sans doute le seul artiste dont l'œuvre a pu servir de référence aux idées et aux concepts diamétralement opposés d'artistes et d'esthéticiens de toute époque. A Mozart, Bach apparaissait comme l'incarnation d'un idéal scolastique, d'un idéal digne du plus haut respect, mais d'un idéal qui, dans les perspectives mozartiennes, était destiné à être maintenu en réserve pour des occasions très spéciales et à être utilisé uniquement dans les fugues à effet et dans les pieux Kyrie de ses messes et de ses motets. Pour Mendelssohn, Bach représentait la perfection ultime de l'architecture musicale, la manifestation d'une présence spirituelle dans une réalité temporelle. Pour les Victoriens, Bach représentait l'apothéose sonore d'un âge dans lequel la foi tenait encore sous son emprise la raison. Pour les post-wagnériens, Bach était la personnification de l'idéal contrapuntique, la garantie que la complexité n'empêchait aucunement la grandeur acoustique. Les néoclassiques voyaient en Bach l'exemple même de la clarté et de la perfection du miniaturiste, la manifestation suprême de la précision dans le domaine de l'expression de la pensée. Ce qui attire les sérialistes dans la musique de Bach, ce sont les subtilités de la fragmentation, tandis que ce qui intéresse les musiciens de jazz, c'est la pulsation perpétuelle d'un ostinato implacable. L'homme religieux y trouve l'incarnation d'une inspiration divine, l'agnostique, la réalité d'une opiniâtreté terrienne. Dans l'universel, à chacun sa vérité.

Mais pour parvenir à l'universel, il est indispensable de s'arracher aux pesanteurs de l'histoire, de se soustraire au conformisme chronologique dont chaque époque est porteuse, et ce qui me touche le plus chez Bach, c'est ce à quoi il aboutit à la fin de sa vie avec, par exemple, l'*Art de la Fugue,* mais qui à vrai dire se trouvait déjà à l'état latent dans ses premières œuvres. Bach écrit cette musique à contre-courant de toutes les tendances de son temps. Il renonce dans la dernière fugue de l'*Art de la Fugue* aux modèles modulatoires qu'il utilisait avec succès six ou sept années auparavant dans les *Variations Goldberg* et dans le second livre du *Clavier bien tempéré,* pour adopter une veine plus détachée et moins clairement définie, faisant penser au style du Baroque primitif ou de la Renaissance tardive. C'est comme s'il déclarait au monde : « Peu importe désormais ; il n'y a plus de *Concertos Italiens* en moi ; voilà maintenant ce que je suis et ce que je fais ! »

Bach, en réalité, ne représente pas davantage son époque que Gesualdo l'âge de la Renaissance italienne, ou Strauss celui de l'atome. Avec eux, nous avons affaire à des hommes pour lesquels le mouvement de l'art ou son évolution semblent comme suspendus, sans rapport avec le passage du temps, capables d'apparaître comme une rétrogression aussi bien que comme une progression, dotés d'une dimension particulière dans laquelle l'essence du temps peut être découverte et son absence ressentie. Bach transcende tous les dogmes artistiques, toutes les questions de style, de goût et de langage, toutes les stériles et frivoles préoccupations de l'esthétique.

En ce qui me concerne, Bach constitue la raison première pour laquelle je suis devenu musicien. L'amour de sa musique a jusqu'à un certain point imprégné toutes les autres entreprises auxquelles je me suis intéressé par ailleurs.

Gertrud Simmonds. — Je serais curieuse de connaître vos sentiments à l'égard d'un compositeur comme Monteverdi.

Glenn Gould. — Nadia Boulanger, qui fut pendant deux générations le mentor attitré et très écouté d'un bon nombre des plus fameux compositeurs du XXe siècle, a un jour déclaré au sujet de Monteverdi : « C'était un génie, mais un génie qui savait exactement ce qu'il faisait. C'était un homme qui choisissait, un homme qui pensait. Ce n'était pas un homme qui n'était qu'inspiré, comme le sont la plupart des grands. »

Je ne saurais être plus en désaccord avec Mlle Boulanger quant à la nature du génie, et ne crois pas que l'artiste génial ne soit rien d'autre qu'un intuitif naïf, ni que l'intellect et l'inspiration soient le moins du monde divisibles, et pourtant, je crois qu'elle a raison pour ce qui est de Claudio Monteverdi. C'était effectivement un homme qui choisissait et ne pouvait guère faire autrement car, s'il fut jamais époque à contraindre les artistes à opérer des choix, ce fut bien son époque. Et dans la musique de Monteverdi, les ramifications de ces choix aboutirent parfois à des résultats presque schizophréniques. Une grande partie de ce qu'il écrivit appartenait à la solide tradition de la Renaissance. C'était une musique au contrepoint subtil, à l'harmonie luxuriante, et dotée d'une sorte de liberté rythmique qui ne peut s'épanouir qu'à partir d'une sûre et parfaite connaissance du métier. Cette connaissance prenait appui sur trois siècles d'expérimentations et d'erreurs qui avaient affiné le processus contrapuntique ; Monteverdi est néanmoins l'auteur d'œuvres singulièrement précaires, qui délaissent volontairement les mécanismes suavement maîtrisés de la Renaissance et s'essaient à un type de musique sur lequel presque personne ne s'était fait la main auparavant. Il y a quelque chose de fondamentalement et peut-être d'inévitablement amateur dans la musique « progressiste » de Monteverdi, et c'est cela qui fit sa gloire. Non seulement parce qu'il fut le premier non-amateur à briser les règles et à s'en sortir malgré tout, mais parce qu'il les brisa, en partie au moins, pour satisfaire aux besoins d'un type nouveau de spectacle musical, l'Opéra.

Cette mise à mal des règles par Monteverdi trouvait son excuse dans le fait qu'elle était non seulement au service du développement du « drame musical », mais aussi à celui d'une pratique harmonique destinée à être bientôt codifiée, et qu'on allait plus tard appeler la tonalité. Monteverdi n'était pas le seul à essayer d'écrire de la musique tonale, mais il le fit plus spectaculairement que la plupart de ses contemporains. En Angleterre, par exemple, Orlando Gibbons, qui était plus ou moins le contemporain de Monteverdi, écrivait dès la première décennie du XVIIe siècle une musique faisant preuve d'une pénétration extraordinairement prophétique à l'égard de la psychologie du système tonal, mais il y imprimait à la fois sa propre marque et celle du passé, sans se soucier d'être à la page. Cette indifférence à l'esprit contemporain est ce qui fait pour moi d'Orlando Gibbons une étonnante expérience, tandis que par comparaison les opéras de Monteverdi me semblent constituer une fascinante rencontre avec l'histoire en train de se faire, mais manquant de dimension et d'humanité.

D'une certaine façon, et de celle-là seulement, Monteverdi ressemble remarquablement à un compositeur de notre siècle, Arnold Schoenberg. A l'instar de Schoenberg, il choisit de rejeter la tradition dont il était l'un des maîtres suprêmes, et cela de manière si audacieuse, si arbitraire, pourrait-on dire, qu'il lui fut en un sens impossible de revenir en arrière. Il était devenu le prisonnier de sa propre invention. Dans le cas de Schoenberg, l'invention était la technique dodécaphonique, qui allait à l'encontre de toutes les notions de tonalité et de chromatisme, et qu'il proclama être la voie de l'avenir. Dans le cas de Monteverdi, c'était la tonalité, et celle-ci fut effectivement l'avenir.

Tous deux pouvaient revendiquer davantage de brevets qu'aucun autre de leurs contemporains et se trouvaient dans la position de jouir de la créativité du type le plus autocratique et le plus exalté. Tous deux pouvaient désormais travailler en s'en rapportant aux seules règles de leur propre esperanto personnel. Être un Schoenberg ou un Monteverdi, c'est un peu comme être le premier musicien sur Mars ou sur Jupiter ; à supposer qu'y existe une vie, le musicien qui débarquerait sur ces planètes y découvrirait des habitants intelligents, curieux et attentifs, en situation de pénurie musicale car ils n'auraient jamais entendu une note de musique : l'auditoire captif idéal. La tentation serait formidable pour lui d'inventer une musique nouvelle sans avoir à se préoccuper de savoir si ce langage radicalement neuf pouvait avoir un rapport logique avec ce que d'autres auraient pu faire auparavant. Le compositeur pourrait dire n'importe quoi aux habitants de ces lieux et acquerrait le statut très enviable du *Kapellmeister* le plus puissant, le plus influent, le plus indispensable de tous les temps. Il serait absolument à l'abri de toute espèce de contradiction... au moins jusqu'à l'arrivée de la prochaine soucoupe volante...

Vladimir Tropp. — Puisque nous touchons au chapitre de la musique italienne, il me semble très étonnant que vous n'ayez jamais consacré un seul disque complet à Scarlatti.

Glenn Gould. — Adolescent, je suis passé par une phase où, très souvent, je commençais mes concerts d'étudiant par un groupe de sonates de Scarlatti ; beaucoup de jeunes gens de ma génération en faisaient autant, sans doute influencés par Horowitz qui ne manquait jamais de procéder de la sorte ; mais une fois devenu pro, pour ainsi dire, je renonçai pour toujours aux enfantillages, et ne jouai plus jamais de Scarlatti en concert. Cependant, vers la fin des années 60, CBS me demanda de faire un disque Scarlatti, et j'acceptai, pensant que cela me donnerait l'occasion de me changer agréablement les idées après tous ces Bach ; j'y consacrai en tout et pour tout une seule séance d'enregistrement d'où sortirent trois sonates, à la suite de quoi le projet m'ennuya, et je n'y revins jamais. Un petit peu de Scarlatti, c'est déjà beaucoup pour moi. Il est hors de doute que cette musique a un charme immense. C'est la musique d'un homme qui possède un sens incomparable de ce que peut faire un instrument à clavier. Sauf peut-être Scriabine et Chopin, personne d'autre n'a jamais eu pareil instinct à cet égard. Cela est d'autant plus remarquable chez Scarlatti qu'il écrivait pour le clavecin ; or, tous les tours de passe-passe qu'il utilise marchent à merveille sur un piano moderne — tous les effets de croisement de mains, les figures en notes répétées, etc. Il ne s'agit d'ailleurs pas que de trucs — il avait un grand flair mélodique et ne semblait jamais à court de thèmes délicieusement extravagants, de thèmes curieusement faciles à retenir, à l'inverse des thèmes de Bach qui ne s'impriment pas toujours facilement dans la mémoire des gens. Il possédait aussi un fabuleux sens du rythme harmonique, et savait exactement quand insérer un deuxième sujet à la dominante avant de passer au palier harmonique ultérieur. Il avait tout cela et pouvait, à la demande, faire sortir tous les lapins de son chapeau instrumental ; mais, car il y a un mais, sa musique ne possède pas, pour moi en tout cas, de véritable centre émotionnel ; elle se satisfait de glisser et de patiner brillamment en surface ; elle est merveilleusement spirituelle et divertissante, mais l'essentiel lui fait défaut. Vous me direz que c'est beaucoup exiger de petits morceaux de trois minutes écrits pour le clavecin ; c'est pourtant ce que l'on demande et ce que l'on obtient d'une courte invention ou d'un prélude de Bach. Le fond des choses est que je considère qu'il y a davantage de substance spirituelle dans deux minutes de Bach que dans tout le recueil de six cents et quelque sonates de Scarlatti.

Daniel Kunzi. — Vous êtes l'auteur de propos fort peu élogieux à l'égard de Mozart. Et pourtant, vous avez enregistré bon nombre de ses œuvres, dont une intégrale des Sonates. *A quoi visez-vous lorsque vous faites cela ?*

Glenn Gould. — A tort ou à raison, il s'agit justement pour moi d'apporter une preuve à ces propos peu élogieux.

Mon objectif en enregistrant ces sonates était de les débarrasser de leur accoutrement frivole et théâtral à l'aide de tempos fermes et baroquisants, de suggérer, à partir du matériau assez insignifiant des basses d'Alberti, l'idée de voix secondaires, et de créer

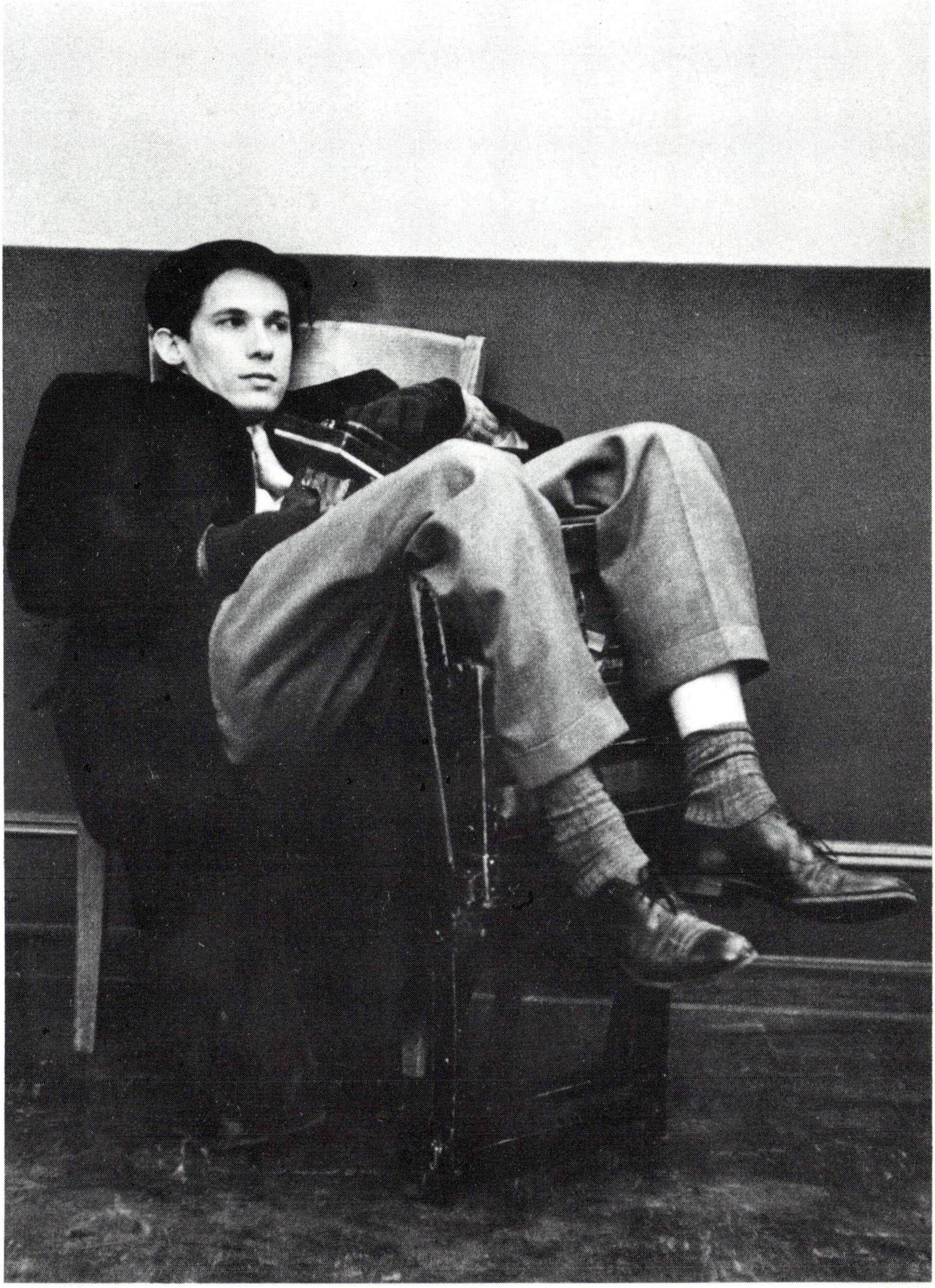

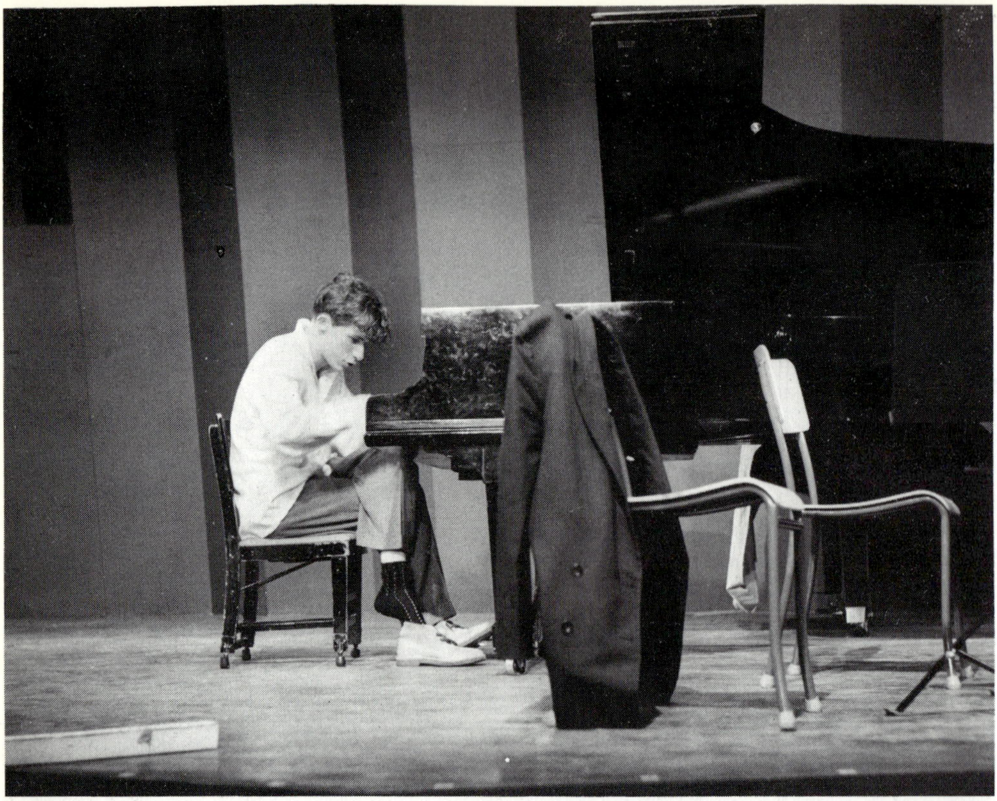

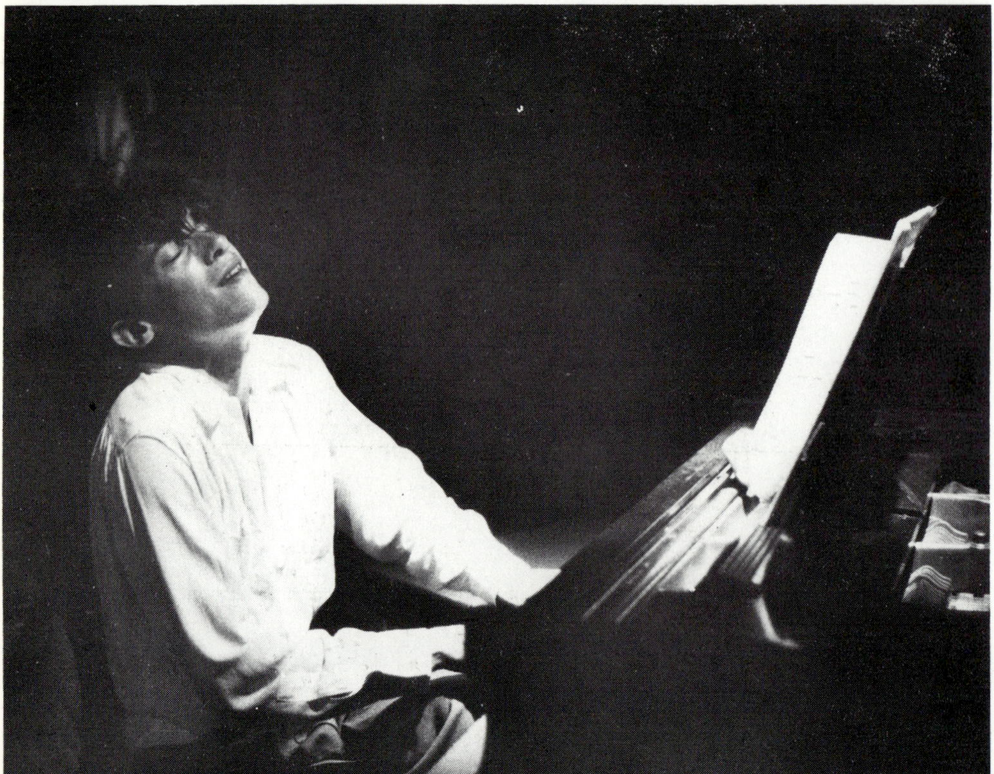

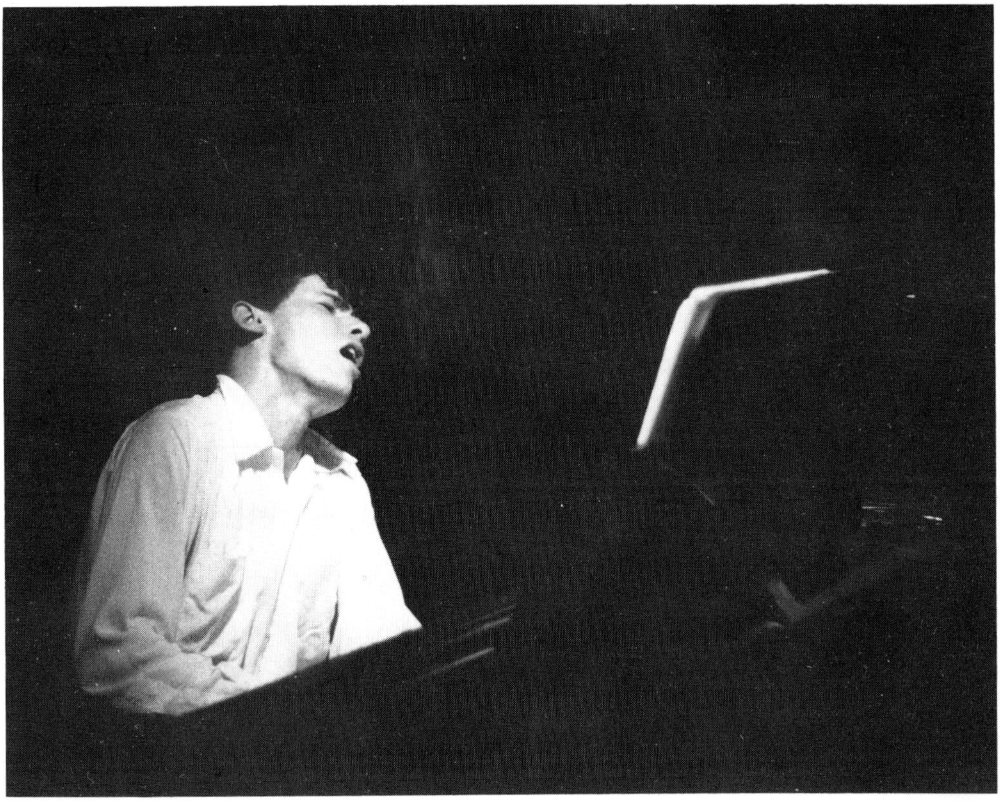

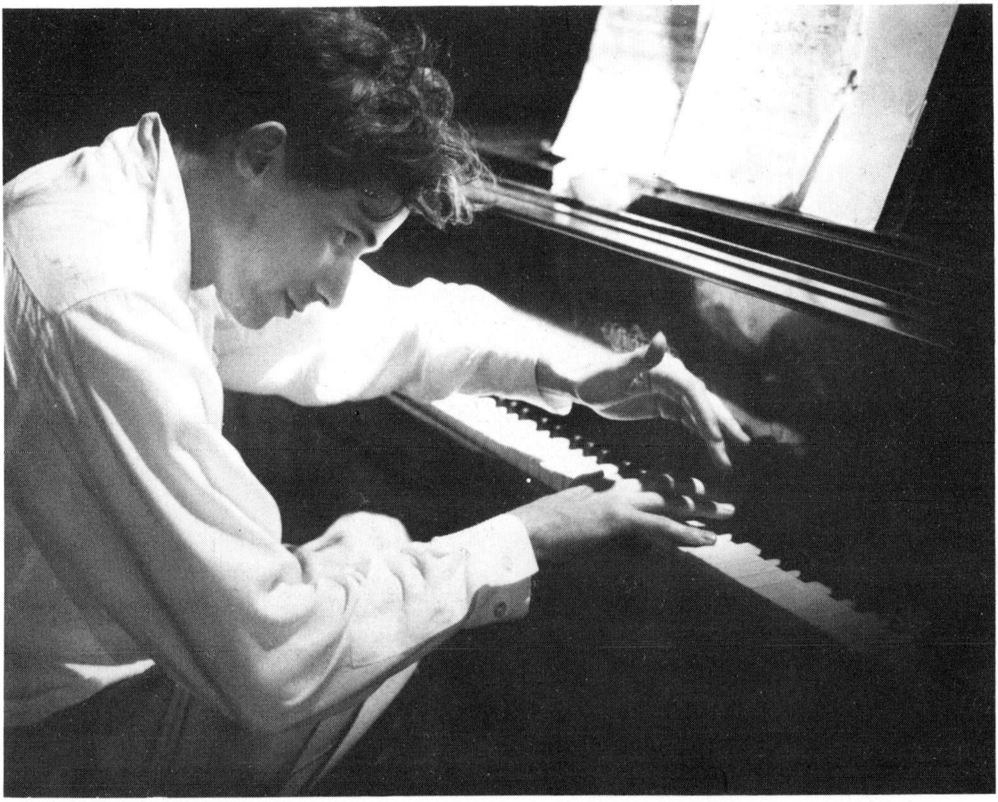

... Quant au fait de prendre soin de mes mains, cela relève du simple bon sens. Je porte des gants la plupart du temps parce que j'ai une circulation déficiente. C'est aussi pour cela que je les trempe dans l'eau chaude avant un concert...

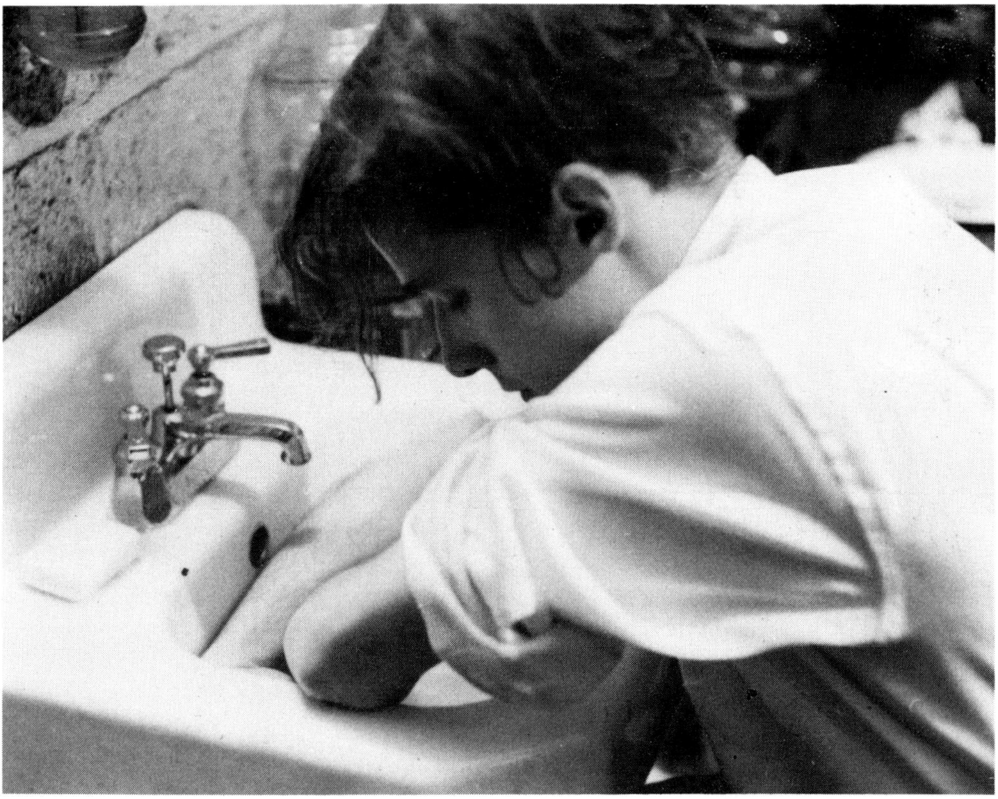
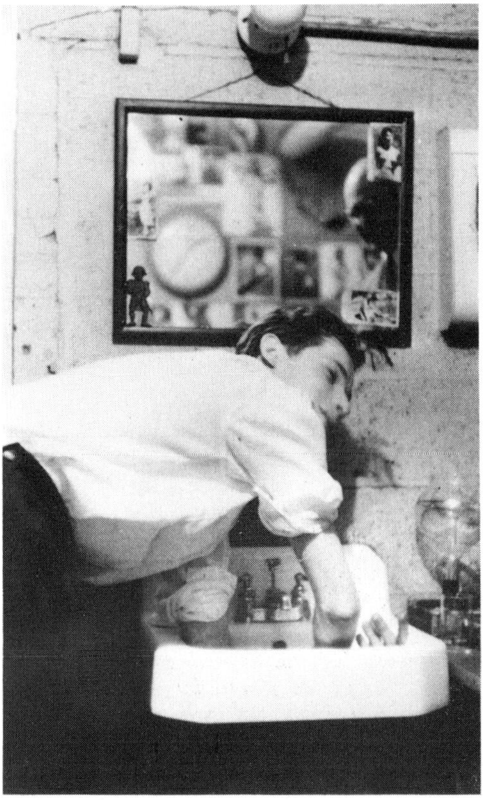
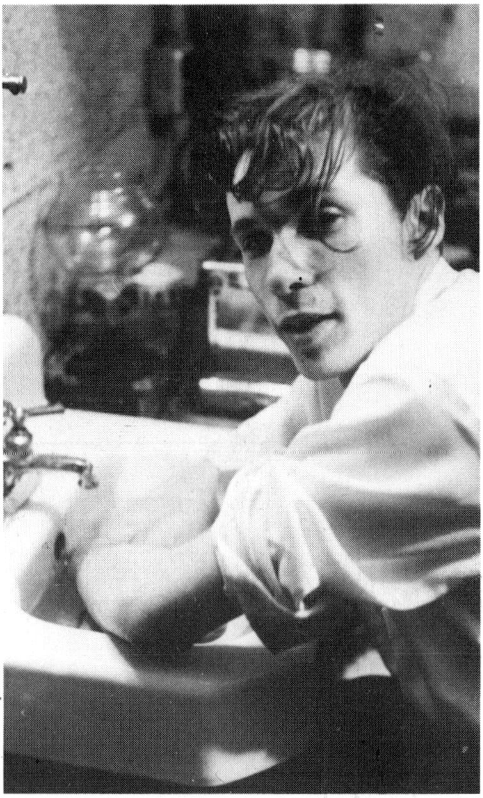

J'ai toujours utilisé la même chaise, pour la bonne raison que je ne peux pas supporter d'être assis sur une surface non adaptée à ma manière de jouer du piano. Tout d'abord, je refuse de m'asseoir sur une surface autre que rigide pendant que je joue, et cela élimine tous les tabourets de piano conventionnels. Cette chaise, incidemment, a maintenant perdu tout ce qui lui restait de son siège. Lors d'une tournée, quelqu'un a marché dessus pendant qu'on la mettait en soute dans un avion. Je n'utilise donc plus désormais que le cadre de la chaise, et c'est étonnant ce que c'est confortable.

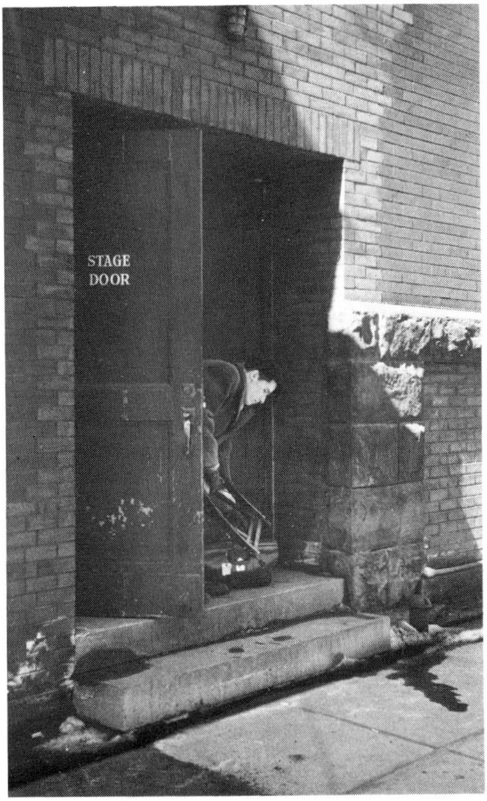
STAGE
DOOR

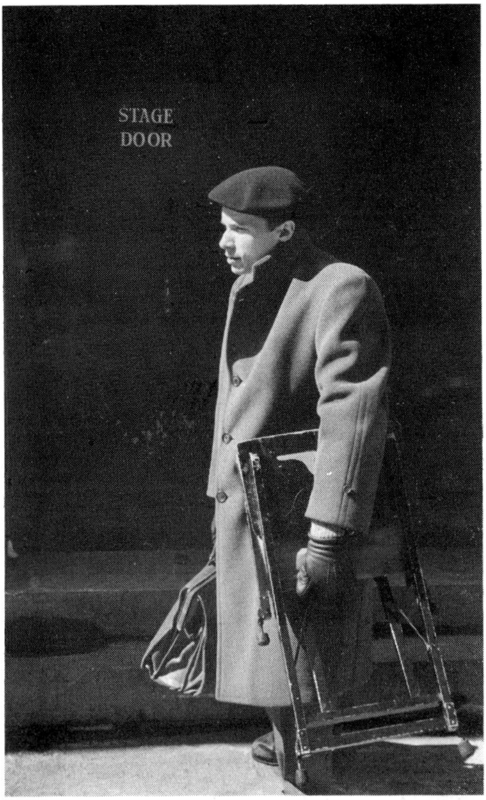
STAGE
DOOR

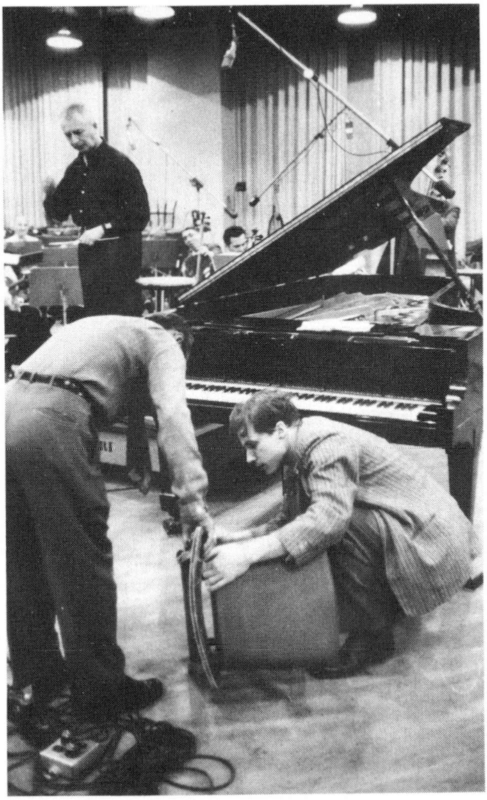

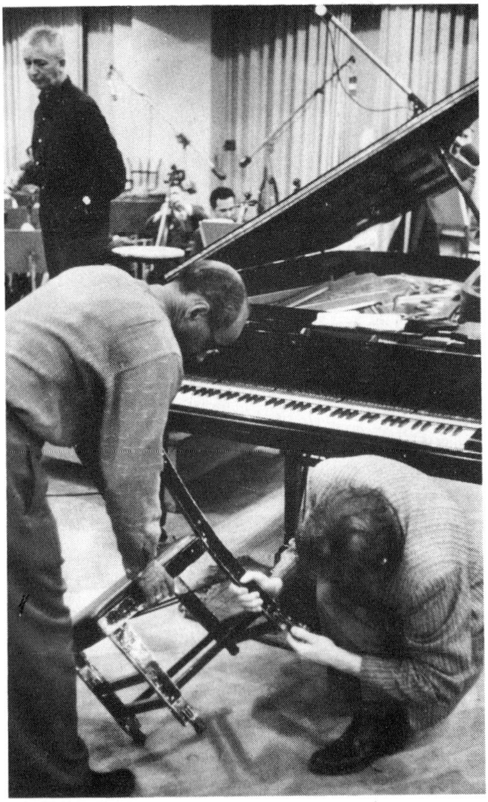

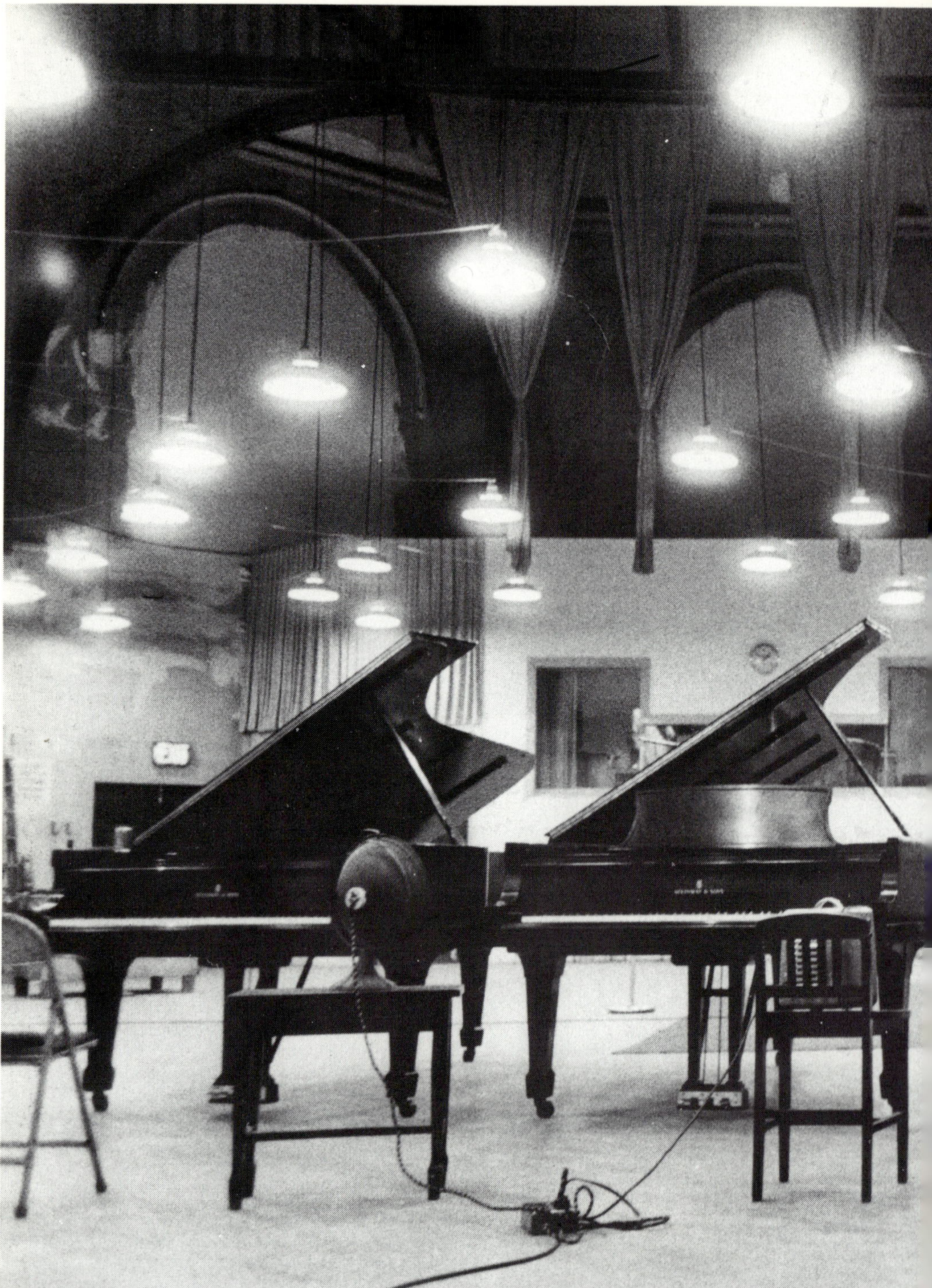

Chez Steinway, avril 1957.

Avec Sviatoslav Richter, Moscou, 1957.

Avec Yehudi Menuhin, Toronto, 1980.

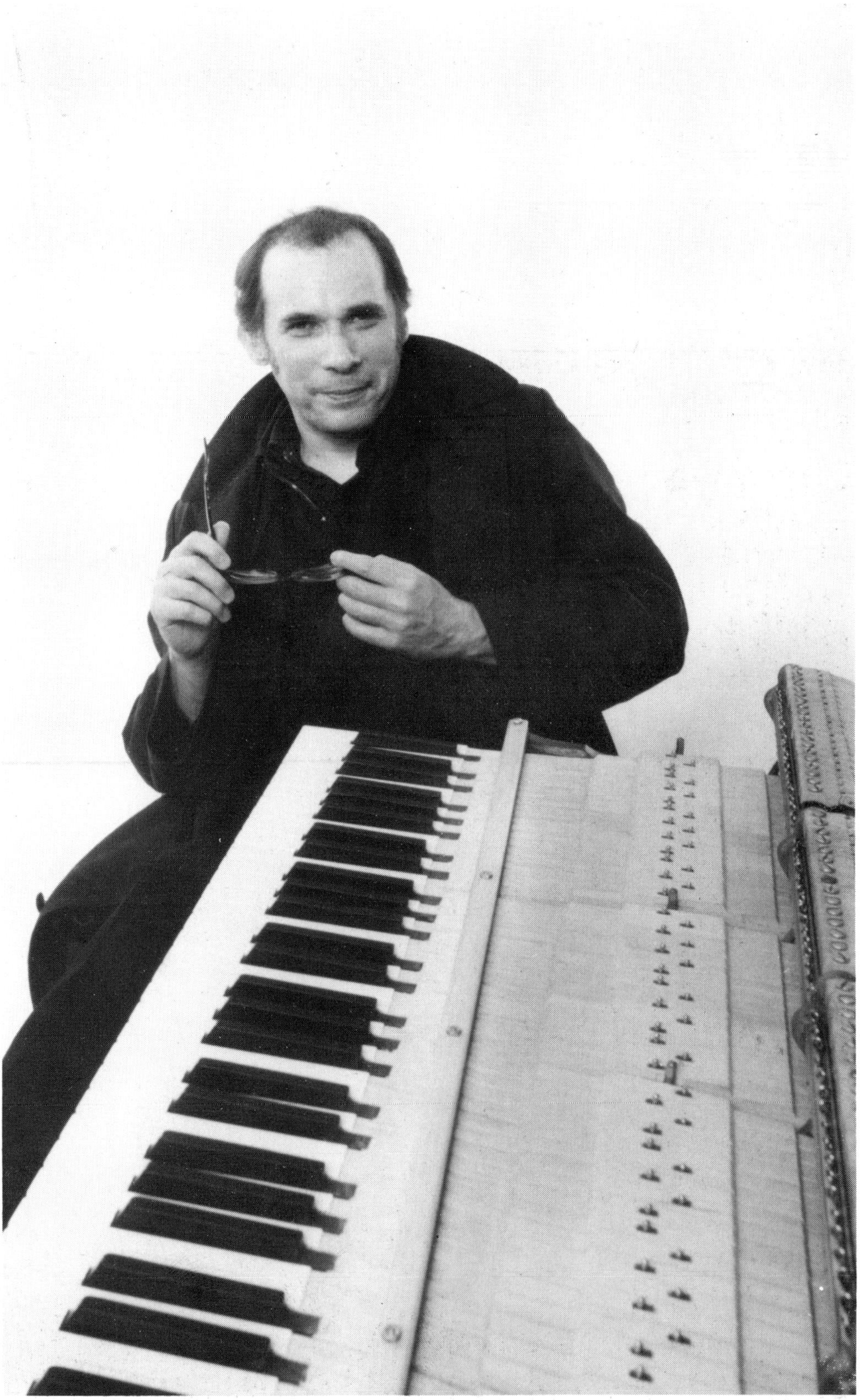

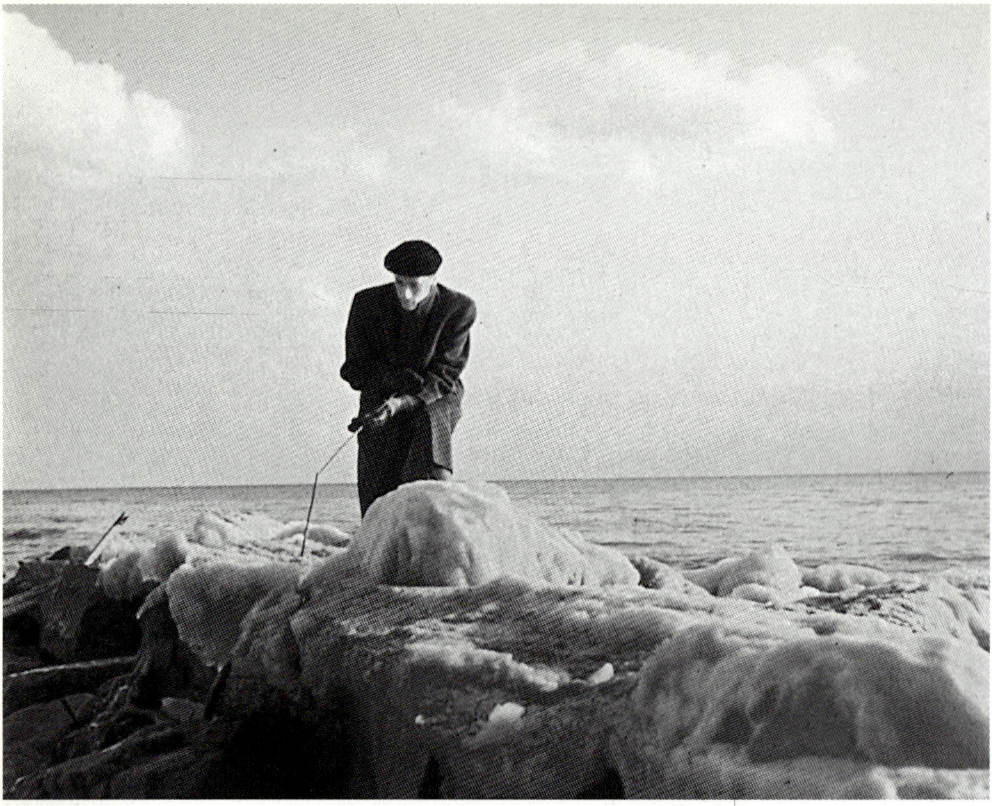

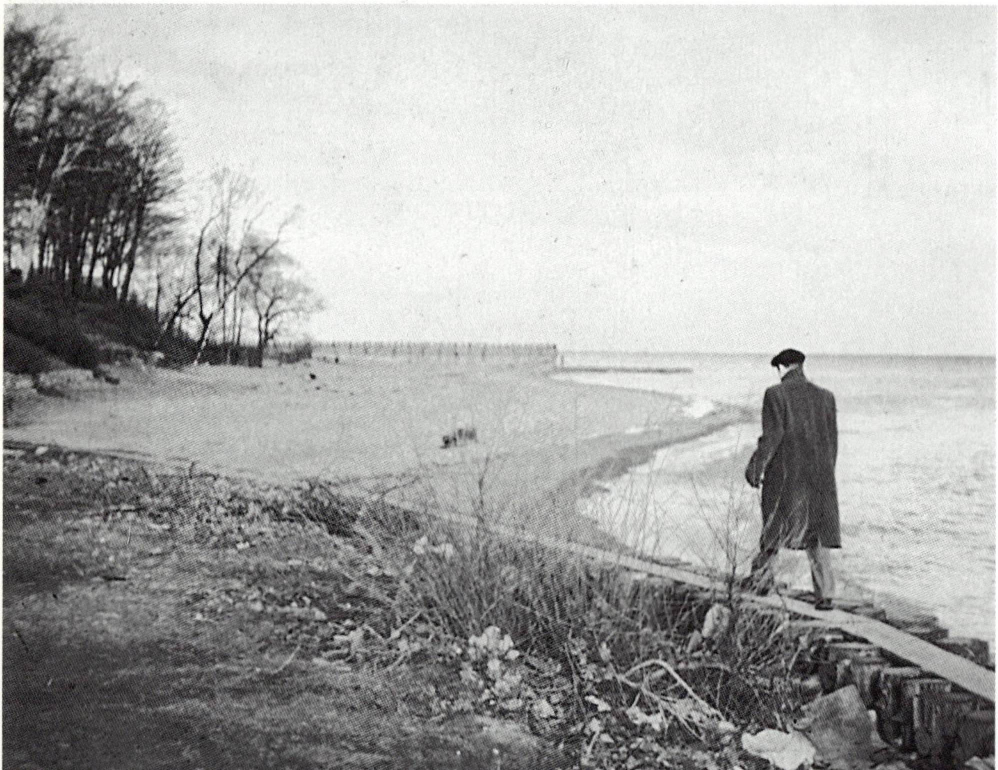

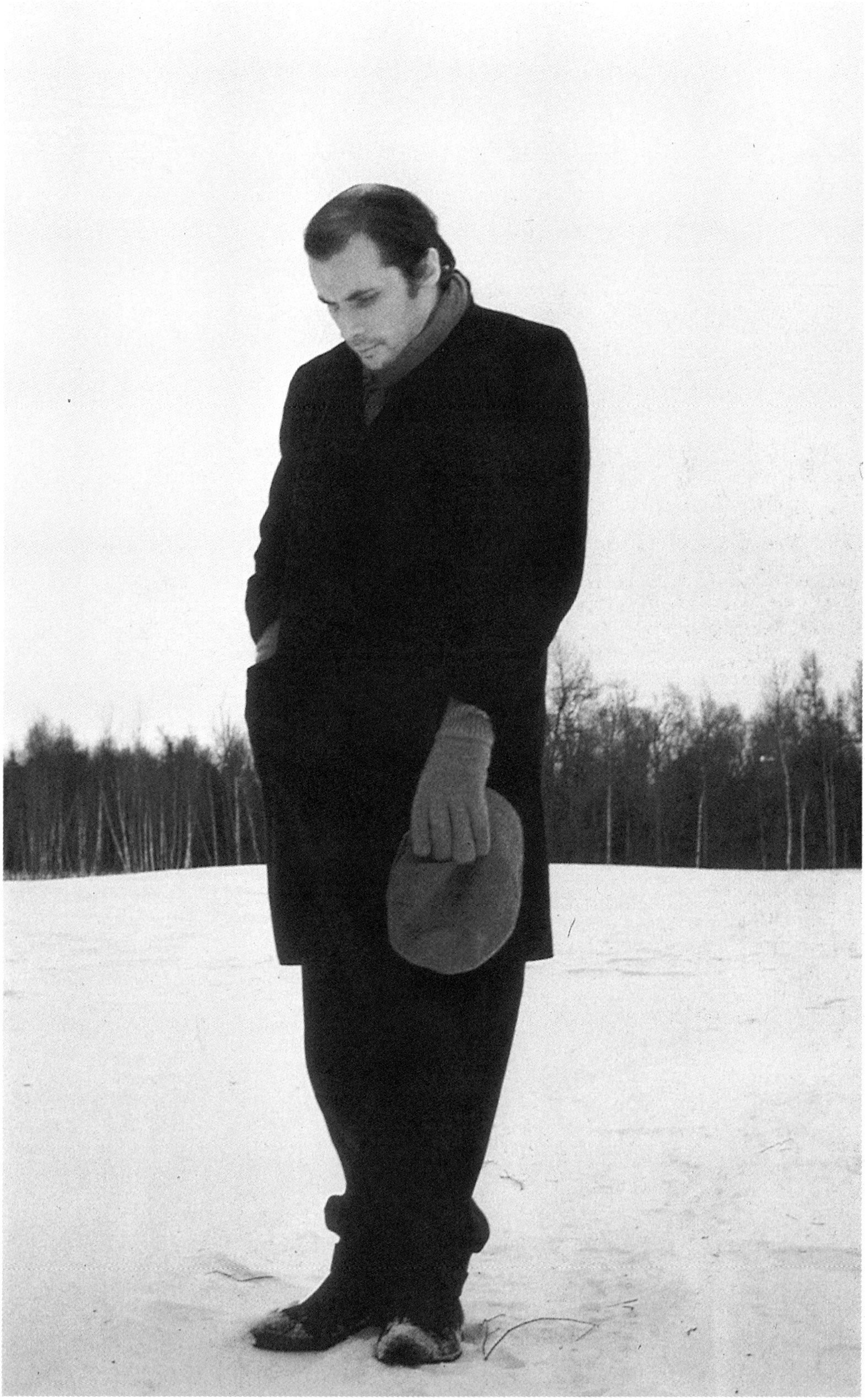

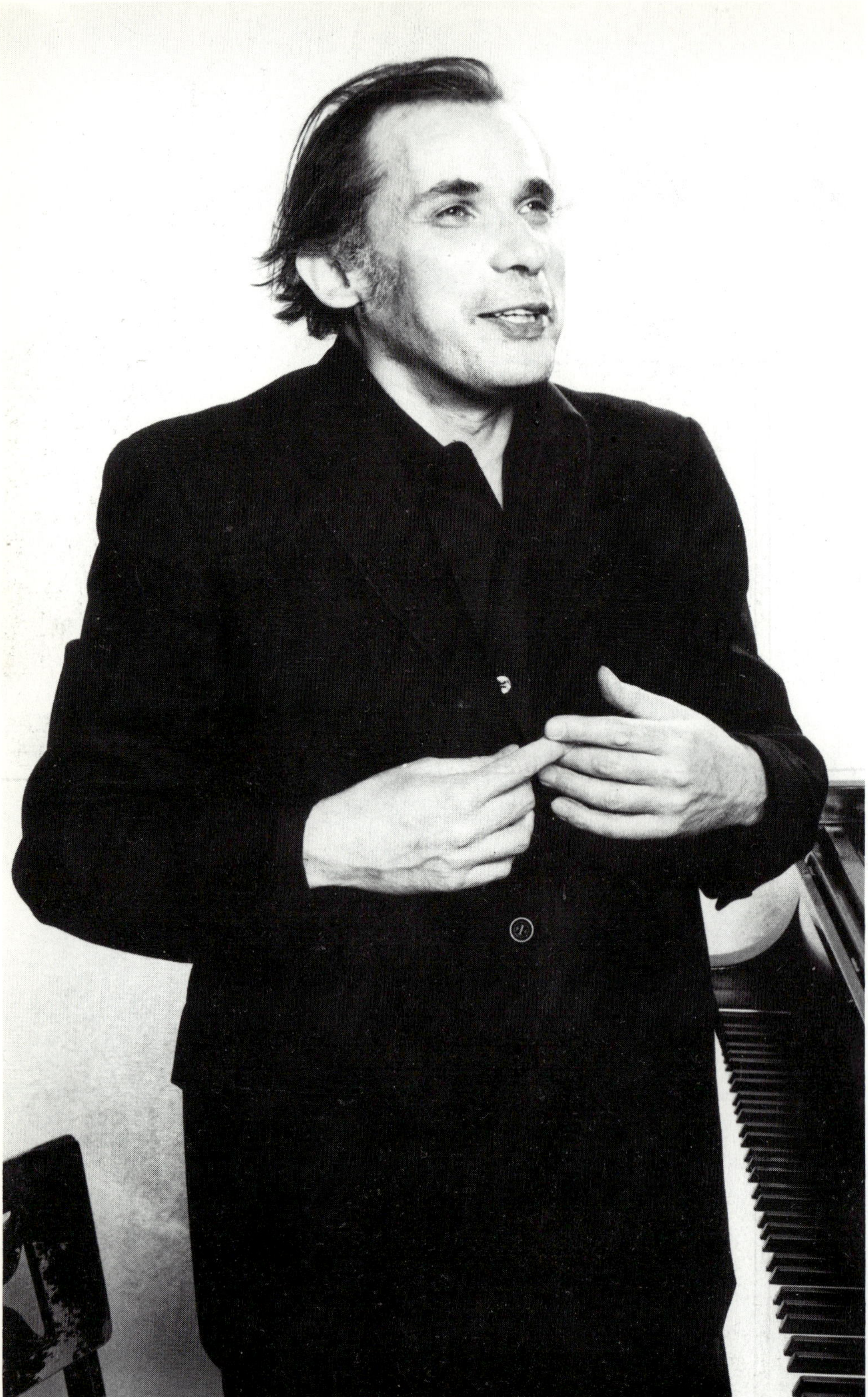

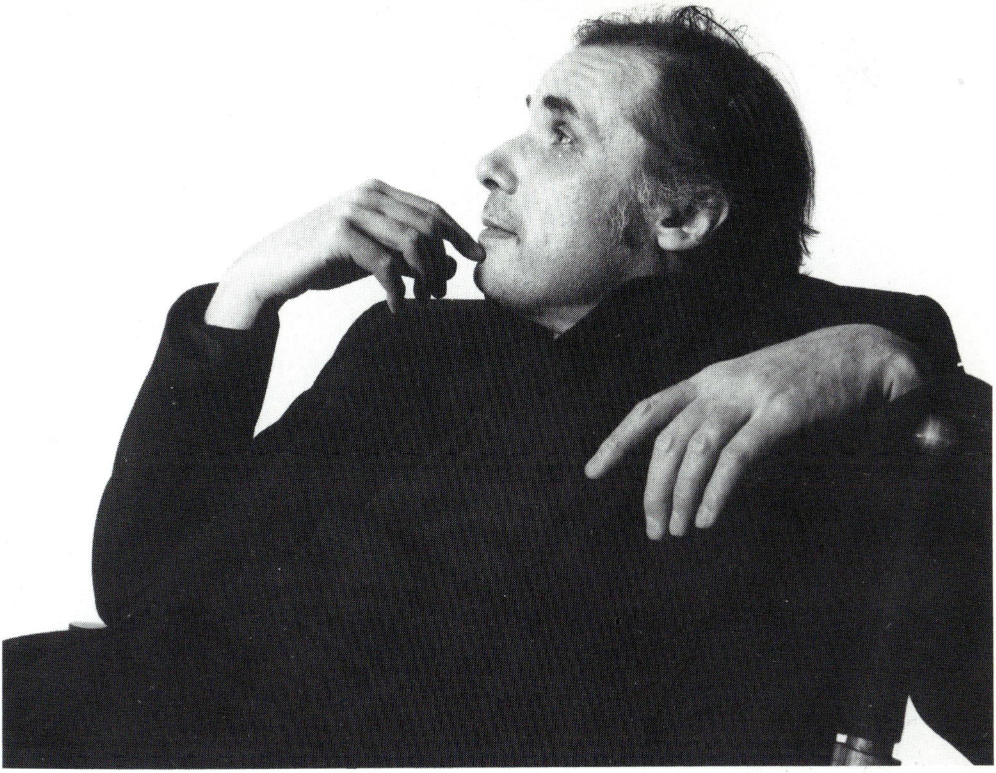

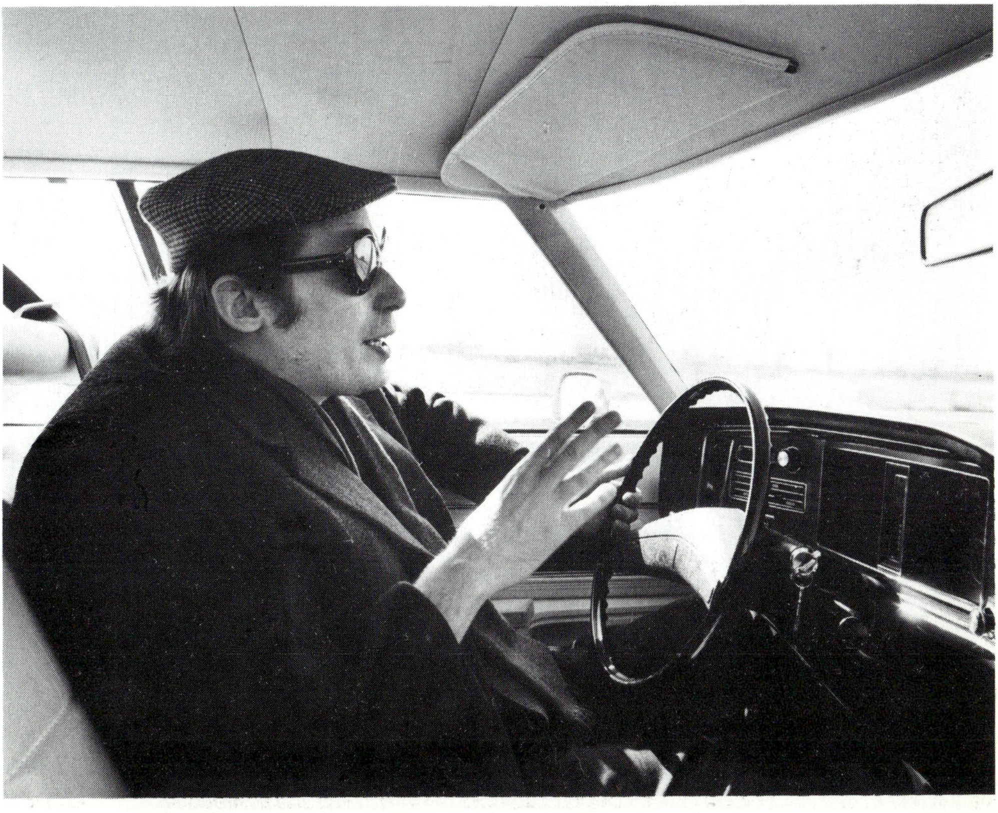

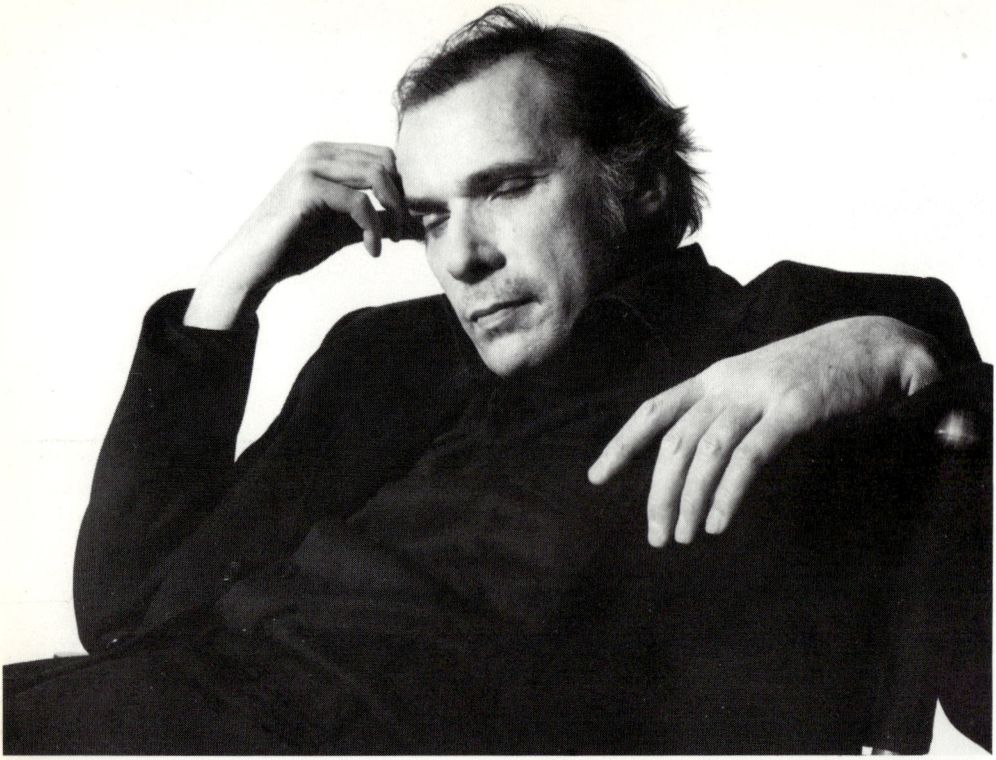

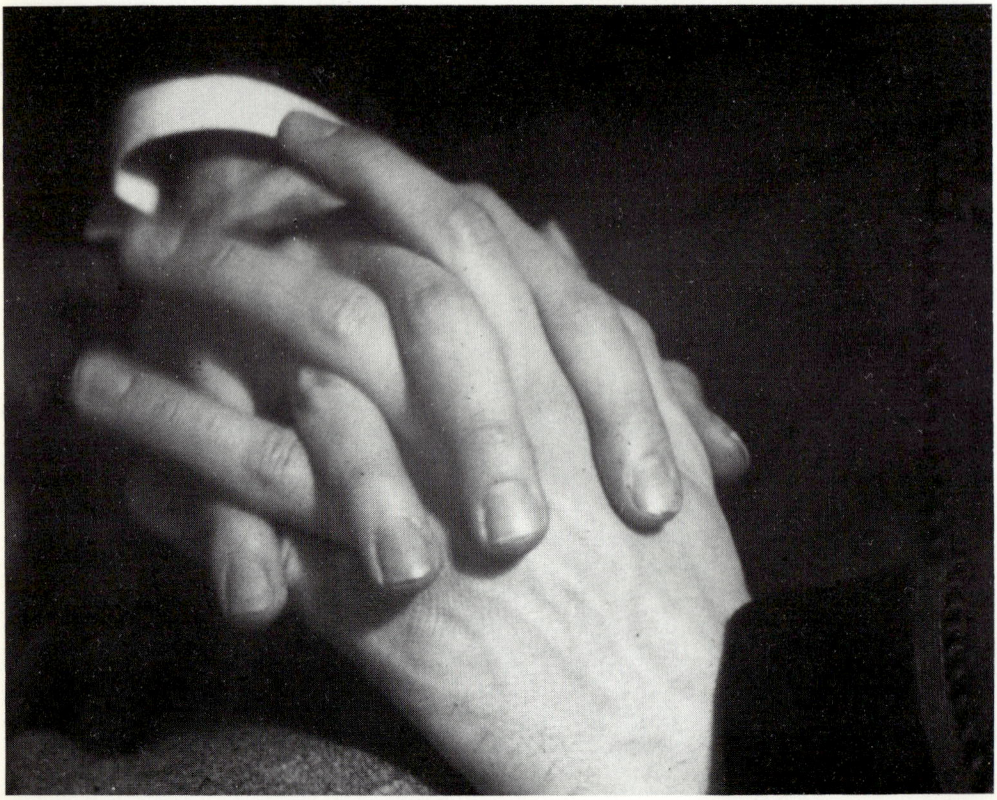

l'illusion d'une présence contrapuntique, d'une vie de l'esprit, dont Mozart me semble très souvent dépourvu. Cela impliquait bien sûr une distorsion délibérée du texte, ou tout au moins la mise en valeur d'éléments qu'on laisse généralement dans l'ombre.

Dès que la première de ces sonates fut enregistrée — ni montée ni mixée, seulement enregistrée — j'éprouvai le besoin irrésistible, ou plutôt diabolique, d'aller la faire entendre à un responsable de CBS que j'aimais bien. Les haut-parleurs de son bureau étaient beaucoup trop cotonneux pour mon goût, et je manipulai son ampli de façon à couper une bonne partie des basses ; j'étais résolu à ce que les inférences polyphoniques que j'avais imposées à la main gauche soient entendues dans toute leur magnificence pseudo-contrapuntique. A la fin de l'audition, il exprima l'espoir que l'espèce de réglage que j'avais effectué ne serait pas oublié dans le mixage final et me dit, moitié sérieux, moitié hypocrite : « Il ne faudrait pas que nous soyons privés de ces inventions au ténor et à l'alto », avant d'ajouter : « Vous savez, ce que j'aime chez vous, c'est que je ne sais jamais trop bien ce que vous allez nous réserver. » C'est là la meilleure critique que mon Mozart ait jamais reçue !

Je voulais aussi montrer que Mozart n'a pas écrit pour le piano que de la musique à l'eau de rose, et que cette musique peut en tout cas être jouée avec une rigueur dans les accents, avec une espèce de rectitude orchestrale que, bien souvent, les instrumentistes négligent à cause de la curieuse déférence dont ils font preuve à l'égard des préjugés victoriens quant à la nature supposée de la musique mozartienne.

Gertrud Simmonds. — Croyez-vous que ce préjugé ne remonte pas plus haut que l'époque victorienne ? Mozart lui-même n'exécutait-il pas sa propre musique de cette façon ?

Glenn Gould. — C'est bien possible. Il se limitait certainement aux instruments dont il disposait ; il était limité par le degré d'entendement de ses auditeurs ; il était limité par les ambitions de son père et par les siennes propres. Mon sentiment profond est que Mozart est toujours resté un enfant, qu'il réagissait en enfant à la musique. C'était un exhibitionniste à tout crin, et, comme un enfant, il cherchait avant tout à plaire.

Bruno Monsaingeon. — *Pourtant, ses relations avec les autres n'étaient pas tellement commodes. Il n'était pas exactement ce qu'on peut appeler quelqu'un de populaire.*

Glenn Gould. — Oh, vous savez, les enfants terribles, cela existe. Quelque chose d'absolument extraordinaire chez les enfants, c'est qu'il est — et c'est d'ailleurs très bien — extrêmement difficile de les étonner. On peut raconter à peu près n'importe quoi à un gosse, et il le croira. On peut lui dire qu'il y a un dragon sur l'antenne de télévision et il y a toutes les chances qu'il le croie. Eh bien, il me semble qu'il y a très peu de choses chez Mozart qui puissent faire penser qu'il possédait le sens de l'étonnement d'un adulte. On trouve chez lui un très faible quotient de bizarrerie. Contrairement à Beethoven, il ne surprend pas. Lorsque Beethoven fait une modulation inattendue, c'est pour étonner, pour donner à l'œuvre un contenu novateur, une marque, une personnalité. Chez Mozart, c'est tout autre chose, c'est comme un mauvais garnement qui se mettrait à trépigner en hurlant : « Non, non, je veux mon dîner au lit ce soir ! » C'est ça, son genre de surprise. De temps en temps, il fait effectivement des choses étonnantes, mais cela cadre mal avec le reste, à l'inverse de ce qui se passe chez Beethoven. Il était tellement improvisateur, il avait tant de facilité, les choses lui venaient si facilement, qu'il se contentait de se dire : « Je crois qu'une petite gamme fera parfaitement l'affaire ici, ou un arpège là, et c'est bien le diable si cela ne me fournit pas une transition jusqu'à l'idée suivante. »

C'est pourquoi il y a des chutes de tension à peu près toutes les trente-cinq secondes dans Mozart. Il se meut d'une idée à l'autre — des idées d'ailleurs prodigieuses la plupart du temps — mais en chemin on trouve toutes sortes de redondances. Prenez par exemple la *Sonate pour piano en la mineur*. Ses premières mesures me frappent comme étant l'un des meilleurs débuts de toutes ses sonates. Elles vous figent le sang à proprement parler. Mais hélas, cela ne conduit nulle part.

Theodora Shipiatchev. — *Votre manière de jouer cette sonate ne ressemble guère à cette description. On croirait que vous avez fait sortir Mozart de la diligence pour le lancer sur une autoroute.*

Glenn Gould. — Le problème, c'est qu'après ce début stupéfiant Mozart n'exploite plus l'idée initiale avant la fin du mouvement, ou plutôt avant la fin de la première partie du mouvement. Dans l'intervalle, on ne trouve qu'une banale série de gammes et d'arpèges innocents et sans conséquence ; la seule façon de traiter ce genre de chose consiste à faire ressortir n'importe quoi sauf l'événement principal, à retenir et à accentuer quelques motifs tirés de la texture interne. C'est toujours ce que les critiques me reprochent de faire. Or, à mon avis, sans cela, il ne se produit rien d'un tant soit peu concentré. Il faut donc bien faire ressortir ces éléments secondaires, comme s'il s'agissait de l'appel du Jugement dernier. On a déduit de la présence de tels passages la conviction que Mozart était capable de dire des choses très graves et très grandes, et que la *Sonate en la mineur* ou la *Symphonie en sol mineur* rentraient dans cette catégorie. Je ne suis pas de cet avis. La *Sonate en la mineur* présente tout simplement une sorte de vivacité et de véhémence pompeuse plaisantes à entendre, qui ont procuré à Mozart une bien meilleure presse qu'il ne la méritait.

Daniel Kunzi. — Comment expliquez-vous alors l'incroyable adulation dont il est l'objet ?

Glenn Gould. — Je crois que c'est justement dû à ce qu'il est quelqu'un de tellement facile. C'est le genre de compositeur qu'on peut écouter confortablement et distraitement, dont on peut se délecter en faisant autre chose, en lisant le journal. Ce n'est pas que je n'aime pas Mozart. C'est bien pire. Je le désapprouve, ainsi que ses façons mondaines. Il y a des exceptions cependant. Je songe entre autres à la *Symphonie Haffner*, tout au moins à son premier mouvement, dont les structures sont si denses, si compactes, si bien conduites ; à certains quintettes ; et puis à quelques-unes de ses œuvres de jeunesse, qui ont pour moi une résonance très particulière. J'aime le premier Mozart ; vraiment, j'en suis fou. C'est une joie pour moi de jouer la *Sonate en ré majeur, K. 284*. Elle a pour dernier mouvement une sorte de Rondo revu et corrigé, une série de variations pleines d'imagination, meilleures que tout ce qu'il a pu écrire dans le genre. Je ne crois même pas qu'aucune série de variations de Beethoven (y compris les *Diabelli*) présente des changements d'humeur aussi nombreux et aussi subtils que ces variations de Mozart, car là, il opère une extraordinaire synthèse. Il y retrouve l'esprit du baroque, et y accommode toutes les nuances convenables dans le cadre de la forme variation. Le deuxième mouvement, au lieu d'être un Andante, est une Polonaise en rondeau, un moment merveilleux, car c'est la dernière chose à laquelle on pourrait être en droit de s'attendre à cet endroit-là, placé entre une très ample série de variations et un premier mouvement très bref, du genre ouverture de *Figaro*.

C'est vraiment une sonate superbe — de loin ce que Mozart a écrit de mieux pour le piano — et en tout cas infiniment meilleure que tout ce qu'il a pu composer à son époque dite adulte. Vous voyez donc que mes sentiments à l'égard de Mozart ne sont pas purement négatifs.

Vladimir Tropp. — *Si l'on vous demandait de dire en quatre minutes quelque chose d'original sur Beethoven, que trouveriez-vous à dire?*

Glenn Gould. — Je ne crois pas qu'aujourd'hui, cent cinquante ans après sa mort, il y ait tellement d'idées originales en circulation à propos de Beethoven. Il me semble d'ailleurs que même mon personnage préféré de bande dessinée, le petit marmot à cheveux longs qui joue du Beethoven sur un piano miniature dans *Peanuts* — et qui s'appelle Shorter [1], si je me souviens bien — aurait du mal à en trouver une en... — voyons ce qu'il me reste — ... en trois minutes quarante-cinq secondes.

Assez régulièrement, on tombe dans les journaux sur un article qui pose la question de savoir ce qu'il y a de si spécial chez Beethoven, et pourquoi il est perçu par nous comme se situant à ce point au centre de notre expérience musicale. Beaucoup de compositeurs ont été tourmentés précisément par cette question. John Cage, le compositeur américain d'avant-garde, l'homme qui écrit des œuvres dotées de titres tels que *Musique pour douze radios*, ou encore *Quatre minutes vingt secondes*, titre qui indique que l'œuvre occupe quatre minutes vingt secondes de... silence total, a déclaré un jour (c'est le *New Yorker* qui le rapporte) : « Si j'ai raison, c'est que Beethoven a tort!... »

---

1. Jeu de mot sur *short*, qui signifie en anglais « bref » ou « petit ».

Igor Stravinsky, le compositeur qui a affirmé un jour que les deux musiciens les plus surestimés de l'histoire étaient Beethoven et Wagner, a tardivement décidé que la *Grande Fugue* de Beethoven était après tout une assez bonne pièce. Et, venant de Stravinsky, il s'agit là d'un jugement remarquablement bienveillant.

J'ai l'impression que la raison pour laquelle tant de gens tendent à considérer Beethoven comme le compositeur central de l'expérience musicale occidentale provient de ce que, dans un sens purement arithmétique et à l'intérieur du cadre historique plutôt limité auquel on se réfère d'habitude, il l'est effectivement : les cent cinquante années qui se sont écoulées depuis sa mort tracent une ligne bissectrice partageant très exactement les trois siècles de musique qui intéressent la plupart des musiciens et des auditoires d'aujourd'hui. Ce n'est pas là un bien vaste champ d'expérience musicale, mais là n'est pas la question ! Beethoven ne se situe pas seulement au beau milieu de la chronologie des trois derniers siècles d'une musique d'inspiration essentiellement instrumentale, mais il incarne en outre, en tout cas pour beaucoup, ce que l'on pourrait appeler une attitude musicale de transition entre les styles classique et romantique. Néanmoins, il ne serait pas tout à fait exact de dire de Beethoven que ses premières œuvres se soumettent exclusivement à la discipline architecturale à laquelle on identifie d'habitude le style classique, tandis que ses dernières œuvres s'adonneraient entièrement à la manière psychologiquement ambivalente, quasi improvisatrice et fantasque du style dit romantique, car on trouve chez lui trop d'exceptions et de contradictions pour pouvoir lui appliquer une loi aussi confortablement rigide. Deux œuvres pour piano très rapprochées dans le temps m'ont toujours paru particulièrement révélatrices à cet égard : d'une part la *Sonate op. 31, n° 2, « la Tempête »*, avec toutes ses turbulences, son chromatisme bouillonnant, ses hésitations, ses récitatifs indécis et déphasés par rapport au reste du mouvement, et les *Trente-deux variations en ut mineur* d'autre part, qui mettent en œuvre le plus prévisible, le plus strict et le plus ancien de tous les principes de variations, celui de la basse harmonique, le principe qui consiste à répéter indéfiniment une série d'harmonies très simples, et à leur surajouter aux voix supérieures des idées thématiques très élaborées et constamment changeantes, en d'autres termes le principe utilisé pendant des siècles avant Beethoven par tous les compositeurs qui écrivaient des variations. Or précisément, ce qui est curieux dans ces deux œuvres lorsqu'on les met côte à côte, c'est que la sonate qui, à tous égards, semble être la voix d'un Beethoven beaucoup plus proche de nous, fut en réalité écrite la première.

Voilà donc ce qui me paraît particulièrement intéressant chez Beethoven : le fait que deux qualités, deux attitudes opposées, tendent toujours à exister simultanément. Si maintenant, au lieu de parler en termes purement musicaux, on projetait cela sur un plan humain, on pourrait presque en déduire que Beethoven est une sorte de métaphore vivante de la condition créatrice. D'un côté, il est cet homme qui respecte le passé, qui honore la tradition aux sources de laquelle l'art nourrit son développement ; cependant sans jamais lui faire perdre une once de son intensité et sans l'amener à renoncer à ces violentes gesticulations qui lui sont si profondément propres, cet aspect de son caractère le conduit parfois à arrondir les angles de ses structures, et même à l'occasion à prendre un soin pointilleux et laborieusement grammatical à l'égard de sa syntaxe musicale ; et par ailleurs, il existe cet autre aspect, ce côté romantique et fantastique — on pourrait presque dire fantasmatique — de Beethoven, qui lui fait procéder sans le moindre complexe à ces gestes obstinés, orgueilleux et anti-dramatiques qui, dans le contexte de la tradition et comme en négatif par rapport aux contours bien huilés et polis de l'architecture classique, font de lui, du simple fait du je-m'en-foutisme opiniâtre de son style et de sa manière, un compositeur unique. En fin de compte pourtant, cet alliage d'éléments contradictoires se retrouve en réalité chez chaque artiste ; il y a chez tout être créateur un inventeur qui fait mauvais ménage avec un conservateur de musée et, en musique comme dans les autres arts, les choses les plus stupéfiantes sont toujours le résultat du triomphe momentané de l'un quelconque des deux aux dépens de l'autre. Mais ce qui est bien particulier à Beethoven, c'est que, dans son cas, le conflit auquel se livrent l'inventeur et le conservateur n'est pas — contrairement au squelette proverbial dissimulé dans le placard familial — soustrait aux regards. Il constitue la surface même de sa musique et Beethoven nous autorise à le voir se dérouler sous nos yeux comme s'il n'y avait pas de squelette à receler.

Je ne suis pas sûr que cela soit bien original, mais étant donné les quatre minutes allouées, je parierais volontiers que c'est à peu près là ce que Shorter aurait trouvé à dire.

Theodora Shipiatchev. — *C'est curieux cette manière que vous avez de ne pas prendre parti, surtout lorsqu'on sait dans quels abîmes extatiques vous plongent manifestement certaines œuvres de Beethoven — c'est du moins ce que l'on croit ressentir à l'écoute des enregistrements que vous en avez réalisés — et à l'inverse, la façon humoristique, sinon sarcastique, dont vous traitez d'autres œuvres du même compositeur.*

Glenn Gould. — Beethoven provoque chez moi — c'est tout à fait vrai — des sentiments assez ambivalents. Je n'arrive absolument pas à m'expliquer raisonnablement pourquoi certaines de ses œuvres les plus populaires — la *Cinquième Symphonie,* le *Concerto pour violon,* l'*Empereur,* la *Waldstein* — le sont jamais devenues, et encore moins pourquoi elles le sont restées. Chaque critère que je m'attends à rencontrer dans de la véritablement grande musique — la variété harmonique et rythmique, l'invention contrapuntique — semble totalement absent de ces œuvres-là. Durant l'époque où il les produisit, Beethoven nous offre l'exemple historique suprême d'un compositeur qui est absolument persuadé que ce qu'il fait est valable pour l'unique et bonne raison qu'il le fait. Je ne trouve pas d'autre moyen d'expliquer la prédominance de ces gestes creux, banals et belliqueux qui lui servent de thèmes pour ces œuvres du milieu de sa vie. Quant aux années qui suivirent, c'est une autre histoire. La symphonie de Beethoven que je préfère est la *Huitième,* le mouvement que je préfère de toutes ses sonates est le premier mouvement de l'*Opus 101* et, pour moi, la *Grande Fugue* n'est pas seulement la plus grande œuvre de Beethoven, mais presque le morceau le plus étonnant de toute la littérature musicale.

En dehors de tout cela, j'aime énormément les œuvres de jeunesse de Beethoven. Son sens de la structure, de la fantaisie, de la variété, de la continuité thématique, de la propulsion harmonique et de la discipline contrapuntique, y atteint un équilibre miraculeux. Je vais peut-être vous surprendre — les musiciens sont censés avoir des goûts un peu plus sophistiqués — mais je trouve que la *Sonate « Clair de Lune »* est l'un des chefs-d'œuvre de Beethoven.

Tim Page. — *Si un magasin de disques quittait notre planète pour filer dans l'espace, et si notre musique était captée par des créatures étrangères qui ne connaîtraient rien des circonstances de leur composition, ou de la réputation des compositeurs, quelles seraient à votre avis les œuvres qui auraient une chance de retenir l'attention de cette communauté étrangère, dans pareille situation, libre de tout contexte ?*

Glenn Gould. — *(rires)* Une fois encore, je ne sais pas bien comment vous répondre ! Mais je dirais qu'il y a un compositeur qui ne donnerait rien — sauf avec ses dernières œuvres et certaines de ses premières œuvres —, c'est Beethoven. Sa réputation est trop largement fondée sur le qu'en-dira-t-on. La *Grande Fugue* donnerait sans doute quelque chose, de même que les premières sonates ou que les *Quatuors op. 18,* mais je ne crois pas qu'il y aurait place dans l'espace pour la *Cinquième Symphonie* !

Tim Page. — *Vous avez joué une grande partie de la littérature musicale — Bach, Beethoven, Mozart, etc. — mais vous avez aussi toujours évité les compositeurs qu'on associe généralement au piano. Pensez-vous par exemple que vous ferez jamais un disque Chopin ?*

Glenn Gould. — Non, et cela parce que je ne crois pas qu'il soit un très bon compositeur.

Comme on le sait, je n'éprouve pas de tendresse particulière pour les premiers romantiques. Mais j'ai toujours pris soin de faire exception pour Mendelssohn, non que j'aime sa musique pour piano, que je trouve, à part les *Variations sérieuses,* assez banale ; sa musique chorale et orchestrale est en revanche autre chose. Dans ce que Mendelssohn a produit de meilleur, il y a toujours une concentration intense sur le détail le plus menu. Une ouverture comme *Mer calme et heureux voyage* est un exemple de chef-d'œuvre absolu. On y trouve quelque chose qui fait songer à un hymne, et qui est incroyablement touchant ; en disant hymne, je ne veux pas parler seulement au sens religieux du terme, mais au sens où chaque voix a sa raison d'être. Mendelssohn possède précisément les qualités qui font défaut à Chopin !

J'ai toujours eu le sentiment que l'essentiel du répertoire du piano constituait une gigantesque perte de temps. Cette généralisation inclut Chopin, Liszt et Schumann. La plupart de ces compositeurs ne savaient vraiment pas écrire correctement pour le piano. Oh, bien sûr, ils savaient comment faire usage de la pédale, comment produire des effets dramatiques en faisant fuser les notes dans toutes les directions. Mais dans tout cela, il y a très peu de *composition*. La musique de cette époque est pleine de gestes théâtraux creux, pleine d'exhibitionnisme, elle a une dimension mondaine et hédoniste qui me fait tout simplement fuir.

Je trouve que Chopin, Schumann et Liszt — ce dernier surtout dans ses œuvres de jeunesse — écrivent pour l'effet. Ils utilisent la musique pour créer dans le public ce qu'on pourrait appeler des turbulences, aussi raffinée — c'est le cas de Chopin — que soit cette musique. Et les « turbulences » ont priorité sur les exigences formelles. Une Mazurka d'une minute de Chopin peut être pleine de charme, pleine de rebondissements et de changements intéressants et spirituels. Mais dès qu'il s'attaque à un mouvement de sonate un peu ample, qui dure une dizaine de minutes, ce à quoi il aboutit est désastreux, car il est incapable d'intégrer de façon soutenue forme et contenu. A l'inverse de Mendelssohn.

Il y a quelques années, j'ai bien enregistré pour la radio la *Sonate en si mineur, op. 58*, de Chopin, juste pour m'amuser ou pour irriter mes amis. C'est la seule œuvre un peu ambitieuse de Chopin — il est vrai qu'il en existe peu qui le soient — dont la forme comporte autre chose qu'une simple juxtaposition d'éléments thématiques. Je me suis donc efforcé d'en faire une œuvre complètement et résolument teutonne et d'en gommer toutes les diableries instrumentales. Malgré cela, je me suis aperçu que même elle ne tenait pas vraiment la route et j'ai donc décidé de ne plus jamais jouer de Chopin.

Quant à Schubert, j'ai toujours beaucoup de mal à me soumettre à une expérience répétitive. Si vous me demandez de vous jouer un lied de Schubert, j'ai désespérément envie de me mettre à moduler, de faire une fausse note ici ou là, de briser le moule, à tel point que je deviens à moitié fou.

Entre parenthèses, j'éprouve le même genre de réaction face à ce qu'on appelle maintenant — je trouve cela plutôt hilarant — la musique du changement. A l'exception de quelque chose comme *Stimmung* de Stockhausen, qui au moins est relativement calme et ne vous tape pas sur les nerfs, l'idée de répéter un même dessin *ad infinitum* me crispe au plus haut point.

Il y a évidemment des moments prodigieux dans Schubert. Ce que je préfère chez lui — la *Cinquième Symphonie* par exemple — est d'ailleurs très peu typique et plus proche de Haydn ou de Mozart ; ce sont ces moments qui possèdent un sens très affirmé de mouvement et d'allant, par opposition à ceux où il se laisse aller à ses habituelles et interminables ruminations.

Un autre problème concernant cette musique telle que je la vois consiste en ce que Schubert, Chopin, Schumann et compagnie voulaient croire et faire croire que le piano est un instrument homophonique. Or, cela est faux ; je suis persuadé que le piano est un instrument contrapuntique, et qu'il ne devient intéressant que lorsqu'il est traité d'une manière telle qu'on fait se correspondre la dimension verticale et la dimension horizontale. Cela n'est pas le cas de l'essentiel du répertoire pianistique écrit au cours de la première moitié du XIXe siècle.

Mais c'est dans la période du romantisme tardif que se situe la grande tragédie, car les compositeurs de cette époque — Wagner, Richard Strauss, et même éventuellement Mahler —, qui avaient une maîtrise fantastique de l'intégration des éléments harmoniques et thématiques du langage, ont choisi de ne quasiment rien écrire pour le piano. Wagner a bien composé deux sonates pour piano dans sa jeunesse mais, par comparaison, elles feraient plutôt apparaître Weber comme l'un des plus grands maîtres de tous les temps. J'imagine d'ailleurs que Wagner ne comprenait pas grand-chose au piano ; il n'y a qu'à regarder les accompagnements des *Wesendonck Lieder,* dont l'arrangement orchestral est tout à fait satisfaisant, pour s'apercevoir qu'ils ne fonctionnent pas du tout au piano.

En revanche, j'enregistre actuellement quelques œuvres pour piano de Strauss — l'*Opus 3* et l'*Opus 5,* des pièces qu'il écrivit à l'âge de seize ans — et ce sont de petits miracles ; aussi raffinées et polies que quoi que ce soit que Mendelssohn ait pu écrire au même âge. Il se trouve que, à l'exception de Mendelssohn, personne, à l'âge de seize ans, n'a jamais écrit avec autant de métier et d'assurance, et je n'oublie pas Mozart. Strauss était capable d'écrire magnifiquement bien pour le piano, voir la *Burlesque,* le *Bourgeois Gentilhomme* et certains des derniers lieder. Son écriture de piano est dépourvue de toute ostentation, d'exhibitionnisme ou de creuse virtuosité. Mais il a préféré ne pas beaucoup s'adonner à ce genre.

C'est là le grand malheur, ce vide qui existe dans la littérature pianistique. Il s'agissait d'une époque orchestrale, et le piano n'était guère qu'un dernier recours ; c'était l'orchestre du pauvre, dont on se servait comme d'un brouillon pour une orchestration ultérieure.

Vladimir Tropp. — De quand date votre passion pour Bruckner, Mahler et Richard Strauss ?

Glenn Gould. — A l'époque où j'étais étudiant, faire preuve d'un intérêt pour ces compositeurs n'était pas du tout à la mode. Néanmoins, je tombai amoureux de Strauss dès les premières notes que j'entendis de lui, et c'est immédiatement après la guerre que j'eus un premier contact avec les *Métamorphoses*, le *Concerto pour Hautbois* et le *Duo concertant*. Aujourd'hui, je reviens plus volontiers aux œuvres de la fin de la vie de Strauss, et, comme je l'ai déjà dit, les *Métamorphoses* sont à mon avis l'une des œuvres les plus marquantes qui aient jamais été écrites, une musique extraordinairement émouvante.

Avec Mahler, mon rapport est autre. J'aime sa musique de jeunesse, alors que je trouve la *Septième Symphonie* insupportable. Si qui que ce soit d'autre l'avait écrite, tout le monde dirait que c'est un fatras des effets les plus faciles. Et pour tout vous dire, je ne trouve pas que la *Sixième Symphonie* soit tellement meilleure. La *Huitième* est à l'inverse très intéressante, surtout le premier mouvement. Je crois que les gens sont largement passés à côté de Strauss, et ont trouvé chez Mahler davantage qu'il n'y en a, même s'il est, bien sûr, un personnage fascinant. Strauss, comme Mendelssohn, est un perfectionniste ; on peut toujours s'attendre avec lui à un minimum de métier. Harmoniquement parlant, il ne fait jamais de faux pas. Sur ce plan, tout fonctionne toujours.

De tous ses opéras, mon préféré est *Capriccio*, incroyablement touchant et méticuleusement écrit, avec toujours cette extraordinaire spontanéité et cette extraordinaire liberté, alors que, pourtant, l'ensemble de l'opéra se relie à un seul et étonnant motif, dans la meilleure tradition schœnbergienne. Avec ses permutations infinies de cet unique motif, c'est une œuvre magique.

Tim Page. — *Ne trouvez-vous pas que Strauss ait décliné vers le milieu de sa vie ?*

Glenn Gould. — Oh, c'est hors de doute. Je n'ai jamais réussi à prendre un opéra comme *Ariane à Naxos* très au sérieux. En fait, je n'aime pas beaucoup non plus le *Chevalier à la rose*. Pourtant, prenez une œuvre comme la *Symphonie Alpestre*... elle a toujours eu mauvaise presse, mais il y a là des moments — même si, c'est vrai, la coda est interminable, et s'il ne sait pas comment se sortir de la grande pédale en *mi bémol* à la fin *(rires)* — mais il y a aussi ces moments gigantesques qui pourraient presque faire honte aux meilleurs poèmes symphoniques datant de sa jeunesse. L'œuvre n'a pas une structure aussi solide que *Till Eulenspiegel,* mais elle est possédée d'un sérieux dans l'intention qui n'existait simplement pas dans ses premières grandes œuvres. Et puis, après, ce sont les opéras comme *Capriccio* ! Vous savez, Strauss était un penseur capable de beaucoup plus d'abstraction qu'on ne l'en crédite d'habitude, et il fut le seul compositeur romantique après Mendelssohn à n'avoir jamais violé l'intégrité de ce qu'on pourrait appeler la base « inférentielle » des composantes polyphoniques des structures musicales. A cet égard, beaucoup de gens préféreraient certainement accorder leurs suffrages à Brahms mais celui-ci a parfois quelques défaillances, et, le reste du temps, il est si incroyablement appliqué à justement éviter ce genre de défaillances !

Si les *Métamorphoses* sont de toute la production de Strauss ce que je préfère, c'est qu'avec elles, il est enfin parvenu à se réconcilier avec la nature abstraite de ses propres dons. D'une certaine façon, il s'agit de l'*Art de la Fugue* de Strauss. C'est, si vous voulez, une œuvre asexuée, une œuvre qui n'a pas de genre. Elle aurait aussi bien pu appartenir à l'orgue, ou à la voix humaine, qu'aux vingt-trois instruments à cordes solistes pour lesquels elle a été écrite. Mais j'ai l'impression que nous nous éloignons pas mal du sujet, puisque ce que je voulais dire au début était qu'il était bien dommage que Richard Strauss n'ait pas composé davantage pour le piano. Je joue bien sûr pour mon plaisir tous ses poèmes symphoniques et bon nombre de ses opéras dans mes propres transcriptions. Mais ce n'est pas moi qui vais lui donner un coup de pouce en transcrivant les *Métamorphoses* : vingt-trois cordes solistes ! je n'ai pas tant de doigts !

Tim Page. — *Sibelius, lui aussi, est considéré comme un romantique tardif. Vous avez enregistré quelques-unes de ses œuvres pour piano, qui étaient jusqu'alors complètement inconnues.*

Glenn Gould. — En comptant bien, on arrive à un total de cent dix-sept pièces pour piano. La plupart sont totalement insignifiantes, mais les trois *Sonatines*, que j'ai enregistrées, me fascinent. Elles ont la même concision spartiate que ses symphonies, mais leur style est presque néo-classique. Ce ne sont évidemment pas des chefs-d'œuvre ; Sibelius s'intéressait avant tout à l'orchestre, mais j'admire cependant le fait que, lorsqu'il écrit pour piano, il n'essaie pas de faire du piano un instrument de substitution pour l'orchestre.

Daniel Kunzi. — *Nous en arrivons donc progressivement au début de notre siècle. N'avez-vous pas le sentiment que, pour la première fois en musique, un fossé soit alors en train de se creuser entre plusieurs tendances difficilement conciliables ?*

Glenn Gould. — Je dois dire que mes goûts musicaux sont ceux qui conduisent à la seconde École de Vienne et à Schoenberg. Il y a pas mal d'œuvres de Schoenberg à l'égard desquelles j'émets quelques réserves ; je le considère néanmoins comme l'un des très grands maîtres.
La tendance Stravinsky-Bartók — cette manière mécaniste d'envisager la musique — a aussi peu d'attrait pour moi que la tendance hypersensuelle de la 1re moitié du XIXe siècle, celle de Chopin ou de Liszt. Je me souviens d'être tombé, vers l'âge de vingt ans, sur un article que Boulez avait écrit pour l'un des programmes du Domaine Musical au théâtre de Jean-Louis Barrault à Paris — dont il était alors le directeur musical. Le concert était composé de ce qu'il considérait comme les chefs-d'œuvre les plus importants de toute l'histoire. Il y avait, si je me souviens bien, le Ricercare à six voix de l'*Offrande Musicale*, un chef-d'œuvre manifeste ; il y avait la *Grande Fugue*. Peut-être y avait-il quelque chose entre les deux, je n'en suis plus bien sûr. — Il y avait l'*Opus 9* de Schoenberg, l'un de mes préférés. Et puis quelque chose de Debussy — il est assez caractéristique que je ne puisse

me rappeler quoi — et du Messiaen. Enfin, l'une des œuvres de Boulez lui-même et, je crois, le *Concert pour neuf instruments* de Webern.

Ce qui m'a fait tiquer, ce n'était pas tant les œuvres retenues — à part le Messiaen, toutes étaient de grandes œuvres —, mais plutôt la notion de ce qu'est un chef-d'œuvre, et l'idée que l'histoire de la musique consiste en une série de sommets et de précipices. Strauss, dans les dix dernières années de son existence, a ajouté une nouvelle dimension de sérieux et de gravité à sa démarche de compositeur. Mais certainement pas parce qu'il se serait dit à lui-même qu'il allait se mettre à écrire des chefs-d'œuvre plus importants que ceux qu'il avait produits à la fin du XIXe siècle. L'idée qu'il était fini en atteignant la quarantaine est totalement fausse. Je dirais même que l'une des premières grandes œuvres néo-classiques, au meilleur sens du terme, est son *Bourgeois Gentilhomme*; incomparablement meilleure en tout cas que cette espèce de camelote de Stravinsky qu'est l'*Histoire du Soldat*; laquelle a d'ailleurs été écrite six années plus tard ! Tout cela pour montrer à quoi l'on aboutit dès lors qu'on se prête au petit jeu de Boulez.

Bruno Monsaingeon. — Vous avez, à des époques variées, enregistré toute la musique de Schoenberg comportant une partie de piano...

Glenn Gould. — ... à une seule exception près, *Pierrot lunaire*, qui est une œuvre affreusement théâtrale à mon goût.

Bruno Monsaingeon. — Il me semble, lorsque j'entends ces œuvres, surtout dans votre interprétation, qu'il existe un élément de parfaite continuité entre Bach et Schoenberg.

Glenn Gould. — Schoenberg le pensait aussi ; il se voyait comme le prophète d'une évolution nouvelle, mais aussi comme le dernier d'une longue lignée de grands maîtres, parmi lesquels Bach, Beethoven et Bruckner, comme l'héritier de la grande tradition austro-germanique, se situant lui-même dans l'histoire comme l'un d'entre eux. Mais son sens de l'histoire n'allait guère au-delà de Bach, à supposer, et je n'en suis pas tellement convaincu, qu'il l'ait porté jusque-là : il n'est que d'écouter sa transcription de la *Fugue* dite *Sainte Anne*[2] qui est orchestralement fort maladroite, alors que Schoenberg était un superbe orchestrateur, pour s'apercevoir qu'elle dénote une compréhension assez peu convaincante du baroque. Je crois que Schoenberg était tout à fait un homme de son temps mais qu'il était aussi, pour autant que nous ayons suffisamment de recul pour en juger, le dernier artisan significatif de la vieille idée germanique selon laquelle c'est dans le mystère des nombres qu'on trouve la maîtrise, et en s'appuyant sur une mystique des structures qu'on obtient une œuvre. C'est pour cette raison qu'il a cru nécessaire, à une certaine époque de sa vie, d'inventer le système dodécaphonique.

Il n'est absolument pas vrai que Schoenberg ait bouleversé toutes les lois, mais seulement et fondamentalement l'une d'entre elles, celle de la résolution tonale des accords. Il a décidé que cette loi-là n'était pas viable pour ce qu'il entendait faire, qu'elle était inutilisable pour le type de construction harmonique à partir de laquelle il souhaitait travailler.

Schoenberg a ouvert beaucoup de perspectives, et probablement avec plus de succès que qui que ce soit d'autre. En outre, la manière dont il a ouvert ces portes est très intéressante, car il fut une époque où il se trouvait au bord de l'abîme, terrifié par ce qu'il était en train de faire, et profondément perturbé. Pour se sortir de l'impasse, il imagina de formuler un système qui était si ordinaire, si élémentaire, si provocant dans son simplisme mathématique, si peu musical en vérité — le système dodécaphonique —, qu'il devint un objet de ridicule dans le monde musical. Et pris au pied de la lettre, c'est effectivement un système ridicule. C'est exactement comme si un écrivain déclarait que dorénavant il n'écrirait plus de romans, de poèmes ou d'essais qu'en utilisant douze lettres de l'alphabet, et toujours selon un certain ordre : soit il se débrouillerait pour forcer tous les mots à se conformer à ces modèles ultra-restrictifs, soit il se tairait complètement.

Par conséquent, un système incroyablement artificiel, incroyablement arbitraire. Or, dans le cas de Schoenberg, un phénomène chimique mystérieux se produisit : ayant élaboré ce puéril édifice mathématique, ce principe apparemment absurde, il se mit soudain à écrire certaines de ses musiques les plus magnifiques. Le

---

2. Fugue pour orgue en *mi bémol majeur* de J.-S. Bach.

fait qu'il n'ait jamais été aussi authentiquement lui-même que dans les années qui suivirent immédiatement la découverte de son système donne à réfléchir. Toutes les œuvres de cette époque ont une extraordinaire vivacité et un extraordinaire élan. Il était finalement parvenu à se ressaisir en décidant que ses œuvres seraient désormais arbitrées par ce principe puéril, pesant et astreignant, mais qui, en raison des considérations harmoniques dont il l'avait assorti, a fonctionné et lui a permis d'ouvrir des perspectives inattendues. Il en a tiré de grandes œuvres, mais je pense qu'il y a peu de choses dans tout cela qui n'auraient pu se passer d'un système, car Schoenberg était un extraordinaire « calculateur dramatique » et obtenait, déjà dix ans auparavant, exactement les mêmes effets, sans pour autant avoir recours à un système.

Un phénomène curieux a surgi vers la fin du XVe siècle : les compositeurs se sont lancés à la recherche d'une identité, et l'affirmation d'identité, à l'époque de ce que nous appelons, peut-être à tort, la haute Renaissance, fut assimilée à la création de systèmes opposés les uns aux autres qui, à leur tour, donnèrent naissance à une sorte d'esprit de compétition. Chacun put donc se croire autorisé à dire : « Mon système va renverser votre système ou le système antérieur, car le sens de l'histoire l'a décrété supérieur. »

Rien n'illustre mieux cette attitude que les premiers écrits de M. Boulez (j'espère bien qu'il en est revenu depuis à une méthode de pensée un peu plus sensée). Il était persuadé que l'histoire se définissait par une série de sommets parmi lesquels je suppose qu'il se plaçait. Je ne pense pas du tout que l'histoire évolue de cette façon et, si c'était le cas, ce serait horriblement déprimant, car celui qui refuserait de se laisser conditionner par l'esprit du temps ne serait plus en mesure de contribuer à quoi que ce soit.

Mais sur le chemin du XVIe siècle, et même en plein XVIe siècle, il y eut certaines personnes qui gardèrent un peu de ce sens de la quête spirituelle préalable à la quête d'identité. Savez-vous quel est mon compositeur préféré ? Devinez.

Bruno Monsaingeon. — Bach ou Schoenberg... ?

Glenn Gould. — Bach ou Schoenberg, oui, si j'avais l'audace de m'identifier à un maître technicien. Mais pour ce qui est de la quête spirituelle, non. Alors ?

Un... deux... trois... Orlando Gibbons.

Theodora Shipiatchev. — *Vous voulez bien parler du virginaliste anglais qui...*

Glenn Gould. — Oui, oui ! Je ne connais d'ailleurs qu'un seul Orlando Gibbons, ce merveilleux compositeur de la fin du XVIe siècle et du début du XVIIe siècle. Et lorsque je dis qu'il est mon compositeur préféré, on accueille d'habitude ma profession de foi avec une bonne dose de scepticisme, alors que je n'ai jamais rien dit d'aussi sérieux. Mon admiration n'a rien à voir avec la qualité technique de ses œuvres, encore qu'elle soit considérable ; en fait, Gibbons est un compositeur dont la technique est si inextricablement incorporée à la nature et à la structure de sa musique qu'on ne s'aperçoit même plus de sa présence. Néanmoins, je ne pense pas à lui comme s'il s'agissait du plus grand compositeur d'un point de vue technique — dans cette catégorie, c'est pour Bach que je voterais — ni même comme du plus grand technicien de son époque — son compatriote William Byrd aurait bien davantage vocation à être qualifié. Byrd est beaucoup plus virtuose et bien plus conscient de sa virtuosité. Par rapport à Gibbons, il serait un petit peu comme Thalberg ou Moschelès par rapport à Chopin, ou comme Richard Strauss par rapport à Mahler. Byrd est merveilleux, mais chez lui chaque contrepoint, chaque canon est là comme s'il voulait en exhiber la maîtrise. Non, tout cela revient à une question beaucoup plus personnelle et beaucoup plus simple : depuis vingt-cinq ans, j'ai trouvé davantage de vrai bonheur à écouter la musique de Gibbons que celle de n'importe quel autre compositeur, et je suis très facilement enclin à m'en faire le prosélyte.

Gibbons, pourtant, n'est pas un compositeur complètement individuel ; il se situe à califourchon sur deux époques ; celle de l'anonymat délicieux que connut la pré-Renaissance et qu'elle explora, et celle de l'individualisme forcené du Baroque qui s'annonçait, et qui allait inaugurer un règne de trois cents ans pour la musique tonale en Europe. C'est en partie parce qu'il réussit à combiner ces deux styles qu'il me fascine ; j'ai toujours eu une vive affection pour les personnages « fin de siècle », pour les artistes qui, se situant à la fin d'une époque, parviennent à réconcilier dans leurs œuvres deux tendances apparemment opposées. Schoenberg me fascine pour une raison au fond analogue et, comme Schoenberg, Gibbons était d'abord et avant tout un réconciliateur. (On a toujours accusé Schoenberg d'être un révolutionnaire, ce contre quoi il avait raison de s'insurger car, ainsi que nous l'avons vu, il considérait son œuvre comme l'extension logique de la tradition classique et romantique allemande.) Dans ce sens, que Gibbons ait tort ou raison, qu'il juxtapose audacieusement les techniques modales et les techniques tonales, ou qu'il écrive des hymnes extraordinairement purs qu'auraient aussi bien pu signer Purcell, Haendel, Mendelssohn ou Charles Wesley, je peux en quelque sorte mettre mes pas dans ses pas et dire : « Voilà ce que j'aurais aimé faire à cette époque. »

Bruno Monsaingeon. — Il est de coutume d'associer les trois compositeurs de la « seconde École de Vienne ». Vous avez largement contribué à faire connaître leurs œuvres en les jouant, en les enregistrant, et cela, dès le début de votre carrière de pianiste. Vous avez aussi écrit de très nombreux essais à propos de Schoenberg, qui apparaît manifestement comme l'un de vos auteurs de prédilection. Mais vous avez beaucoup moins parlé des deux autres, Anton Webern et Alban Berg. Comment voyez-vous la relation qui existe entre ces trois personnages ?

Glenn Gould. — Je suis très réservé à l'égard de ces idées d'« école ». On croit que, parce que Berg et Webern furent les disciples de Schoenberg, ils doivent automatiquement représenter un aspect ou un autre de son idéologie. Comme vous le savez, l'opinion reçue veut que d'une certaine manière Webern représente le prolongement du message de Schoenberg et de sa technique : tout ce qui fut ultérieurement développé par Boulez et les adeptes du sérialisme intégral ; que Berg, du fait qu'il écrivait selon un idiome relativement conservateur, représente son passé, le monde à partir duquel il a jailli, et que Schoenberg représente quelque chose d'intermédiaire. Je ne trouve pas cela tellement convaincant.

Que ce serait-il passé, comment la postérité aurait-elle évalué leurs rôles si Webern et Berg n'avaient pas travaillé avec Schoenberg ? Imaginons un instant qu'Alban Berg ait étudié avec Richard Strauss, par exemple. Qu'en aurait-il été, non pas de son évolution à lui, mais des connexions qu'on a arbitrairement voulu établir entre ces trois hommes ? Quoi qu'il en soit, ils furent effectivement des disciples de Schoenberg, mais comme je suis plutôt allergique à cette manière d'étiqueter les gens en tant que progressistes ou en tant que conservateurs, je vois les rapports qui existent entre eux de façon assez différente. Je vois Schoenberg comme une espèce de furieux, un colosse biblique prophétisant à tous vents, un personnage presque beethovénien dans sa véhémence à propos de lui-même, de son rôle et de ses œuvres. Je vois Webern comme quelqu'un qui, fondamentalement, n'était pas dans son élément en écrivant de la musique tonale, à preuve ses premières œuvres, qui sont tonales et pas bien bonnes, sinon plutôt embarrassantes ; c'est un homme qui était avant tout concerné par la pureté des formes, par la géométrie, et qui en même temps ressentait sa musique avec une formidable intensité ; les silences, les longues pauses dont sont parsemées ses œuvres, ne sont pas sans faire penser aux trous qu'on trouve dans les sculptures de Henry Moore ou dans les phrases de Harold Pinter. Ils possèdent une prodigieuse charge émotionnelle. Mais c'est quelqu'un qui n'a trouvé sa véritable voie que très tard dans son existence, en élaborant une technique miniaturiste très pure et très belle, qui a fait de lui le Samuel Beckett ou le Piet Mondrian de la musique. Si c'est cela qu'on appelle le futur ou le progressisme, moi je veux bien. Reste Berg. Il m'apparaît comme une sorte de Moussorgsky mieux organisé, disposant d'une meilleure technique, le genre esthète de café plutôt névrosé, concerné par l'image autobiographique qu'il voulait donner de lui-même et produisant une musique follement passionnée mais à l'aide d'une technique qui ne convenait guère à cette passion. Il mettait toutes ses tripes dans son œuvre pour en concocter un ragoût extraordinairement éclectique, absorbant toutes les influences alentour et pas seulement celle de Schoenberg, nonobstant toutes les lettres d'hommage qu'il écrivait constamment au vieux, et qui lui valaient immanquablement les réponses les plus grincheuses. A l'inverse de Webern, qui n'eut donc jamais véritablement de goût pour la musique tonale, Berg me semble sortir de son milieu naturel lorsqu'il compose — ainsi qu'il le fit presque tout au long de son existence — de façon non tonale ou quasi non-tonale. On croit généralement, parce qu'il est confortable de le croire, que les années apportent automatiquement maturité et sagesse. C'est loin d'être toujours vrai et si, à l'âge mûr, Berg écrivit des œuvres techniquement plus sophistiquées, elles n'en sont pas pour autant meilleures, linguistiquement parlant, que celles qu'il composait dans sa jeunesse. Il y a un moment dans sa vie, au tout début de sa carrière en fait, où il écrit dans une langue qui lui convient parfaitement, qui constitue son milieu naturel ; une langue proche de ce qui deviendra l'atonalité, ou qui du moins annonce la fin de la tonalité, dans laquelle il utilise des motifs de type wagnérien, mais en les insérant dans les vieilles formes de l'allegro de sonate. Bien entendu, le problème de Berg dans ses années ultérieures réside en ce qu'il a continué à utiliser des formes anciennes et des techniques nouvelles, et que ces formes et ces techniques ne se mariaient pas très bien. En essayant de couler les idées de Schoenberg dans un idiome nouveau, il écrivit des musiques presque toujours magnifiques, mais jamais aussi convaincantes que celles de sa jeunesse, car plus il s'écartait de cette zone périlleuse juchée sur les pourtours de la tonalité et de l'atonalité pour s'engager dans la voie de cette dernière, moins il était véritablement lui-même.

Bruno Monsaingeon. — Voudriez-vous insinuer que Berg n'est jamais parvenu à une maturité de langage qui lui soit personnelle ?

Glenn Gould. — Non, certainement pas, car il est évident qu'il a trouvé un langage bien à lui. Il est très facile d'entendre le *Concerto pour violon* ou la *Suite lyrique* et de dire : c'est du Berg ! Il est probablement le seul compositeur dodécaphonique qu'un profane puisse immédiatement identifier ; mais Berg était le parfait éclectique, du début à la fin, et j'ai le fâcheux sentiment qu'il est mort au bon moment, pour le bien de sa propre réputation ; s'il avait vécu plus longtemps — comprenez-moi bien, je ne veux surtout pas dire que je lui souhaitais une mort prématurée — mais s'il avait vécu davantage, je crois que les traces de sentimentalité — à défaut de mot plus original — qu'il y a en lui, et qui deviennent de plus en plus prédominantes, surtout dans ses dernières œuvres, dans son *Concerto pour violon* en particulier, auraient crû aux dépens des structures organiques si merveilleusement agencées qu'il créait dans sa jeunesse. Vous savez, j'ai une théorie étrange, très perverse, et certainement pas infaillible. Elle se rattache à l'idée qui est mienne selon laquelle — comment dirais-je — le mélange des styles représente, par l'intermédiaire de la technologie, l'avenir de la musique ; une théorie selon laquelle on ne mélange jamais les styles de façon plus convaincante que dans son Opus 1, et qui soutient que, dans de nombreux cas, les compositeurs ne font jamais rien de mieux que leurs premières œuvres. Je ne pense pas que Bizet ait jamais rien écrit de mieux que sa *Symphonie en ut majeur* qu'il a composée à l'âge de dix-sept ans. Il y a aussi l'exemple, c'est un cliché mais tant pis, du *Songe d'une nuit d'été* de Mendelssohn. Je ne crois pas que Berg ait jamais rien écrit de mieux que sa *Sonate pour piano, op. 1.* Tout en s'y soumettant aux exigences formelles de l'allegro de sonate, Berg y utilise trois motifs assez brefs qui ressemblent à des leitmotive wagnériens ; à partir de ces motifs en eux-mêmes relativement peu attrayants, il bâtit une structure extraordinairement compacte tout en replaçant l'ensemble dans le vieux cadre de l'exposition, du développement et de la récapitulation. Bien sûr, par la suite, cela devint son problème ; il n'arrivait pas à se détacher des vieilles formes, à trouver une façon de couler ce genre de matériau parfaitement soudé dans des formes nouvelles, comme Webern, lui, réussit à le faire. D'où l'idée que Webern représente l'avenir et Berg le passé. Mais je crois que c'est une vue simpliste des choses ; je crois que ce qui s'est passé, c'est qu'en 1908, à vingt-deux ou vingt-trois ans, Berg a écrit son *Opus 1* et qu'il a tapé dans le mille.

Bruno Monsaingeon. — Je me demande si Berg aurait été très satisfait qu'on le représente par son Opus 1 *?*

Glenn Gould. — Sans doute pas. Il ne se serait probablement pas non plus reconnu dans la description à laquelle je viens de me livrer. Mais qu'y puis-je ? J'aime bien ma théorie ! (*rires*).

Ulla Colgrass. — Vous sautez avec la plus grande aisance de Bach à Scriabine et à Hindemith. Existe-t-il un compositeur contemporain dont vous vous sentiez particulièrement proche ?

Glenn Gould. — Je ne pourrais pas dire que je me sente particulièrement proche de la scène contemporaine. Je suis passionné par beaucoup de choses qui se passent actuellement, mais ce qui me dérange dans le monde musical — cela n'a d'ailleurs rien de nouveau et c'est aussi vieux que la musique elle-même — est l'idée d'un schisme, l'idée qu'il faille se mouvoir dans telle ou telle direction selon le goût du jour, et l'existence d'éléments combattifs à l'intérieur des factions qui représentent ces polarités schismatiques. J'aimerais voir un environnement musical dans lequel on ne soit pas contraint de prendre parti. Ces antagonismes ont cependant récemment perdu de leur virulence, et c'est là je crois un signe fort encourageant. Mais jusqu'à il y a environ dix ans, on avait le sentiment qu'il fallait absolument se situer d'un côté ou d'un autre, et toute la machine de propagande des médias attisait ces querelles factionnelles.

Daniel Kunzi. — On vous connaît, en tant que compositeur, comme auteur d'un Opus 1, votre Quatuor à cordes, *à propos duquel vous écriviez lorsqu'il fut enregistré : « C'est l'Opus 2 qui compte ». Cet Opus 2 ne semble pas avoir vu le jour. Serait-ce que vous auriez renoncé à la composition ?*

Glenn Gould. — Pas le moins du monde ! Mais après plusieurs essais consécutifs au *Quatuor,* je me suis convaincu du fait que c'est en faisant intervenir la technologie et en exploitant le potentiel musical de la voix parlée que j'allais pouvoir poursuivre mon travail de compositeur. J'ai bien conscience de ce que cela n'a pas encore été véritablement accepté ; je continue cependant de prétendre que mes documentaires radio, bien que dépourvus de matière musicale à proprement parler, sont néanmoins des structures musicales et constituent des « compositions » à part entière.

Tim Page. — Vous utilisez dans vos documentaires radiophoniques une technique selon laquelle on entend deux, trois ou quatre voix parler simultanément. Un critique du New York Times *les décrit de la façon suivante : « C'est comme si on se trouvait dans le métro à l'heure de pointe, lisant un journal tout en écoutant les bribes de deux ou trois conversations pendant qu'à l'arrière-plan une radio mugit au beau milieu du fracas métallique du métro. »*
Vous-même parlez à ce propos de « radio contrapuntique ».

Glenn Gould. — Oui, très honnêtement, je ne crois pas qu'il soit essentiel en matière de radio de saisir chaque mot. Il suffit de mettre l'accent sur un certain nombre de mots-clés dans des phrases « en contresujet » pour que l'auditoire sache que telle voix est toujours en action, tout en lui permettant de diriger son attention sur la ou les voix principales, et de traiter les autres comme une sorte de basse continue.

Nous sortons d'une longue et magnifique tradition radiophonique, mais c'était une tradition excessivement linéaire. Il y avait une personne qui parlait, suivie d'une autre, s'interrompant à l'occasion par un « et » ou un « mais » ; mais jamais on n'entendait deux personnes parler à la fois. J'ai grandi avec cette tradition et j'en ai beaucoup apprécié les productions. Néanmoins, j'ai toujours eu le sentiment que le mot parlé possédait une dimension musicale dont on n'a jamais essayé de tirer le moindre parti.

J'ai forgé le terme de « radio contrapuntique » pour répondre à certaines critiques. Lorsque *The Idea of North* a été diffusé pour la première fois en 1967, le mot à la mode était le mot « aléatoire », et des critiques n'ont pas tardé à l'appliquer à mon travail. Rien n'était plus éloigné de la vérité, et c'est pour contrer cette impression que je me suis mis à parler de radio « contrapuntique », impliquant par là une discipline hautement organisée, dans laquelle chaque voix mène une vie autonome, mais adhère au même moment à certains paramètres d'une discipline harmonique. Je fais très attention à la manière dont les voix fonctionnent ensemble et se séparent, dans une perspective qui est à la fois sonore et qui se réfère à ce qui est en train d'être dit.

A l'heure actuelle, je travaille sur une idée qui ne sera sans doute pas mise en œuvre avant au moins un an, mais j'ai l'intention de réaliser un équivalent radiophonique du *Motet à 64 voix* de William Tallis *(rires)* ; je n'en dirai pas plus pour l'instant : cela risquerait de faire capoter le projet !

Tim Page. — *Vous utilisez le même genre d'idées dans votre travail de télévision.*

Glenn Gould. — Oui, si l'on veut, mais seulement dans le sens où je veux éliminer tout ce qui serait aléatoire. Ainsi, dans les cinq films sur Bach[1] que nous préparons actuellement, il y a des dis-

---

1. Il s'agit bien entendu de la série « Glenn Gould joue Bach », interrompue après le troisième épisode par la mort de Glenn Gould.

cussions entre le réalisateur et moi, qui paraissent tout à fait spontanées. Or, en réalité, tout cela est le résultat de longs mois de travail intense, d'un script entièrement rédigé, appris par cœur et répété.

Tim Page. — *Croyez-vous que notre époque soit mûre pour un retour aux formes épiques ? Beaucoup d'artistes semblent croire que c'est ce que nous réservent les prochaines années.*

Glenn Gould. — J'essaie d'éviter de penser en termes de généralisations pour ce qui concerne les grands courants de l'art. Si je disais : « Oui, l'époque est mûre pour un retour aux formes épiques », cela pourrait impliquer qu'il fut une époque où elles n'étaient pas de mise. Je ne crois pas qu'il en aille nécessairement ainsi.

Prenez l'année 1913... Non, non, 1912 est encore mieux. Arnold Schoenberg est en train d'écrire *Pierrot Lunaire* ; Webern travaille aux pièces brèves qui suivent immédiatement ses miniatures pour quatuor à cordes, et Berg compose les *Altenberg Lieder*. Imaginons que le monde s'arrête en cet instant précis : l'historien serait forcé de dire : « L'âge des formes épiques est terminé ; nous sommes maintenant à une époque de fragmentation, et l'idée d'une longue ligne de continuité musicale a vécu. »

En ce qui me concerne, je n'arrive pas à croire qu'il s'agirait là d'une description exacte de l'année 1912, même si, effectivement, beaucoup d'historiens de la musique devaient y souscrire. Au même moment, Jan Sibelius travaillait à la première rédaction de sa *Cinquième Symphonie,* qui relève beaucoup plus de l'épopée que de la fragmentation ! Inutile d'aller plus loin pour démontrer l'absurdité de pareilles généralisations. Je trouve tout à fait déplorable cette manière d'envisager les choses, cette tendance qu'on a de dire : « L'anti-héros est pour cette année ; le héros reviendra l'année prochaine. » Cela ne devrait pas avoir d'importance, on devrait en être affranchi.

Tim Page. — *Comme vous écrivez de la musique vous-même, quels sont à votre avis les grands problèmes auxquels un compositeur de 1980 se trouve confronté ?*

Glenn Gould. — Je ne sais pas. J'aimerais voir un monde dans lequel personne ne se soucierait de ce que le voisin est en train de faire, dans lequel tout le syndrome de pensée de groupe du genre : « Vous arrivez à tenir un accord d'*ut majeur* pendant trente minutes, moi je le tiendrai pendant trente et une » disparaîtrait complètement. Cela dit, il ne s'agit pas là d'un phénomène purement contemporain ; il y a vingt ans, il se manifestait tout simplement d'autre façon.

Pour cette raison, il m'est impossible de dire : « J'aimerais voir une réaffirmation du système tonal dans sa splendeur originelle » ou « J'aimerais voir un retour au sérialisme intégral de Babbitt tel qu'il existait vers 1959. » En revanche, ce que j'aimerais effectivement voir, c'est une situation dans laquelle les pressions et les polarisations que ces systèmes ont engendrées chez leurs adeptes et leurs adversaires n'existeraient même plus. Je trouve très déprimant d'entendre parler de situations dans lesquelles l'idée compétitive et imitative de ce qui va dans le sens du courant règne sur la créativité. Rien ne me semble moins important, ou plus néfaste, comme on voudra.

Ulla Colgrass. — A supposer que vous disposiez encore devant vous de vingt-cinq années d'enregistrement, avez-vous un objectif, un plan d'ensemble en tête ?

Glenn Gould. — Bien entendu. Lorsque j'avais environ vingt ans, le plan à long terme qui était le mien consistait à cesser de donner des concerts aux alentours de la trentaine, et à enregistrer probablement jusqu'à ce que j'atteigne cinquante ans. Eh bien, j'ai effectivement cessé de donner des concerts avant d'avoir trente-deux ans, et mon contrat d'enregistrement avec CBS se prolonge un peu au-delà de mes cinquante ans. Je ne chicane donc pas sur le détail. Néanmoins, dès que mon contrat viendra à échéance, il y aura un changement majeur d'orientation, exactement comme il y a vingt ans. Je préfère n'en rien dire pour l'instant. J'ai toujours cru au changement, parce qu'il y a trop de choses que je souhaite entreprendre.

TROISIÈME PARTIE

Annexes

Questionnaire de Glenn Gould
Janvier 1952

Au cours des années où nous travaillions ensemble, Glenn Gould me communiqua d'un air amusé le texte d'un questionnaire que la Radio canadienne lui avait demandé de remplir lorsqu'il commença à collaborer un peu régulièrement avec elle, et qu'il avait retrouvé dans ses archives. Nous le publions ci-dessous, car il nous semble tracer l'autoportrait extraordinairement prophétique d'un jeune pianiste de 19 ans et révéler a posteriori ce qu'allaient être les aspirations de toute une vie.

B.M.

nom :   Glenn Gould.
adresse :   32 Southwood Drive.
téléphone :   HO — 9422.

Signalement

taille :   1,75 m.
couleur des cheveux :   Châtain.
couleur des yeux :   Bleu.

date de naissance :   25 septembre 1932.
lieu de naissance :   Toronto.
nom des parents :   Florence et Russell Gould.
êtes-vous marié ?   Non.

Scolarité

école élémentaire :   Williamson Road.
école secondaire :   Malvern College.
école de musique ou d'art dramatique :
Conservatoire Royal de Musique de Toronto.
quelles langues parlez-vous ?
Français (mais pas couramment).
activités extra-scolaires ou universitaires :
Trop occupé par la musique pour m'adonner à d'autres activités.

Voyages

Tournée de concerts dans l'ouest du Canada : octobre-novembre 1951. Autres tournées prévues à travers tout le pays en mars-avril 1952 puis en novembre.

Pourriez-vous énumérer les villes où vous avez vécu ?
Je n'ai habité que Toronto.

Activités professionnelles

En dehors de la radio (ou de la TV), quelles ont été vos expériences de la scène, de l'opéra ou du concert ? Précisez les dates.
Me produire en concert est ma principale activité (davantage que la radio).

Quelques dates (avec orchestre) :
— Toronto Symphony Orchestra : janvier 1947, décembre 1947, janvier 1951, mars 1951, décembre 1951.

— Royal Conservatory Symphony : mai 1946, mai 1950.
— Hamilton Symphony : mars 1950.
— Vancouver Symphony : octobre 1951.

En outre, nombreux récitals en soliste.

Vos parents ont-ils un talent musical ou théâtral ?
Oui, mais sans être des professionnels.

Activités radiophoniques

Veuillez énumérer vos participations à des enregistrements de radio (indiquez le détail et les dates) :

Récital dominical (Trans-Canada)	Décembre 1950
Soliste avec le Toronto Symphony Orchestra	Janvier 1951
	Mars 1951
Récital (Trans-Canada)	Avril 1951
Récital du mercredi soir	Août 1951
Soliste avec le Vancouver Symphony	Octobre 1951
Programme Beethoven avec le Toronto Symphony	Décembre 1951

Questions générales

Habitez-vous en ville ou à la campagne ?
En ville, sauf pendant l'été.

Que préférez-vous ?
La campagne.

Distractions ?
Mon occupation favorite est la lecture. Mes auteurs contemporains de prédilection : T.S. Eliot, Christopher Fry.

Quels sont vos hobby ?
Même si cela sonne désagréablement artificiel à mes oreilles, je dois dire que la musique est pour moi autant un hobby qu'une vocation.

Votre sport préféré ?
(...)

Qu'est-ce qui vous intéresse le plus dans la radio ?
En tant que pianiste, la chose qui me fait le plus d'impression dans la radio est le sentiment de me trouver présent dans le studio pour remplir un seul objectif : celui de faire de la musique. L'élément humain, l'excitation de jouer sur une scène, apportent souvent, il est vrai, quelque chose à l'exécution. En revanche, à la radio, l'idée qu'aucun effet visuel ne peut détourner l'attention ni faire passer certaines déficiences de l'interprétation influe de manière positive sur l'attitude de l'artiste. Pour moi, la concentration sur les détails purement musicaux est d'une importance essentielle ; et il est infiniment plus facile de parvenir à une pareille concentration lorsqu'on ne se sent pas responsable du plaisir visuel de l'auditeur.

Que pensez-vous de la musique contemporaine ? Quels sont vos goûts en la matière ?
Je dois confesser que l'occasion de dire quelques mots sur ce que j'aime et ce que je n'aime pas en musique est une tentation à laquelle je ne résiste jamais. Cela est tout particulièrement vrai en ce qui concerne la musique moderne, car cette dernière constitue toujours le sujet de conversation le plus controversé chez les musiciens, à quelque époque que ce soit. Mes propres goûts en matière de musique contemporaine se portent vers ce qui est généralement considéré comme constituant la révolution la plus radicale ayant trait à la musique occidentale : l'école viennoise du XXe siècle.

J'ai trouvé qu'existait chez les grands compositeurs de cette école (Arnold Schoenberg, Anton Webern, Ernst Krenek) une conception des possibilités musicales qui leur a permis d'une part d'être les continuateurs logiques de la grande lignée de la musique classique et romantique allemande (Mozart, Beethoven, Schubert, Brahms, Wagner, Mahler, Richard Strauss), et conjointement de restaurer en les mettant en pratique dans la musique du XXe siècle nombre des idéaux de l'art de la Renaissance et du Baroque qui, depuis longtemps, avaient été rejetés dans l'ombre. A cet égard, ce n'est pas l'un des moindres mérites de Schoenberg que d'avoir eu une compréhension très claire du problème de la polyphonie classique : dans sa musique, nous trouvons pour la première fois ressuscitée la science du contrepoint pur qui, cela ne fait aucun doute, n'avait plus existé à un degré aussi intense dans aucune musique depuis celle de J.-S. Bach. Tandis qu'il poursuivait ses recherches pour parvenir à une liberté contrapuntique accrue, Schoenberg commença à abandonner le système harmonique tonal. Au départ, il ne s'agissait que d'instiller davantage de chromatisme dans sa musique. Mais au bout du compte, il s'aperçut que les exigences harmoniques de la nouvelle musique ne pouvaient être satisfaites que par un système d'organisation harmonique qui serait (partiellement du moins) la mise en œuvre des possibilités de l' « atonalité ». Mais, comme c'est toujours le cas avec la musique polyphonique, celle-ci doit constituer une unité vitale en elle-même. En 1924, Schoenberg se mit à travailler selon le système dodécaphonique, qui était la solution qu'il apportait à ce problème. L'étendue de sa réussite ne peut faire aucun doute pour tous ceux qui ont compris quel était le grand génie qui était au travail dans des chefs-d'œuvre tels que les *Troisième* et *Quatrième Quatuors à cordes*.

C'est selon moi à Anton Webern qu'il allait échoir de poursuivre l'influence réactivante de Schoenberg. Je trouve dans l'art de Webern une approche qui élimine tout ce qui n'est pas absolument essentiel, qui exige une suprême économie des moyens, et qui pourtant produit l'une des polyphonies les plus riches et les plus belles qui soit, dont le discours musical est extraordinairement direct, et qui pourtant contient l'une des musiques les plus touchantes et les plus expressives à jamais avoir été écrite.

Tout cela débouche d'ailleurs pour moi sur une question primordiale : peut-on, et jusqu'où, aller plus loin dans cette direction ?

Par parenthèse, mon répertoire inclut les œuvres complètes pour piano de Schoenberg, Berg et Webern, dont j'ai joué un grand nombre en concert, ainsi que la première canadienne de la *Troisième Sonate* de Ernst Krenek (à Toronto, en janvier 1951).

A titre indicatif :
— Les plus grands compositeurs modernes :
Arnold Schoenberg, Anton Webern.
— Les compositeurs modernes les plus surestimés :
Bela Bartok, Igor Stravinsky.

Dernière interview

L'interview présentée ici est posthume. Il s'agit manifestement d'un premier brouillon, retrouvé manuscrit parmi les papiers de Glenn Gould, après sa mort. A la suite de celles qu'il avait données en 1980 et 1981, Glenn Gould s'était refusé à toute nouvelle interview. Il avait toutefois commencé à rédiger des réponses à quelques questions écrites posées par le journaliste américain David Dubal, concernant sa manière d'envisager le travail instrumental. Ce manuscrit a été publié par le Piano Quarterly, *numéro d'automne 1984.*

B.M.

David Dubal. — Il semble que beaucoup de pianistes se sentent obligés de travailler le piano, mais aussi, que d'aller au piano leur soit aussi pénible que de le quitter. Vous avez affirmé n'avoir pas besoin de travailler l'instrument. Faites-vous une distinction entre l'idée de travailler et l'idée de jouer ?

Glenn Gould. — Très franchement, j'ai le plus grand mal à comprendre la notion de besoin qui est associée à celle de travail, or pourtant c'est ainsi que la plupart des gens définissent leur rapport à l'instrument. J'ai déjà parlé de cela à de nombreuses reprises et cours donc très sérieusement le risque de me répéter. Disons que, pour moi, un rapport au piano — et en fait à n'importe quel instrument, mais je ne peux parler avec une autorité de première main que du piano — qui implique une sorte de servitude tactile, qui exige six à huit heures par jour de contact cinétique, qui requiert la présence d'un piano dans la loge du pianiste, sans doute pour que ce dernier puisse s'assurer jusqu'au dernier moment avant d'entrer en scène qu'il sait encore en jouer, est au-delà de mon entendement. Il m'est même difficile de dire à quel point tout cela est éloigné de ma propre expérience. Une petite anecdote... Étant enfant, j'étais complètement ahuri de constater que la plupart des éditions — même les meilleures — qu'on trouvait sur le marché à l'époque, l'édition de Bach établie par Bischoff, ou celle de Beethoven par Schnabel, par exemple, contenaient, entre autres complaisances, des indications de doigté. Je regardais ces doigtés, allais même jusqu'à les essayer, et trouvais qu'ils correspondaient rarement à ce que je faisais ou souhaitais faire. Cela me sidérait d'imaginer qu'on payait des gens à surajouter à une fugue ou à une sonate des indications éventuellement erronées, souvent trompeuses, et en tous les cas superflues.

Et cela continue à me sidérer ; je n'arrive toujours pas à comprendre. Un doigté est pour moi quelque chose qui surgit spontanément à l'esprit lorsqu'on regarde une partition, et qui est automatiquement modifié dès qu'on modifie sa façon d'envisager une partition.

J'ai eu souvent l'occasion de faire part de mon étonnement à différentes personnes, et j'ai toujours trouvé chez mes interlocuteurs, à tout le moins, une réaction de scepticisme muet, comme s'ils avaient envie de me dire : « Vous n'en auriez pas encore une autre de bonne blague à nous raconter ?... »

Peu à peu, au long des années, en dépit du fait que j'affirmais ne jamais avoir inscrit, pour autant que je m'en souvienne, le moindre doigté sur une partition, je me suis mis à douter moi-même de la véracité de ce que je disais. Je commençais à me demander si tout cela n'était peut-être pas un petit peu trop beau (ou trop insignifiant, selon le point de vue) pour être vrai. Or, il se trouve qu'il y a environ six mois, je tombai sur un paquet de partitions et autres souvenirs variés datant de mon enfance. Je découvris là-dedans la partition sur laquelle j'avais étudié, à douze ans, le *Quatrième*

Concerto de Beethoven, avec lequel je fis mes débuts avec orchestre un an plus tard. La partition en question était décomposée au-delà de tout ce qu'on peut imaginer. Un tas de pages avaient été déchirées puis recollées à coup de scotch, et contenaient toute une série de codes mystérieux, à six chiffres, inscrits dans les marges ou sur les couvertures. Cela m'intrigua au début, jusqu'au moment où je me rappelai qu'à l'époque les numéros de téléphone à Toronto n'avaient pas encore été portés à sept chiffres, et où je m'aperçus donc que tous ces codes n'étaient rien d'autre que les numéros de téléphone de mes camarades d'école. Quoi qu'il en soit, j'inspectai chaque page de la partition, et ce fut une expérience très amusante. En toute franchise, je n'aurais pas été autrement surpris d'y découvrir une petite demi-douzaine de doigtés, concernant a priori quelques passages particulièrement vétilleux, ou éventuellement un nombre limité de commentaires descriptifs inspirés par mon professeur (vous savez, le genre de choses qu'on rencontre dans les partitions d'étudiants ou parfois même de professionnels... « Avancer doucement, retenir délicatement, soudain agité, calme éthéré... » — tout ce genre d'idioties). Eh bien, il n'y avait rien, pas un mot, pas un doigté, pas le moindre signe, en dehors des pages déchirées et recollées, ou des numéros de téléphone, qui vînt témoigner de ce que cette partition ait jamais été visitée par la main d'un homme. Or, il s'agissait d'une partition qui avait joué un grand rôle dans mon existence d'enfant, d'une partition que j'ai probablement passé davantage de temps à travailler — si l'on peut appeler travailler le fait de la jouer et de la rejouer accompagné des disques de Schnabel avec l'Orchestre de Chicago dirigé par Frederic Stock — que toute autre œuvre de dimensions comparables, auparavant ou depuis.

La seule raison pour laquelle je raconte cette anecdote tient en ce qu'elle montre à mon avis plutôt bien en quoi mes idées concernant le travail du piano ont toujours été assez peu orthodoxes.

Ce qui en revanche était beaucoup plus orthodoxe à l'époque était l'importance du temps que je passais chaque jour à l'instrument. Jamais je ne me fixais de limites de temps (sauf celles qui m'étaient imposées du fait que j'allais aussi à l'école, et que j'avais du travail de classe à faire à la maison), mais j'ai bien l'impression que je n'exagère pas si je dis que je consacrais quelque chose comme trois heures par jour au piano. Aujourd'hui, j'ai franchement du mal à imaginer comment j'ai pu supporter cela, mais ce fut la seule période de ma vie où je me sois astreint à un programme de travail qu'on pourrait considérer comme relativement ordinaire et — selon mes propres critères — rigoureux. Rien de surprenant à à cela d'ailleurs, étant donné qu'il s'agit d'une époque où l'on constitue son répertoire et où on lit pour la première fois quantité d'œuvres nouvelles. Pour actualiser les choses, disons qu'aujourd'hui (et il en fut à vrai dire ainsi tout au long de ma vie professionnelle), je ne travaille le piano qu'à la seule condition et pour autant que cela s'avère absolument nécessaire, et dans le dessein exclusif de consolider une conception déjà élaborée de la partition — jamais dans le simple but d'être en contact avec l'instrument en tant que tel. En voici un exemple. A la date où nous échangeons ces quelques considérations, le plus récent enregistrement que j'aie effectué est celui des quatre *Ballades* de Brahms. Je les ai enregistrées à New York il y a trois semaines. Il se trouve que je ne les avais jamais jouées auparavant — pas même déchiffrées —, ni même entendues (à l'exception de la première, à laquelle beaucoup de mes camarades de Conservatoire s'essayaient) avant de prendre la décision de les enregistrer. (Ce que cela révèle au sujet du répertoire de piano que je joue, c'est à vous d'en juger.)

Cette décision, je la pris environ deux mois avant d'effectuer l'enregistrement et, durant les six semaines qui suivirent, j'étudiais la partition de temps à autre et élaborai une conception très claire de la façon dont je voulais aborder les *Ballades*. La dernière m'apparut particulièrement difficile à traiter. Elle est admirablement belle à sa manière, on dirait presque un hymne, et ce qui me la fait aimer est qu'il s'agit de l'une des relativement rares œuvres de Brahms où celui-ci laisse son imagination — une sorte de flot de conscience — prédominer sur son sens du dessin et de l'architecture. Mais c'est aussi pour cette même raison qu'elle est difficile à rendre. Je finis malgré tout par trouver un tempo acceptable et qui donne une unité à tous les épisodes.

Mais pour ce qui est de les jouer, ce n'est qu'au cours des deux dernières semaines que je me mis au piano et, à l'inverse de ce qui concerne les expériences de mon enfance (dont je n'ai plus qu'un souvenir très flou), je suis en mesure de vous dire à peu près exactement combien de temps j'y ai passé car, depuis quelques années, j'ai pris l'habitude de me chronométrer lorsque je suis au clavier, pour éviter d'en rajouter inutilement. Quoi qu'il en soit, j'y passais, comme j'en ai l'habitude avant des séances d'enregistrement, une moyenne d'une heure par jour. En une ou deux occasions, je doublai la dose pour une raison ou pour une autre, par exemple, parce qu'un certain jour j'avais dû m'absenter pour faire un montage. Toujours est-il que cette heure-là me permettait de jouer deux fois d'un bout à l'autre les *Ballades* à chaque occasion (elles durent presque exactement une demi-heure en tout), et de réfléchir aux modifications conceptuelles que je souhaitais effectuer.

Cela dit, ces modifications conceptuelles s'étaient trouvées raffermies, inutile de le préciser, par le fait que j'avais laissé se dérouler ces *Ballades* des douzaines de fois dans ma tête, en conduisant ma voiture, ou en les dirigeant en imagination dans mon studio. C'est là en réalité que j'ai passé le plus de temps à les « travailler ».

En tous les cas, voilà maintenant trois semaines que les séances d'enregistrement sont terminées, et je n'ai pas touché un piano depuis. Actuellement, je me consacre à du montage, à du mixage, à des entreprises extra-pianistiques sinon extra-musicales, et je ne compte pas enregistrer à nouveau avant à peu près deux mois, du Brahms, là encore — les deux *Rhapsodies*. En temps voulu, le processus se remettra en marche, et de nouveau, pendant les deux semaines précédant l'enregistrement, je referai mes petites incursions quotidiennes d'une heure au clavier.

D.D. — Vous rendez-vous compte que cela a l'air tout à fait incroyable ?

G.G. — Il paraît que cela contrevient à l'expérience commune, mais c'est ainsi.

D.D. — Et lorsque, après six ou huit semaines, vous retournez à l'instrument, n'avez-vous pas l'impression que vos doigts se refusent à collaborer, et qu'un certain nombre de jours sont nécessaires pour rétablir la coordination voulue ?

G.G. — Au contraire, lorsque je retourne au piano après un long laps de temps, je joue sans doute mieux qu'à aucun autre moment, au sens purement physique du terme, parce que l'image mentale qui gouverne ce qu'on fait est alors à son point le plus fort et le plus précis, car elle n'a pas été confrontée au clavier et n'a donc pas été distraite de la pureté de sa conception, de sa relation idéale par rapport au clavier.

Je peux vous proposer une autre illustration de tout cela. Lorsque je dois enregistrer, je m'abstiens volontairement de tout contact avec le piano pendant au moins quarante-huit heures avant les premières séances, et quand j'arrive au studio, je ne touche jamais le piano avant que les ingénieurs ne soient prêts et que le directeur artistique n'annonce : « Première prise ». Il y a bien sûr des exceptions à cela, si, par exemple, le piano a été soumis à une quelconque chirurgie réparatrice et qu'il faille, en conséquence, vérifier ce qui a été modifié et opérer les compensations nécessaires. Mais autrement, je reste résolument éloigné du piano ; il en résulte que la « Première prise » est très souvent la meilleure, car c'est le moment où l'image mentale est la plus pure, la moins sujette aux contradictions de la réalité d'un instrument improprement réglé.

D.D. — Mais cela suppose une conception très spécifique et très sûre de ce que le fait de jouer du piano implique.

G.G. — Absolument. Cela suppose qu'à un moment donné on est tombé pile sur les coordonnées qui entrent en jeu, qu'on les a en quelque sorte congelées et stockées de telle façon qu'on puisse les appeler à contribution en n'importe quelle occasion. Cela veut dire au bout du compte que ce n'est pas avec les doigts mais avec le cerveau qu'on joue du piano. Ce que je dis là a l'air d'un cliché effroyablement facile et convenu, c'est pourtant la vérité. Si vous avez une idée parfaitement claire de ce que vous voulez faire, il n'y a aucune raison pour que cela ait jamais besoin d'être conforté. Si tel n'est pas le cas, toutes les études de Czerny et tous les exercices de Hanon du monde ne vous seront jamais d'aucun secours.

On ne badine pas avec la mémoire
ou
Souvenirs de l'Orchestre Symphonique de Toronto

En tant que membre du public, ma première rencontre avec le Toronto Symphony — ou, tel qu'on l'appelait alors, avec le Toronto Symphony Orchestra — remonte à la saison 1939-1940. J'avais sept ans à l'époque, lui sans doute à peu près dix-huit. La première décennie du mandat de Sir Ernst Mac Millan[1] à la barre de l'orchestre touchait à sa fin et, même si je ne peux évidemment guère m'en remettre à mes sept années d'expertise pour m'autoriser à tirer d'elles aujourd'hui une impression musicale définitive, je me rappelle avoir été fortement marqué par la silhouette que Sir Ernst dessinait en scène. Il avait l'habitude à cette époque — elle était d'ailleurs restée la même la dernière fois que je le vis avec l'orchestre — de faire son entrée en tanguant fortement vers l'avant, et n'était pas loin de faire penser à la proue d'un imposant voilier choisissant pour virer la bordée la plus commode plutôt que la plus sûre. Par temps normal, les premiers et seconds violons ouvraient un creux dans leurs rangs pour lui permettre le passage ; mais dans les occasions où il lui fallait escorter un soliste jusqu'au milieu de la rampe, on retenait son souffle à le voir naviguer tout au bord de l'estrade ; dans cette bonne vieille salle du Massey Hall, celle-ci n'était pas rectangulaire mais épousait la forme d'un croissant qui forçait les premiers pupitres à adopter une position précaire en surplomb au-dessus du gouffre. Il fallait une sacrée dose de courage pour oser s'aventurer dans ces périlleux parages.

---

1. Sir Ernst Mac Millan, chef d'orchestre, fut une institution de la vie musicale canadienne.

Sa démarche possédait en outre quelque chose d'inexorable. Elle était rapide et son centre de gravité était bas en raison de son inclinaison vers l'avant. Elle différait du tout au tout de celle de la plupart des très distingués chefs invités au Massey Hall qui faisaient leurs manœuvres d'approche en direction du podium. Elle n'avait rien de l'attitude du « Êtes-vous-bien-certains-de-vouloir-me-voir ?... oui ?... Dans ce cas, pourquoi-ne-ferais-je-pas-une-ou-deux-courbettes-en-chemin ?... ici-par-exemple ? », grâce à laquelle de nombreux chefs célèbres parvenaient à soutirer à la foule des applaudissements nourris. Le pas de Sir Ernst n'avait rien d'une marche au Paradis. Il relevait plutôt du tour de garde consciencieux destiné à surveiller des côtes dont il avait déjà eu la charge depuis davantage d'années qu'aucun de ceux qui lui succédèrent depuis lors à Toronto, des côtes qui allaient rester sous sa houlette une vingtaine d'années encore.

Quoi qu'il en soit, sa démarche pour entrer en scène fit une telle impression sur moi, qu'aujourd'hui encore j'utilise une même façon de marcher, non seulement lors de cérémonies (celles-ci sont à vrai dire rarissimes dans ma vie), mais dans ma conduite quotidienne. Je devrais ajouter incidemment que, pendant cette même septième année au cours de laquelle je vis Sir Ernst pour la première fois, je connus une période de passion néo-schweitzerienne pour les fourmis, qui me rendait nécessaire — c'est resté le cas aujourd'hui — l'adoption d'une posture tête baissée, si je voulais éviter de heurter la trajectoire d'insectes dont la vie m'inspirait la plus vive révérence. La démarche de Sir Ernst ne fut donc pas non plus sans conséquences pratiques sur mon développement.

Une autre chose dont je me souvienne à propos de ce concert était que je me trouvais assis avec mes parents juste derrière deux garçons très bon chic bon genre, âgés sans doute de quelques années de plus que moi, que ma mère déclara être les fils de Sir Ernst. J'ignore quelles étaient ses sources, mais maman avait la bizarre manie de collecter des informations de ce genre, surtout lorsqu'elles pouvaient être exploitées dans un but de propagande. En l'occurrence, les deux garçons étaient impeccablement attifés (c'était là tout l'objet de la propagande, j'étais loin en effet à l'époque de constituer un parangon de style pour les personnes de notre monde), maman décréta qu'ils étaient le type même de ce à quoi je devrais aspirer en matière de decorum, et je les détestai sur-le-champ.

En temps que soliste, ma première rencontre avec le Toronto Symphony eut lieu en 1947. L'invité de service était le maestro australien, Sir Bernard Heinze, et je jouais le *Concerto n° 4* de Beethoven. Je ne garde pas de grands souvenirs de Sir Bernard, sauf qu'il était un homme fort courtois, très adonné aux épigrammes façon anglaise, ainsi qu'aux baisemains façon autrichienne : ma mère buvait du petit lait.

Je crois que c'est à cette occasion que je me rendis pour la première fois compte des périls inhérents au rondo. A l'instar de la plupart des rondos, le Finale du *Concerto en sol majeur* de Beethoven couvre à quatre reprises le même territoire thématique mais, là encore, comme dans la plupart des bons rondos, à chaque fois qu'il énonce le thème, il le qualifie, et c'est la manière de qualifier qui détermine l'estampille du compositeur. Chaque qualifiant présuppose une modulation dans une tonalité différente, ou bien alors se doit de créer un nouveau centre d'intérêt dans la tonalité d'origine et, tandis qu'il n'y a rien de très sorcier à compter quatre présentations d'un même thème dans un rondo lorsqu'on joue tout seul — l'élan de la musique fait qu'on sait toujours quand prendre le tournant suivant —, c'est parfois plus difficile dans un concerto où le tutti sera intervenu entre temps, où l'orchestre aura continué de jouer mais pas le soliste, où les occasions de rêvasser abondent.

Tout cela pour dire qu'en ces jours bienheureux, j'avais un setter anglais qui s'appelait Nick. Ah, s'il était beau ! Il avait un superbe pelage noir et blanc, mais perdait ses poils plusieurs fois par an ; je le sais bien, officiellement, les chiens sont supposés muer, mais Nick n'était pas un chien ordinaire, il perdait ses poils, et de longues touffes de fourrure traînaient partout où Nick s'était arrêté dans ses rondes de même que sur tous ceux auxquels il avait tendu la patte ou témoigné d'autres câlineries canines. Tandis que j'étais en train de m'habiller pour le concert et de mettre mon plus beau costume sombre, mon père me conseilla de garder mes distances par rapport à Nick, ce qui, bien sûr, était plus facile à dire qu'à faire. Nick était un animal affectueux et plein d'attentions ; il n'était pas quelqu'un à laisser partir un ami pour une mission importante sans l'accompagner de ses meilleurs vœux.

Toujours est-il que pendant le concerto, sur les dernières mesures du mouvement lent, je lançai par hasard un coup d'œil vers le plancher, et m'aperçus que les jambes de mon pantalon étaient constellées de blanc — des foisons de poils de setter ternissaient l'éclat immaculé de mon bel habit de concert. Je ne voyais évidemment en soi rien de mal à cela mais, comme cela ne pouvait après tout pas manquer de trahir les incartades de Nick, il me parut indispensable d'en faire disparaître les traces avant que mes parents ne viennent défiler en coulisses. Les longs et nombreux tutti d'orchestre du Finale me semblaient offrir l'occasion rêvée pour ce faire, et je me mis instantanément au travail, incorporant à mon opération de dépoilage les gestes habituels que tout soliste impatient de reprendre possession de son clavier a coutume de faire pendant les tutti. Un, deux, ou peut-être trois — c'était précisément là que se situait le problème — tutti principaux s'étaient déroulés, et l'opération était presque achevée — une seule question subsistait dans mon esprit : où en était exactement le concerto ? Le tutti que j'étais en train d'entendre était-il celui après lequel, au moment de rentrer, il me faudrait passer à la dominante ? N'était-ce pas plutôt celui auquel j'aurais à faire écho en mineur ? ou encore celui qui menait à la cadence ? Le problème ne m'avait pas effleuré l'esprit avant les toutes dernières mesures de ce tutti, quel qu'il ait pu être. J'essayai désespérément de me rappeler ce que, à part retirer les poils du setter de mon pantalon, j'avais bien pu faire au cours des quatre ou cinq dernières minutes, m'en remis à l'inspiration la plus hasardeuse, et pariai pour le tutti numéro trois. Ouf, c'était bien celui qui menait à la cadence ! Je venais de prendre la première grande leçon de mon association avec le Toronto Symphony : soit prêter la plus intense attention à ce que je faisais, soit ne plus avoir auprès de moi que des chiens à poil court.

Il m'est difficile de faire preuve d'objectivité à l'égard des mérites du Toronto Symphony. Non pas que j'essaie de louvoyer diplomatiquement : je crois que je serais susceptible de fournir une appréciation objective du Philharmonique de Wiesbaden, de l'orchestre de Salt Lake City, ou de n'importe quel ensemble orchestral que j'ai pu avoir quelque occasion, pas trop fréquente, d'observer de première main. Mais en ce qui concerne le Toronto Symphony, ce n'est pas tellement facile. Sans doute est-ce dû à ce que je le connais depuis trop longtemps, à ce que j'ai joué avec lui trop souvent — c'est sous ses auspices que j'ai acquis ma première expérience des principaux concertos pour piano et orchestre. Toujours est-il que bon nombre de ses vétérans m'apparaissent exactement les mêmes aujourd'hui que lorsque je fis mes débuts professionnels avec eux. Il me semble en un sens avoir grandi en leur compagnie. Je les ai entendus depuis l'enfance jouer l'essentiel du répertoire symphonique, très souvent avant qui que ce soit d'autre. Ils sont devenus une référence — un étalon d'un genre très spécial ; chacune des caractéristiques qui sont les leurs et qu'un observateur plus perspicace choisirait peut-être de commenter une à une, m'apparaissent à moi relever de l'ordre des choses, de la façon dont toute musique symphonique devrait toujours sonner.

Je ne saurais par conséquent être autrement que subjectif à leur égard et, d'une certaine manière, l'affection que je porte au Toronto Symphony n'est pas sans faire penser à celle que j'éprouve pour un ou deux pianos en ma possession. Il s'agit d'instruments à la mécanique assez spéciale, dont certaines personnes prétendent qu'ils contreviennent aux règles fondamentales de construction auxquelles tout piano qui se respecte devrait souscrire. L'un d'entre eux — que je réserve à mon usage personnel à la maison — n'a pas été réaccordé, par un étrange concours de raisons diverses telles que l'ajustement de sa mécanique, l'hygrométrie du lieu et la superstition invétérée qui est la mienne, depuis, je vous le jure, plus de douze ans. Pourtant, il m'apparaît répondre à ce que je veux, sonner à mes oreilles et à mon toucher juste comme je le souhaite, mieux, à vrai dire, qu'aucun piano domestique que je connaisse. Il représente pour moi — que certaines de ses octaves soient ou non un peu douteuses, car je suis devenu tout à fait incapable de décrire l'état réel de son accord — douze années ininterrompues d'association tactile. Jamais dorénavant je ne laisserai un accordeur s'approcher un tant soit peu de lui, pas davantage en tout cas que je ne me soumettrais à une expérience d'amnésie. Tels sont à peu près mes sentiments vis-à-vis du Toronto Symphony ; on ne badine pas avec le souvenir.

Crédits photographiques

Archives familiales :	Cahier 1 — Page II, III. Cahier 2 — Page XVI (bas).
Archives C.B.S. :	Cahier 1 — Page I, VI, VII, VIII, IX. Cahier 2 — Page I, II (haut), VI, VII (bas), VIII, IX, XI, XII, XIV, XV, XVI (haut).
Jock Carroll :	Reportage Week-end Cahier 1 — Page IV, V, X, XI, XII. Cahier 2 — Page II (bas), III, VII (haut), XIII.
Collection Bruno Monsaingeon :	Cahier 2 — Page IV, V, X.
Droits réservés :	Photo couverture.

TABLE DES MATIÈRES

Avant-propos 9
I don't think I'm at all eccentric 18

Première partie : ENTRETIENS

Glenn Gould au quotidien 37
At home with Glenn Gould 47
Aux abords de la retraite 65
Duo 79
Où la radio devient musique 86
Un homme de la nuit 102

Deuxième partie : VIDÉOCONFÉRENCE

Prologue 121
Acte I — Rapports avec le monde 124
Acte II — Interprétations et interprètes 130
Acte III — La musique, le concert et l'enregistrement . 159
Acte IV — Les compositeurs 186

Troisième partie : ANNEXES

Questionnaire de Glenn Gould 220
Dernière interview 225
On ne badine pas avec la mémoire 231

Aubin Imprimeur
LIGUGÉ, POITIERS

Achevé d'imprimer en août 1992
N° d'édition 0175 / N° d'impression L 40985
Dépôt légal, août 1992
Imprimé en France

35-56-7587-03
ISBN 2-213-01815-4

T
d.